国家社会科学基金项目"城乡要素共生视角的乡村产业融合发展机制与路径研究"

（批准号：19BGL149）

百年目标 小康路上

新农村发展
田野调查报告

庄晋财　黄　曼　著

江苏大学出版社
JIANGSU UNIVERSITY PRESS

镇江

图书在版编目（CIP）数据

百年目标　小康路上：新农村发展田野调查报告／
庄晋财，黄曼著. —镇江：江苏大学出版社，2021.9
ISBN 978-7-5684-1611-5

Ⅰ.① 百… Ⅱ.① 庄… ②黄… Ⅲ.① 农村小康建设
—研究报告—中国 Ⅳ.①F323.8

中国版本图书馆 CIP 数据核字（2021）第 157519 号

百年目标　小康路上：新农村发展田野调查报告
Bainian Mubiao　Xiaokang Lu Shang：Xin Nongcun Fazhan Tianye Diaocha Baogao

著　　者／庄晋财　黄　曼
责任编辑／常　钰
出版发行／江苏大学出版社
地　　址／江苏省镇江市梦溪园巷 30 号（邮编：212003）
电　　话／0511-84446464（传真）
网　　址／http：//press.ujs.edu.cn
排　　版／镇江文苑制版印刷有限责任公司
印　　刷／江苏凤凰数码印务有限公司
开　　本／718 mm×1 000 mm　1/16
印　　张／16.75
字　　数／257 千字
版　　次／2021 年 9 月第 1 版
印　　次／2021 年 9 月第 1 次印刷
书　　号／ISBN 978-7-5684-1611-5
定　　价／50.00 元

如有印装质量问题请与本社营销部联系（电话：0511-84440882）

小康路上的探索：
稳定脱贫与乡村振兴（代序）

中国政府一直致力于"消除贫困，改善民生，逐步实现共同富裕"，并确定在2020年消除现行标准下的农村贫困问题，同时推动乡村振兴。然而，一方面，脱贫不是一个时点概念，不能一劳永逸，没有持续稳定的收入来源，就有可能返贫；另一方面，乡村振兴的最终目的是实现农民生活富裕，本身包含着农民脱贫致富奔小康的内涵。因此，2020年脱贫攻坚任务完成之后，如何让脱贫变得可持续，事实上成为乡村振兴的应有之义。因此，如何实现稳定脱贫和乡村振兴的有效衔接，这是一个值得关注的问题。

中国改革开放后的贫困治理，可以分为4个阶段：（1）1978—1985年的救济式扶贫阶段。家庭联产承包责任制的土地制度变迁，使二元结构下的农村贫困因劳动生产力的解放而得到极大缓解。一些"老、少、边、穷"地区由于区域条件约束无法解决温饱问题，需要依靠中央政府的转移支付进行"输血式"救济扶贫。1984年中央划定的18个连片贫困地区，成为这个时期扶贫的主要瞄准对象。（2）1986—2000年的开发式扶贫阶段。改革开放的深化进一步解放了生产力，使大多数区域的人民生活水平得到了改善，即便是原来享受国家转移支付的"贫困区域"，内部也出现了分化。因此，1986年开始国家把扶贫瞄准由"区域"改为"县"，划定了331个国家级贫困县作为重点扶贫对象，以"县"为单位提供扶贫资源。1994年，中央颁布《国家八七扶贫攻坚计划》，打算用7年时间解决8000万农村贫困人口的温饱问题，同时将国家级贫困县调整为592个。这一时期的扶贫方式改变了传统"输血式救济"的做法，改为以异地安置、基础设施大会战和发展县域经济为主的开发式扶贫。（3）2001—2013年的产业扶贫阶段。经过"八七扶贫攻坚"之后，贫困人口大大减少，在贫困县内也有许多农民通过开发式扶贫获得了自我发展能力，从而摆脱贫困，实现了温饱，使贫困人口呈现出空间分散特征。2001 年，国家颁布《中国农村扶贫开发纲要（2001—2010）》，将扶贫瞄准重点由原来的"县"改为"村"，总共确定了 14.8 万个贫困村，采用整村推进的"产业扶贫"方式，以"村"为单位调动农民参与产业开发。（4）2014—2020 年的精准扶贫阶段。经过 20 世纪的"八七扶贫攻坚"和新世纪头十年的"农村扶贫开发"，中国大多数贫困地区的基础设施明显改善，农村居民生存与温饱问题基本解决。到 2011 年颁布新的《中国农村扶贫开发纲要（2011—2020）》时，贫困发生呈现出"家庭特征"，因病致贫、返贫成为贫困发生的主要原因。2013 年 11 月，国家领导人在湖南湘西考察时首次提出"精准扶贫"概念，到 2014 年 1 月 25 日中共中央、国务院《关于创新机制扎实推进农村扶贫开发工作的意见》出台，要求建立精准扶贫工作机制，扶贫瞄准对象就由原来的"贫困村"变为"贫困户"。按照中央精神，除 14 个集中连片特困地区之外，要以"两不愁，三保障"为基本要求，对贫困户进行建档立卡，实行精准扶贫。

综上，我国贫困治理历程具有 3 个显著的演化特征：一是贫困治理方式从"输血式救济"到"造血式开发"转变；二是扶贫瞄准对象遵循"区域—县—村—户"的顺次由"面"及"点"演变；三是贫困治理目标由"解决温饱"到"两不愁，三保障"的"民生改善"转变。这些演化特征表明，中国贫困问题的性质，已经由早期的"绝对贫困"向现在的"相对贫困"转变。纵观历史，无论是就区域而言，还是就个体而言，中国的贫困治理都取得了举世瞩目的成就。但是，从横向比较来看，不同区域之间和不同个体之间的贫富差距仍然很大。我们以农村居民人均可支配收入为例，来简单观察这种差距：2019 年集中连片特困地区农村居民人均可支配收入为 11443 元，国家扶贫开发工作重点县为 11524 元，而同期地处长三角经济发达地区的江苏省，全省平均为 22675 元，是贫困地区的 2 倍；在江苏省内，苏南经济最发达的苏州市达到 35152 元，而地处苏北的宿迁市仅有 18121 元，也几乎相差 1 倍；在苏北的宿迁市内部，经济相对较好的宿豫区是 18353 元，而低收入农户则只有 11051 元，相差也接近 1 倍。如果从个体来看，则贫富悬殊更大。因此，尽管说经过几十年的扶贫攻坚，中国已经基本解决了温饱问题，绝对贫困局限在极少数因各种原因返贫的农户家庭，他们已成为"精准扶贫"的对象，但是，相对贫困却一直存在，并成为当前贫困治理的主要问题。

世界银行《1981 年世界发展报告》中说："当某些人、某些家庭或某些群体没有足够的资源去获取他们那个社会公认的、一般都能享受到的饮食、生活条件、舒适和参与某些活动的机会，就是处于贫困状态。"这就意味着，在某种社会生产和生活方式下，某些个人或群体尽管能够解决温饱问题，但依靠他们的合法所得，无法在当地条件下享受被认为是最基本的除温饱之外的生活需求，这些个人或群体就处于相对贫困状态。显然，相对贫困的存在，是社会发展"不平衡，不充分"的结果。当前稳定脱贫的要义，就是让这些处于相对贫困的人口获得持续稳定的收入增长，不断提高民生改善的水平，以此解决不同群体贫富的"不平衡"和贫困人口发展的"不充分"问题，最终实现"共同富裕"。值得注意的是，相对贫困问题不是一个简单的"收入不足"问题，更不是一个"温饱缺失"问题，而是人们在温饱之余谋求发展所需的最基本的机会和选择权问题，因为这种机会和选择权的存在，才能让人们享受到体面的生活和他人的尊重。这正是马克思人的全面发展理论中把人的本质归结为"生存需求、劳动与社会关系"之要义。

十九大报告依据我国社会主要矛盾的变化，确定中国特色社会主义进入新时代。新时代的主要任务，是要解决好"人民日益增长的美好生活需要和不平衡不充分的发展之间的矛盾"，完成"决胜全面建成小康社会，进而全面建成社会主义现代化强国"的任务。脱贫攻坚和乡村振兴是为实现"两个一百年"奋斗目标而确立的国家战略，是全面建成小康社会的前提。正如习近平总书记所强调的，"全面建成小康社会最艰巨、最繁重的任务在农村，没有农村的小康，特别是没有贫困地区的小康，就没有全面建成小康社会"。由此观之，稳定脱贫和乡村振兴的目标是统一的，战略举措是互补的，二者有着紧密的逻辑关系，在实践中应将二者有效衔接起来。

那么，如何实现稳定脱贫与乡村振兴的有效衔接呢？简单地说，就是以乡村产业为接口，以农民为主体，以创业为手段，让农民在参与乡村产业发展的过程中，实现稳定脱贫，推动乡村振兴，这是稳定脱贫与乡村振兴相衔接的内在逻辑。

（1）以乡村产业为接口。从贫困治理的演进过程来看，稳定脱贫需要依靠产业发展的造血功能，而不是转移支付的输血功能。同样，乡村振兴要实现农民生活富裕的目标，也要以产业兴旺作为基础，因此，乡村产业是稳定脱贫与乡村振兴的有效衔接点。农村贫困发生与乡村经济衰退有一个共同原因，就是乡村产业发展滞后。长期以来，乡村产业以传统农业为主，产业结构单一，再加上农业靠天吃饭的弱质性，导致从事农业生产的农民不仅收益低，而且很难走出"蛛网困境"。于是，追求劳动力要素报酬率提升的强力驱动，使大量农民"离土又离乡"进城打工。农村产业要素被城市定价，导致农村产业要素的"乡—城"单向流动，使农村产业发展失去要素基础而逐渐走向凋零，从而进一步加剧了农村贫困。所以，乡村产业的发展既是农村稳定脱贫的抓手，也是乡村振兴的依托。值得注意的是，作为稳定脱贫和乡村振兴衔接点的乡村产业发展，应该选择与城市产业差异化的思路，以避免被城市定价而失去发展的动能。从要素禀赋优势来说，乡村产业秉承"绿水青山就是金山银山"的发展理念，在传统农业的基础上衍生新业态，在乡村空间中实现一二三产业融合发展，是一个合理的思路。

（2）以乡土农民为主体。如前所述，稳定脱贫和乡村振兴可以在乡村产业发展中实现有效衔接，那么，实施衔接的主体是谁呢？显然是农民。这是因为，一方面，农村贫困主要发生在农民身上，农村贫困实质上是农民的贫困；另一方面，乡村振兴中产业兴旺的主要受益对象也是农民，乡村振兴的主要目标是让农民生活富裕。可见，无论是稳定脱贫还是乡村振兴，都聚焦于农民。因此，只有依靠农民，以农民为主体，才能真正实现稳定脱贫和乡村振兴的双重目标。从这个意义上说，作为稳定脱贫和乡村振兴衔接点的乡村产业发展，需要发挥农民的主体地位，让农民成为乡村产业发展的主力军。只有让农民参与到乡村产业发展当中，才能确保农民有持续的经济来源，实现收入的持续增长，从而才能稳定地摆脱贫困，实现生活富裕。

（3）以乡村创业为手段。企业是产业的基础，众多产业属性相关的企业聚在一起，形成有机的分工合作关系，延长产业链，才能形成产业。根据迂回理论，产业链的拉长，一方面需要有众多的节点，另一方面需要有众多企业聚合在每一个节点上。前者决定了产业链的长度，后者决定了产业链的稳定性。在分工经济下，产业链的节点多寡，也就是产业链的长短，取决于分工水平；产业链的稳定性，也就是产业链是否会断裂，取决于产业链节点的聚合度。分工越细，产业链越长，每个节点聚合的企业越多，产业链断裂的风险就越小。随着技术可分性的演进，产业链已经呈现出从线性向网状发展的趋势，因此需要更多的企业参与进来。由此观之，如果没有大量的乡村创业发生，就很难实现乡村产业的兴起，"大众创新，万众创业"是乡村产业繁荣的路径。值得一提的是，一般的观念中，创业似乎非常困难，要有大量的资金、要有超高的能力、要有丰富的经验，等等，于是认为农民不可能具备这样的能力。其实，从本质内涵上说，创业只是一种不拘泥于当前资源条件限制而对创业机会的追寻，是将不同的资源组合利用和开发并创造价值的过程。不同创业者可以视自己的不同条件开展创业活动，能力可高可低，事业可大可小，尤其在农村，只要环境允许，农民就有走出传统农业的冲动，让这种冲动变成现实，就是创业。无数农民通过创业形成一种汇聚力量，催生农村新业态，就能推动乡村产业繁荣发展。比如，江苏沭阳成百上千的农民围绕花卉进行创业，成就了全国闻名的沭阳花卉产业，让这个苏北经济欠发达地区的县域成为全国经济百强县。有充足的创业才会有稳定的就业，稳定脱贫才有保障，产业振兴才有希望。

最近，笔者赴苏北地区了解脱贫攻坚与乡村振兴有机结合的相关情况，感受到地方政府对脱贫攻坚与乡村振兴战略的高度重视和积极作为，并探索出一些把稳定脱贫与乡村振兴有效衔接的积极做法，主要包括：（1）以发展产业为抓手，将脱贫攻坚与区域发展相统筹，与乡村振兴相衔接；（2）以整合资源为突破，创新利益联结方式，通过"政府扶持+市场资本+入股分红"等模式，带动经济薄弱村和低收入农户稳定脱贫；（3）以壮大集体经济为依托，探索村股份经济合作、土地股份合作、专业合作社"三社"共建，提升经济薄弱村的自我经营和自我发展能力，带动农户脱贫；（4）以"电商+消费扶贫"创新消费模式，通过农民技能培训，拓宽经济薄弱村就业创业新渠道；（5）以政府转移支付为兜底，推进控费减负、扶贫助学、提升救助、住房安全、基础设施等民生保障不断完善。客观地说，上述做法抓住产业发展这个牛鼻子，试图通过资源整合、能力提升、利益共享等路径，推动稳定脱贫和乡村振兴，取得了一些成效。不过，在调研中我们发现，由于传统发展思维的惯性，当前地方政府对于推进稳定脱贫和乡村振兴有效衔接的实践仍然存在较大的认知偏差，具体表现在以下几个方面：

一是以传统工业化思维发展乡村产业，忽视彰显乡村特色。如前所述，无论是稳定脱贫还是乡村振兴，都要依赖于乡村产业。但是，乡村产业发展应该充分考虑乡村空间的真实情境，以"绿水青山就是金山银山"的"两山理论"为指导，在农业基础上衍生新业态，才能使乡村真正走出农业单一产业结构。然而，地方政府尽管知道产业发展是牛鼻子，但在实际工作中，仍然走不出传统工业发展的思维——资本化、规模化。苏北调研中，地方政府提出产业发展"围绕打造千亿级现代农业产业"，足见其推动产业发展的力度。我们无意否定个别地区的这种做法，但就实现稳定脱贫和乡村振兴而言，这种思维很难取得长期效应。一方面，资本密集型产业不符合农村资源禀赋状况，缺少"乡村根植性"，容易形成"无根产业"。在乡村，资本属于昂贵的生产要素，发展资本密集型产业面临资金瓶颈，只能依赖招商引资。地方政府招商引资具有规模偏好，导致大多数招商引资项目都属于"无根产业"，难以在当地形成根植性。另一方面，传统规模化工业不符合农业新业态衍生的要求，容易形成"标准化产业"，不能彰显乡村特色。传统工业讲究成本优势，因此只能实行规模化与标准化生产。如果以这样的思维发展乡村产业，很容易与城市工业同构，乡村工业很难与城市工业竞争，所以规模化的乡村工业往往容易失败。乡村产业应该选择与城市差异化的发展道路，以城乡市场互补来谋求发展。在农业基础上衍生新业态，通过"小规模、多品种、个性化"来彰显乡村特色，显然不是传统规模化、标准化工业能够做到的。

二是以传统城市化思维实现农民市民化，忽视农民主体地位。让农民离开土地进城变成市民，是传统城市化的基本路径。因此，人们往往以城镇人口比重来刻画城市化率，反映城市化水平的高低。调研发现，以这种思维推动农村城市化的做法普遍存在，最为典型的就是让农民搬迁，集中居住，社区化管理。近年来，为了减少因城市化造成的耕地占用，守住耕地红线，确保粮食安全，国家出台了城乡建设用地"增减挂钩，占补平衡"的政策，允许城市建设占用的耕地用农村贫困地区的相同面积与质量的复垦耕地来弥补。但在实践中，这项政策被理解成农村地区谋取发展资金，获取土地红利的利好机会。于是，一些地方政府便要求分散居住的农民集中居住，然后把农民宅基地复垦形成"增减挂钩"政策下的"增减挂节余指标"卖给城市，获得土地使用权变更让渡的补偿性收益。我们调研的一个地级市，2019 年获得的入库增减挂钩指标就有 6.9 万亩，在省内转让 1.6 万多亩，实现交易收益近 158 亿元，而这种收益获得的代价，就是农民必须拆迁集中居住，即所谓"合村并居"。最近，山东省因为大规模推进"合村并居"引发舆论高度关注，原因在于这种做法忽略了农民的主体地位，给农民带来了极大的"未来不确定"，甚至形成眼前沉重的生活压力。

按理说，农民拥有居住地的选择权，是否选择集中居住，是拥有主体地位的理性农民经过利益得失权衡做出的理性决策。但是在现实中，地方政府以推进城市化、降低农村基础设施及公共服务成本、降低乡村治理成本、增加乡村建设资本支持等理由，替代农民行使居住地的自由选择权，要求农民拆迁合村并居。农民居住地自由选择权的异位，给农民带来了多重利益损失：首先，农民需要为重新获得居住条件而付出额外的代价。通常"合村并居"的操作方法是先拆后建，这就会产生农民房屋被拆之后的租住费用问题；被拆的农家房屋一般获得每平方米数百元的补偿，而农民到城镇购房则每平方米需要数千元，这之间的差额会让农民因为农村房屋被拆而背负沉重的债务；大多数农民的房屋都是在近十年修建的，房屋装修花费了农民长期积累的资金，这些花费因房屋拆迁得不到补偿而变为农民的沉没成本。其次，农民需要为正常的农业生产支付额外的时间及精神成本。农民原本的居住地都在自家的承包地周边，农耕活动相对比较方便。集中居住之后，大多数农民被安排的居住地与承包地之间的空间距离都会增加，往返于农田与新居的交通成本和精神成本自然随之攀升。再次，农民需要为正常的农村家庭消费付出大量的额外成本。家庭联产承包制的土地政策实行之后，大多数农村家庭其实是双结构家庭，即老人或者妇女留在家里种地，年轻人外出打工，粮食、蔬菜等农村家庭的平常消费无需通过市场购买，而且还有部分庭院经济收入。合村并居之后，农民被安排居住楼房（否则就不能腾出更多的土地指标），没有了庭院收入，同时由于居住地与承包地的空间距离增加带来的土地经营成本增加，很多家庭因无法让老人、妇女继续承担耕作任务而选择退出农业，只能依靠外出务工收入维持家庭开支，再加上社区居住需要支付的物业费、水电费用，生活成本会有大幅度上升。最后，需要为农村基础设施和公共服务配套建设重新支付。这些年国家加大了对农村的投资力度，支持农村基础设施和公共服务建设，但大多数基础设施和公共服务建设都是采用"项目制"完成的，即每一个项目除了上级财政的转移支付，还需要有村集体经济的配套资金注入，有些项目还需要通过农户"一事一议"或者自愿捐助的方式集资注入才能完成。"合村并居"就让农户的这些前期支付变成沉没成本而得不到任何补偿，而且，宅基地增减挂获得的指标净收益中，还要有大约10%扣除注入基金池，用于村集体经济支付移居地的基础设施和公共服务建设。显然，合村并居造成的农村基础设施和公共服务的重新支付，形成了农民负担。

三是以传统城乡二元思维解决农民就业问题，忽视农民创业能力。在传统的二元经济社会结构中，农村劳动力是被当作城市工业劳动力来源安置就业的。这种思维下，农村产业是单一的种植业，农业剩余劳动力的就业出路只能依赖城市工业。从调研情况看，这一思维的惯性仍然在发挥极大的作用，甚至得到了强化。具体表现如下：首先，农村产业兴旺依靠的主体是通过招商引资引入的外部社会资本，而不是农民力量。许多调研地明确提出把农业重大项目建设当作推进农村产业兴旺的重要抓手，以"工业化理念，项目化思维"推进农村重大项目建设，坚持招商不断档，项目不停步，积极引导社会资本投向农村。在这些项目推进中，农民只是简单的土地等要素的供给者，而不是催生产业的创业者。其次，乡村振兴的内生动力依靠的是激活农村要素收益，而不是农民创业的价值创造。有些村集体利用"合村并居"、农村公共空间资源清理得到的收益，在城镇购买标准化工业厂房，再通过招商引资，或者厂房出租，为壮大集体经济发展"飞地经济"，也为农村剩余劳动力提供一些就业岗位，对农民增收是有益的。但是，对农村和农民来说，这种做法激活的仅仅是农村的要素"收益"，而不是这些要素与农民创业相结合的价值创造收益。也就是说，村庄通过变卖和出租那些盘活的要素，得到要素租金和交易收入，却让农民丧失了使用这些要素进行创业的价值创造。要素变卖是一次性收益，要素出租则仅得到固定的租金收益，收益水平较低，没有创业活动的价值创造，要素给农村带来的收益相对较低，并存在增值困难。

综上所述，稳定脱贫和乡村振兴有效衔接的实践偏差，其内在逻辑是传统的工业化思维追求资本化与规模化，必然排挤小农而依赖社会资本，使小农被排挤在产业主体之外。小农只能以要素供给的身份被社会资本吸纳，必然造成乡村产业的"无根性"，这种没有"地域根植性"的乡村产业，随时都有空间变换的可能性，因此无法担当稳定脱贫和乡村振兴相结合推动乡村持续繁荣的重任。

中国经过几十年的乡村贫困治理，取得了举世瞩目的成就，由温饱向小康迈进中的贫困属于相对贫困。新时代背景下的稳定脱贫和乡村振兴，具有目标的统一性和措施的互补性，因此应该将二者有效衔接。稳定脱贫与乡村振兴相衔接的接口是乡村产业，主体是农民，手段是乡村创业。但在现实中，稳定脱贫与乡村振兴的结合出现了实践偏差，主要体现在以传统工业化思维发展乡村产业，以传统城市化思维促进农民市民化，以传统城乡二元思维解决农民就业问题，导致难以彰显乡村产业特色，难以确立农民主体地位，难以提升乡村农民创业能力，最终使乡村产业变成"无根产业"，稳定脱贫与乡村振兴失去可持续的内生动力。基于此我们认为，稳定脱贫与乡村振兴相衔接，必须从以下方面着力：

（1）以农业为基础衍生新业态，夯实稳定脱贫和乡村振兴的产业

基础。发展农村产业要注意避免资本化、规模化的传统工业化思维，以
"绿水青山就是金山银山"的理念，在农业基础上充分利用各地农村的
环境、资源、文化的差异性，衍生新业态，催生新产业，打造带有地域
特色的乡村产业。比如，特色农产品深加工、特色农业功能开发、地方
文化嵌入的农业新产品与新服务衍生等。乡村产业发展应该追求特色，
而不是规模，才能形成与城市工业的差异性而获得可持续发展。

（2）以农民为主体提升新能力，形成稳定脱贫与乡村振兴的内生
力量。稳定脱贫的对象是农民，乡村振兴的目标是为了农民生活富裕，
因此，农民是稳定脱贫和乡村振兴的内生力量。乡村特色产业发展要求
在农业基础上衍生新业态，实现绿水青山与金山银山的结合，让农村生
态价值化，价值生态化。农民与乡村产业的联结最直接，利益关系最
深，因此只有发挥农民的主体地位，让农民参与到乡村产业发展中，成
为乡村产业发展的内生力量，才能实现农民摆脱贫困走向富裕的目标。
盘活农村要素，激活要素动能是正确的，但不能使农民仅仅成为要素的
供给者和要素租金的分成者，要使农民成为要素价值增值的创造者，乡
村振兴才可持续。因此，需要通过各种技能培训提升农民的可行能力，
通过各种政策鼓励农民专业合作社、家庭农场、乡村个体经营者的发
育、成熟，形成有层次的农村产业新型经营主体体系。

（3）以创业为手段形成新动能，积蓄稳定脱贫与乡村振兴的持续
动力。稳定脱贫与乡村振兴要以乡村产业发展为基础，以农民为主体，
其主要途径就是鼓励支持乡村创业，把农民引到乡村产业发展当中来。
乡村创业活动把城市要素引入农村，让农民与城市要素相结合而创造新
价值，这是乡村繁荣的基础。20世纪90年代以来，中国农村大规模进
行基础设施建设，具备了"路、电、水、网"的"四通"条件，在互
联网技术、高铁捷运体系、快递物流系统的支持下，具备良好的创业基
础与条件，用"互联网+"催生乡村创业，已经在许多农村有很好的实
践。因此，政府政策设计要充分考虑农民作为创业者的角色，为农民与
农村要素相结合实施创业活动提供便利条件。比如，将农村空间治理清
理的资源优先供给农民创业者使用；农村增减挂的建设用地指标更多地
用于本地乡村创业，而不是拿去换取微量补偿；为乡村农民发展庭院经

济、家庭作坊等微创业行为提供政策保障；等等。只有让更多的农民能够方便、安全地以创业者的身份参与到农村产业发展当中，农村就业才能真正得到解决，农民生活富裕才能真正得到实现。

以上是笔者长期从事"三农"问题研究得到的一些认知。十多年来，笔者有幸获得3项国家自然科学基金项目、2项国家社会科学基金项目和1项教育部人文社科规划基金项目的立项资助，得以长期关注中国"三农"问题，有了一些观察与思考。2015年以来，得益于国家自然科学基金项目"农民创业、村庄公共品供给与村庄凋敝治理：机理与实证"（批准号：71473106）的支持，笔者带着学生在江苏、浙江、安徽、江西、广西、贵州等东、中、西部地区的农村进行广泛调研，观察不同地区农村脱贫致富的不同条件，思考不同地区乡村振兴的路径与方法，得到许多鲜活的案例。本书所记录的10个案例，就是这些年走访调研过的县域农村脱贫奔小康的典型，它们各自特色鲜明，并分布在东、中、西部区域，具有较好的代表性。笔者根据自己的调研对这些乡村的脱贫奔小康之路进行分析，试图分享其成功的经验，探讨共存的问题，谋求未来的发展道路，期望为中国农村稳定脱贫与乡村振兴的实现做一点努力。笔者坚信，步入新时代的中国，必将获取全面建成小康社会的重大胜利，昂首阔步实现社会主义现代化的强国梦！

2021 年 7 月于江苏大学

"三农庄园"工作室

目　录

浙江义乌何斯路

乡贤主导下的美丽和谐新农村

何斯路村：一个贫穷落后的小山村

何斯路村位于义乌市城西街道西北部，距离义乌市区 15 公里，距离城西街道办事处 6 公里，是长堰水库上游的一个山区村。全村约有 431 户农户，约 1050 人，占地面积 376.22 公顷。据"村记"载，何斯路村原为"师路何村"，历史可追溯到公元前的战国时期，何氏祖先为躲避战乱由北方漂泊来此从师，在歇息时观此地状似燕子窝，形态优雅遂迁于此。因缺水，故以"斯"替"师"，改名为"何斯路村"。与大多数农村类似，2008 年以前，何斯路村也是个贫穷落后的小山村，面临着一系列城市化进程带来的乡村凋敝问题。

一是村庄经济萧条，村民生活严重依赖打工收入。何斯路村地处山区，当地村民一直以来靠山吃山，只能解决基本温饱问题。随着城乡要素流动的藩篱被逐步拆除，大量农村青年劳动力进义乌城打工，留下年迈的老人和稚幼的孩子守家，相传当时在义乌的环卫工人，十之八九都是何斯路村的，由于缺乏产业，留不住年轻人的乡村发展之艰难可见一斑。2008 年，村民的人均收入是 4587 元，远低于浙江省的人均收入，村集体负债 30 多万元，是当地有名的贫困村。

二是村庄公共品供给不足，村民生活条件恶劣。何斯路村的集体经济薄弱，无力建设村庄道路、水利设施等农村公共设施，村庄凌乱破旧，矮小的石屋分布杂乱，道路坑坑洼洼崎岖难行，水塘变成垃圾场，臭气弥漫，"污水靠蒸发，垃圾靠风刮"是当时何斯路村的真实写照。在水电不通的何斯路村，为了做饭取暖，村民只好上山砍柴，公共品匮乏的现状迫使更多有能力的村民逃离家乡。

三是村庄民风退化，村民关系矛盾激化。何斯路村大多由"何"姓村民集聚而成，内设何氏宗祠，家训深刻严谨，分"子女篇·孝"

和"兄弟篇·爱"，长久以来，何斯路人秉承"为人子者，当先为孝"和"友于兄弟，宜爱宜敬"的家风族训。但是，随着市场经济对乡村社会的逐渐渗透，该村之前淳朴的乡村民风被击垮，邻里之间的关系越来越不和睦、矛盾纠纷越来越多，甚至"百善孝为先"的孝道都逐渐淡去，村庄治理问题凸显。

为扭转村庄日益衰败的趋势，何斯路村采取一系列的措施，如成立草根专业合作社、开设老年大学、建设"功德银行"等，这些措施皆围绕"人"而展开，"以人为核心"的发展思路让昔日的破旧山村成长为远近闻名的美丽乡村。该村人均收入从 2008 年的 4587 元上涨到 2017 年的 39000 多元，集体资产规模超过 1 个亿，先后获得"全国妇联基层组织建设示范村""中国美丽田园""浙江最美村庄""浙江省美丽宜居示范村""浙江省文化示范村""浙江省绿化示范村""浙江省特色旅游村"等多项荣誉称号，走出了一条精神富有、生活富裕的强村之路，为浙江乃至全国的乡村治理提供了一个可资借鉴的范本。

乡贤返乡：何斯路村踏上新征程

十八大以来，中央"一号文件"多次提出创新乡贤文化，以乡情乡愁为纽带激发新乡贤返乡参与家乡建设的热情。在何斯路村，涌现出大批参与乡村建设的新乡贤。2008 年，何允辉带着做生意积攒下来的资金回到村庄，先后担任何斯路村的村主任和村党支部书记，在这位返乡乡贤的带领下，何斯路村踏上乡村振兴新征程。何氏宗祠的族长何京权也是一位返乡乡贤，曾去江西烧窑，去湖北造水电站，做过纺织品批发，后来做旅游工艺品批发，从每年赚几十万到几百万。2004 年在村民的动员下，何京权回到何斯路村继承父辈担任族长，参与重建何氏宗祠。在何斯路，像这样的返乡乡贤还有很多。调研组通过对浙江义乌何斯路村的实地调研发现，该村利用新乡贤的力量复兴乡村是其重要经验。

一、乡贤文化根植乡土社会

乡贤参与乡村治理是我国乡村建设的一个传统，与传统社会的乡绅文化一脉相承，客观存在于我国的乡村建设之中。在中国历史上，能够成为乡贤的大概有两类人：第一类是"乡绅"，古代科举制度为乡村社会储备了人才，少数通过勤奋读书成功入仕的人年老之后衣锦还乡，他们具有功名身份、学品、学衔和官职，"士大夫居乡者为绅"，这类乡贤称为"绅"，还有多数未能中举的知识分子也滞留在乡村，这类人称为"士"。由乡间士大夫组成的乡绅群体，成为乡村社会文化的权威阶层，居于乡村领袖的地位。第二类就是在外闯荡天下，艰苦创业，事业有成之后返乡的实业家，凭借为乡里做出巨大贡献成为德高望重之人，即贤达之人。在传统社会，由于中央政府的管理设置止步于县一层，致使县一级与地方乡镇之间出现统一治理的真空区，民间缺乏统一的基层管理机构，国家与乡村社会之间出现断层（申端锋和张巧巧，2019）。这些具有一定道德素质、经济实力的知识群体自然而然成为传统乡村社会的主要治理者，学者秦晖将我国传统的社会治理结构总结为"国权不下县，县下惟宗族，宗族皆自治，自治靠伦理，伦理造乡绅"。可以看出，乡绅扮演了国家在乡村基层社会的代理人角色，在一定程度上稳定了乡村社会的秩序。可是，机器大工业时代的到来打破了乡村治理的这种均衡，城市财富呈几何级速度累积，而乡村财富仍以算术级增长。人都是理性的，对富裕生活的追求是人的天性，因此在市场机制的作用下，包括人才在内的乡村资源不断涌向城市，城市的工业文明不断冲击着乡土的凝聚性，城乡差距不断拉大。在新的时代背景下，新乡贤是指有资财、有知识、有道德、有情怀，能影响农村政治经济社会生态并愿意为之做出贡献的贤能人士。改革开放40年以来，从农村走出了大批的乡贤，乡贤的流失，使乡村失去了文化的继承人、知识的传播者、乡村发展的代理人，"乡痞治理""混混治理"使得乡村社会陷入无序发展。为破解乡村社会人才短缺难题以提升村域治理能力，鼓励已经走出去的乡贤积极投身于乡村的建设成为可行方案，这主要因为：

一是乡贤拥有浓厚的家乡情怀。与传统社会的乡绅一致，新时代的乡贤内生于村庄，对村庄有着很深的感情，尽管历经多年的离乡生活，但是他们对村庄的感情并没有断，正如贺知章在《回乡偶书》中说的那样，"少小离家老大回，乡音无改鬓毛衰"。他们怀着对乡村的思念，对故土的留恋，回到家乡成为乡村建设的主力军。在何斯路村，52 岁的何允辉就是这样一位乡贤，他高中毕业就外出经商，经多年打拼成为成功人士。在家乡日益衰败的情况下，他将公司交于他人打理，选择回乡参与家乡建设，并担任何斯路村村委会主任。

二是乡贤拥有丰富的资源要素。乡贤不同于普通的村民，他们在城市打拼过，见证了城市的发展与繁荣，凭借在城市多年的从政、经商或者从文经历，他们拥有前瞻性的事业、先进的管理经验与现代化的发展理念。此外，多年的打拼让他们累积了资本、人脉、技术等丰富的资源，在参与村庄发展事务方面，往往有其优势。乡贤何允辉陆续捐资2000 万元用于家乡发展，回乡担任村干部后，开始改变村庄的发展思路，主要包括建造薰衣草庄园，利用薰衣草产业带动村庄休闲旅游业发展，促进村庄产业发展；积极培育和弘扬传统民俗文化，丰富村庄的文化底蕴，提升村民的文化素养等。

三是乡贤拥有较强的号召能力。"差序格局"是与传统的乡土社会相对应的，自给自足、封闭排外等是传统乡土社会的固有特征，村民具有强烈的乡土认同感和排外意识。与外部嵌入型村干部相比，乡贤在村庄中的威望、熟悉村情程度、权力合法性来源等方面具有优势，村民愿意接受有威望的乡贤对乡村道德观和价值观的引导及社会公正的维护。这意味着，乡贤在村庄内部践行其发展思路时会获得村民的拥护，至少不会因为村民的妨碍难以实施其方案。何斯路村的村民大多是"何"姓，只有少数外姓村民，是一个宗族、家族文化氛围浓烈的区域。在何斯路村的改革发展中，何允辉书记的一系列施政、何京权族长举办的文化活动都受到村民的拥护。

因此，为借助乡贤力量改造传统乡村，何斯路村着力于重塑乡贤文化。在何斯路村，随处可见从村里走出去的科学家、艺术家、医学家、工程师等名人的塑像，每个塑像旁附有关于崇高品德和事业成就的文字介绍，以此培育村民的归属感；对健在的军事指挥员、政府官员、教育家、企业家等名人，宣传他们的事业贡献和品德，让乡贤及其亲属得到照顾和尊重，这些工作让乡贤多了一份对家乡的归属感；号召退休的领导干部、专家学者、商人回乡安度晚年，以自己的经验、学识、专长、技艺等反哺桑梓、教育农民。这一系列举措培育了村民的归属感和自豪感，也是让乡贤"记得住乡愁"的具体体现。

二、乡贤返乡引领村庄发展

如前所述，乡贤返乡的初衷是为了改变家乡衰败的面貌，在此过程中，他们不但不与民争利，还会凭借自身的资源优势主动为乡村发展捐资献力、出谋划策，其中最具代表性的人物就是何允辉书记。2008 年，乡贤何允辉返乡之初，面对家乡陷入资源匮乏、缺乏产业基础、乡情冷漠、村风退化等多重发展困境的现状，借助自己的影响力召开了第一次乡贤大会，把从村里走出来的商人、企业家、政府官员、知识分子请回来，共议村庄的发展蓝图，集中智慧带领乡民走出一条复兴乡村的道路，其发展思路主要包括 3 个方面：

1. 整合乡村资源，发展乡村特色产业

乡村的发展离不开产业的兴旺。何允辉认识到乡村的资源不仅在于土地和矿山，而且应该包括自然资源、社会资源和文化资源。在充分挖掘乡村资源要素价值的基础上，何允辉书记立足于乡村文化传承，在何斯路村的产业发展设计上构建了一二三产业有机融合的发展道路，并主要做了三件事：

一是建设薰衣草产业园，挖掘农业功能。何斯路村的传统种植作物主要是糯米、水稻、油菜等，除了这些保证村民生活需要的传统种植地外，村里还有 100 亩荒地。在很多人还不知薰衣草为何物时，何允辉敏锐地发现了其中的商机，认为薰衣草这种创意产业可以为乡村发展带来生机，于是利用这 100 亩荒地种植薰衣草，建设薰衣草产业园。然而，种植薰衣草对自然环境和人工素质都有较高的要求，薰衣草的生长纬度是 41.2°，而何斯路村的纬度是 28°，这使薰衣草种植陷入困境。在村内没有资金条件支持薰衣草种子引进以及人工培育时，何书记从他之前做生意的资金中拿出 100 万元作为薰衣草产业园的第一笔启动资金，带领村民开始了薰衣草的种植。三年的引种造就了义乌"普罗旺斯"之称的龙溪香谷产业园。在种植薰衣草之初，何允辉书记并未将目光局限于薰衣草本身，而是充分挖掘薰衣草的农业功能。一方面，薰衣草具有观赏性。何斯路村坐落在经济发达的浙江省，临近金华、杭州、义乌、宁波，交通十分便利，便捷的交通优势使每年的薰衣草花季都会迎来一大批游客。据统计，何斯路薰衣草产业园每年固定游客能达到20万人，满足了城市居民对生态产品的消费需求。另一方面，薰衣草可以制成干花、精油、香皂、香包、枕头等相关产品，形成薰衣草系列产品。据在当地了解到的情况，以前薰衣草产品都是单品，现在推行整套产品，并且增加了产品的类型。组团的游客购买力比较大，最多的时候一次可购买几万元产品，比餐饮的利润大得多；散客则会将这些薰衣草作为伴手礼带回去，销量也是很好的。这为何斯路村带来了新的经济增长点。

二是恢复家酿黄酒传统产业，塑造乡村特色。家酿黄酒是何斯路村的传统民俗，以山泉水和自产糯米为原料，纯手工酿造，酒味甘醇，色如琥珀，曾经是何斯路村村民的重要收入来源之一。可惜的是，随着村落的衰败，古老的黄酒酿造工艺难以传承，家酿黄酒这一传统产业也就萎缩了。何允辉书记认识到家酿黄酒传统工艺的经济意义和文化价值，因此，带领村民恢复家酿黄酒传统产业。首先，何书记利用其丰富的社会网络资源，动员有经验的村民恢复传统工艺黄酒酿造，并举办何氏家酿黄酒节，邀请专业人士对村民自酿黄酒进行评比并给予相应奖励，获得三等奖以上的农户，所酿黄酒统一由村里收购，以"何氏家酿"品牌向社会供应销售。其次，通过游客口碑和媒体宣传报道，每年黄酒节期间何斯路村的游客络绎不绝，他们对村民自酿黄酒赞不绝口，黄酒更是供不应求。村内还向游客开放何氏酒文化陈列馆，展示家酿黄酒的选料、制曲、发酵、酿酒、过滤、贮存等工艺流程，让游客了解体验何氏家酿秘制过程。如今，黄酒节和黄酒已成为何斯路村的一张名片，每年为村民增加收入数百万元，一些做得好的农户每年仅黄酒收入就有十万余元。

三是打造"斯路何庄"酒店，延伸农业产业链。乡村酒店作为乡村旅游产业的延伸，在何斯路村自然不会缺少。何斯路村的斯路何庄酒店前后共投资3800万元，请专业团队进行酒店设计，拥有100多间客房，6个会议室，可容纳300多人同时就餐。"斯路何庄"成为义乌市装修、配置顶级的酒店，能够为前来享受田园风光的"城里人"提供最舒适的居住条件和最优质的服务。如今，酒店每年可增加村民工资性收入 200 万元。当然，打造这样一所顶级的乡村酒店并非易事，这离不开乡贤何允辉的动员作用和榜样效应。在"斯路何庄"的前期建设和后期装修投入方面，除了何允辉书记出资外，在他的示范作用下，不少村民也主动注资，且大多不求回报。除此以外，何书记动员村里其他像他一样有所成就的人或是如大学生一样的人才返乡，在斯路何庄酒店担任酒店经理的陈芯芯就是其中一员。陈芯芯毕业于金华财政学院会计专业，作为一名返乡大学生，他不仅能够将学到的知识和管理经验用于乡村酒店经营，还能够借助本土人的优势处理好酒店和村里的关系，避免外聘经理难以嵌入乡村发展的问题。

2. 重塑乡风文明，恢复乡村和谐氛围

中国乡村是一个集血缘、地缘于一体的综合利益联结体，内生于乡村社会的乡风文明，既以生态智慧建设着美好家园的"生活秩序"，也以道德交往维系着心灵家园的"精神秩序"，更用约定俗成的非制度性规范促使人们形成"自觉秩序"（朱启甄和胡方萌，2017）。但是，在城市化的冲击下，传统的乡土社会在慢慢解体，城市被当作现代文明的象征，由此导致人们逐渐对城乡文化关系的理解产生偏差，乡村传统文化的独立地位受到威胁，何斯路村也不例外。认识到重塑乡风文明重要性的何斯路村，通过宗族文化、乡贤文化、酒文化、民宿文化、墙体文化、"功德银行"以及"斯路晨读"等载体，恢复昔日浓郁的乡村文化氛围，并不断扩散至何斯路村的各个角落，逐渐内化为村民的自觉。调研组以 3 个各具特色的实践论述何斯路村恢复文化建设的历程。

一是重建何氏宗祠，恢复宗族文化。何斯路村是以"何"姓村民为主体的聚集村落，逐渐形成了一个以血缘、礼俗、权威等为原则的宗族社会，随着乡村的凋敝，这些宗族文化也逐渐没落，宗族的控制功能逐渐弱化。何氏宗祠的重建，为恢复宗族文化、保护传统文化提供了契机。2006 年，何斯路村在族长何京权带头出资的示范下共筹集资金 16 万元用于第一次重修何氏宗祠，并于 2013 年在重建何氏祠堂的基础上，将文化礼堂规划在其中。如今走进何氏祠堂，中厅的正中间安放着供桌并悬挂着何氏祖宗的画像，两侧墙上张贴着村里道德模范的照片及事迹介绍，并各放置了一台触摸屏一体机，以现代手段直接呈现何斯路村的历史、乡村文化、生态景观。宗祠后厅为农耕文化展示区，里面陈设大量的传统农具和传统生活用品。透过布置可以看出，何氏宗祠不仅保留了原有的尊祖孝道的道德教化功能，还实现了传统文化与现代技术的结合。此外，何氏宗祠通过举办一些新活动整合文化，实现宗祠功能的多元化发展。例如，大年初一发糖饼。大年初一发糖饼是何氏宗祠多年以来的一个传统，每年大概要准备 1500 对糖饼，村民领糖饼时会自带纸钱祭拜祖先。每年的活动开支在 1.8 万元到 2.6 万元，资金由村民自发筹集。又如依托文化礼堂开设的"斯路大讲堂"，给村里的中小学生讲授何斯路村的过往与未来，培养大家热爱家乡的感情。正如何允辉书记所说，如今的何氏宗祠既是一个对外宣传的窗口，又是一个村民相互交流的平台，更是一个精神文明建设的重要阵地，要培养村民尤其是青少年讲诚信、讲道德、有高尚品德和理想追求。

除此以外，由宗祠作为村民意识的代表参与乡村治理，可以极大程度上平衡全体村民的利益诉求，从而减少摩擦性事件，维护乡村的和谐氛围。迁坟是一项涉及全体村民的复杂工作，传统上由政府作为迁坟工作的制定者统一出资补助并规划修建，因此由迁坟引起的群体性纠纷在我国农村不算少数，但何斯路村却是例外。在何斯路村的迁坟处理中，政府统一在山上建一个存放堂，政府的初步规划是将三代以内的坟穴迁到存放堂里面，为了减少村民的争议，大家就协商将所有的坟穴一同搬上去。在整个过程中，利用宗族族长在村内的威望，由族长出面代表全体村民与政府进行协商并统筹负责相关工作，既避免了强硬规划引起村民的反感，又把整个迁坟工作安排得符合传统乡村社会的礼仪规范，充分尊重了传统和村民对祖宗的情感。

二是创办"功德银行"，弘扬善行。在商品经济的冲击下，货币的价值被过度放大，"赊销""互助"等体现人情的文化变成了直接的现金交易，"各人自扫门前雪，莫管他人瓦上霜"成了现实农村最真实的写照。2008 年，为从根本上扭转乡情冷漠、村风退化的现象，何斯路村党支部多次组织"头脑风暴"，最终决定以"功德银行"为切入口，推出鼓励村民善言善行，并把此类文明行为记录在档，作为村民"功德积分"的举措。所谓"功德银行"就是记录村民善行的一种制度，采用累计积分制，积分事项由专人负责，得分评议组由村两委干部、村监委成员和村义工代表共同组成。具体的积分事项划分为三档，具体标准一年一修订。村民可以将自己或者别人的好人好事上报，志愿者核实后，将好人好事以积分的形式存入"功德银行"，一季度一结算，一季度一公布，单位时间内，得分较高者会有一定的奖励，并在全村进行通报表扬。"功德银行"自 2008 年运行至今，"存"入大大小小的好人好事约 1.5 万件，积分突破 8 万分，全村 95% 以上的村民都做过好人好事，并在"功德银行"中有自己的积分。可以看出，何斯路村的"功德银行"鼓励村民将功德存入"银行"，在全村倡导奉献互助的风气，成为一个正能量的储蓄罐。

三是开设"斯路晨读"，培育村民文化意识。习近平总书记指出，一种价值观要真正发挥作用，必须融入社会生活，让人们在实践中感知它、领悟它。要注意把我们所提倡的与人们日常生活紧密联系起来，在落细、落小、落实上下功夫。为此，何斯路村于 2018 年 4 月创办了"斯路晨读"班，以教育作为直接方式培育村民的文化意识，让当地村民在日常生活中接触和感受乡村文化，在潜移默化中增强村民对乡村文化的情感与认同。在乡贤的组织下，农历每月逢"二、五、八"日安排"斯路晨读"班，上课时间是早上 5：30—6：30，村两委干部及村中退休教师担任晨读班的老师。"斯路晨读"班的每一节课都严格按照 5 个步骤开展："一讲"即讲政策、讲国家大事、讲村规民约；"二学"即学礼仪、学文明用语；"三做"即做好人，结合"功德银行"引导村民做好人好事，在晨读中通报宣传；"四练"是练太极拳，强身健体；"五唱"即唱何斯路村村歌。① 晨读内容重点突出乡村文化的特色，避免教学内容与城市教育的趋同性，授课形式生动活泼，深受群众欢迎。开课至今，"斯路晨读"班的参与人员从最初的几十人发展到现在的近

---

① 张家口市委宣传部学习考察组. 关于赴浙江义乌何斯路村考察情况的报告［N］. 张家口日报，2019-01-29（A2）.

百人。在这群特殊的"学生"中，年纪最大的 80 多岁，最小的 6 岁，还有"一家三代"同上课的情景。可以看出，"斯路晨读"班通过教育的形式让更多的农民参与到乡村文化的重塑之中，一方面，使村民成为乡村文化重塑的参与者与推动者；另一方面，通过文化意识的培养与养成，使村民重拾文化自信，培育村民的文化意识。

3. 发展集体经济，实现村民共同富裕

何允辉返乡的初衷是带领村民共同发家致富，2008 年回乡后，他发现何斯路村非常贫穷，人均年收入仅有 4587 元，村集体负债 30 多万元。何允辉深知集体经济是村党组织增强政治功能、加强村民服务的重要物质基础，因此他决心带领村民走集体发展的路子，确立了以观光农业和旅游业引领发展的思路。在起步阶段，何斯路村成立了"义乌草根休闲农业专业合作社"作为村集体经济的主体，并首次提出"生态股"的概念，认为乡村的山水田林路、农业景观、村落建筑、新老民居、手工技艺，甚至新鲜的空气，都是全体村民的共有资源，村庄的发展就是凭借这些不可分割的资源进行整合实现的。因此，有了收益应该全体村民利益均沾。合作社首期投资 3700 万元，总投资达 9000 万元，注册资本为 500 万元，经营项目包括薰衣草主题观光园、休闲度假庄园等。经过有关专家对该村环境生态投资进行评估测价，生态资源折合 25% 的股份作为集体股（每个村民平均免费持有 2000 股原始股）；剩余 75% 的股份为认购股，由村民和他人（企业）自主认购。这样就将属于全体村民的生态资源盘活并实现资本化，全体村民做股东参与村庄发展。2013 年，合作社募集了 2000 万元资金进行第二次增扩股，村民股实行十配三的股权配给。2015 年，合作社原始股金达到 3000 万股。① 到 2017 年，何斯路村人均年收入达到 39980 元，村集体资产从 10 年前的负债 30 万元增长到 1 亿多元。可以看出，股份合作制是何斯路村发展集体经济成功的关键所在。

三、乡贤践行"以人为核心"的发展理念

从上述对何斯路村的发展描述可以看出，这个村重视人的发展，其

---

① 何允辉. 依靠集体力量 让绿水青山成为金山银山 [J]. 经济导刊，2019（3）：79-82.

发展之路是从恢复乡村的主体性和确立村民发展地位开始的。正如何允辉书记阐述的发展理念，乡村发展首先是"乡村人的生活呈现，然后才是对有需求的人共同分享快乐、分享经济、分享幸福"，因此，一个乡村发展如何，游客量不是最重要的，人的进步与乡村的和谐可持续发展才是最终追求。在何斯路村，乡风文明，村容整洁，生活节奏慢，其乐融融，俨然《桃花源记》中描述的"土地平旷，屋舍俨然，有良田、美池、桑竹之属""黄发垂髫，并怡然自乐"的和谐景象。在经济发展方面，何斯路村的制度安排注重人的平等，该村的每一个村民从出生起，就对保护村里的环境和生态有同等义务，同时每个人都有权享受村集体的红利；在外工作的人可享受住村村民权益的50%，外嫁的女儿也可以保留村里的所有权益；村里60岁以上老人的养老费用、全村的大病医疗保险都由村集体统一缴纳。在村民个人发展方面，注重人心灵的净化，何斯路的村民崇敬祖先、善待老人、崇尚善举，这些无不体现对"人"的尊重。可以看出，何斯路村所有的一切几乎都是围绕"人"展开的，因此，这里的乡村治理是高效的，走出了属于何斯路村的蝶变之路。

"功德银行"：何斯路乡村治理的新探索

中国的乡村，主要是指县城以下以农业为主的农民聚集区域。在这一区域中的"村庄"，既指自然演化形成的乡村地区人类居住场所即"村落"，也指便于国家行政管理而在乡镇政府以下建立的农村行政单元。尽管"自然村落"与"行政村"并不总是一个相重叠的概念，但乡村事实上成为国家最基本的治理单元。这是因为，乡村一方面是形成利益冲突和引发社会矛盾的源头，另一方面也是协调各种利益关系和化解社会矛盾的关键环节（陈文胜，2018）。长期以来，中国实施的"城乡分治，一国两策"，使城市与乡村在地方治理上成为两个截然不同的截面，相对于城市来说，乡村治理更具多样性和复杂性（陈潭和罗晓俊，2008）。从现实来看，乡村治理已经成为决定乡村社会发展、繁荣与稳定的重要方面，因此，党的十九大报告把"治理有效"作为重要内容写入乡村振兴战略当中，并赋予其基础性地位。那么，如何才能实现有效的乡村治理呢？十九大报告要求"健全自治、法治、德治相结合的乡村治理体系"，在这个新的乡村治理体系中，"自治为基，法治为本"已经成为大家的共识，但对"德治"的认识相对较为薄弱。乡村治理体系中的"德治"处于何种地位？它的价值体现在哪些方面？浙江省义乌市何斯路村开创的"功德银行"，在乡村"德治"领域进行了极其有价值的探索。

一、德治在乡村治理体系中的价值

当前，我国农村的村民自治已日趋成熟，农村法治体系也正逐步完善，但乡村治理仍然存在着许多问题，如多数村民对于乡村公共事务表现得越来越冷漠，甚至出现村民为了自己的利益而利用种种制度裂缝与政策不接轨来"反制"国家在乡村治理中做出的种种努力（吴毅，2008），使得乡村集体合作行动越来越困难；农民群体越来越个体化、原子化，加剧了农民政治参与的冷漠化程度（韩庆龄，2017）；不少乡村地区谋利型上访群体和农村"混混群体"等正日渐成为乡村社会秩序的主角（吴蓉和施国庆，2018）等。究其原因，一个重要的方面是没有传承好和充分利用传统乡村治理方式中的有效做法（乔惠波，2018）。我国传统乡村治理方式的特征是"皇权不下县"，官府与乡村之间的联系通过乡村精英（如乡绅士绅、族长、乡保、村老等）来实现，乡村内部的治理不是靠皇权的威慑和专制权力，而是靠乡村礼俗、村社伦理、非正式的村规乡约来实现（马良灿，2014；苏海新和吴家庆，2014；尤琳和陈世伟，2014），具有明显的自治和德治特征。现今，我国实行的农村自治基本沿袭了传统乡村治理的思路，由村民自我监督、自我管理，共同办理好本村的各项事务。但是，与之相对应的德治却在乡村治理中较为薄弱，难以支撑乡村自治的开展。并且，习近平总书记在中共中央政治局第十八次集体学习时说，"一个国家的治理体系和治理能力是与这个国家的历史传承和文化传统密切相关的"。大到一个国家，小到一个乡村，其治理采取的方式和路径从根基上说离不开文化理念和历史传统的深层支撑，对我国乡村治理而言，离不开德治的扩展和深化（施远涛和赵定东等，2018）。所以，加强德治是乡村治理的必然要求。

1. 德治内涵辨析

"德治"是现代学者对儒家社会治理模式的概括总结，然而对于什么是德治，学术界却众说纷纭。马戎认为，德治是一种民间治理，是表示一种行为规范和相应形成的多少带有自发性的民间的社会秩序（马戎，1999）。这一观点侧重于道德在维护社会秩序方面的自发作用，它与政府制定的法律等正式制度的约束机理不同，德治是利用民间的"习惯法"来维护社会秩序。李建华认为，德治是以道德作为治理国家的手段，即是凭借道德内化塑造高尚治理人格、以道德规导治理行为和活动的治理模式（李健华，2017）。这一观点侧重于道德的内在价值，强调道德的自主能力，突出道德对社会秩序的引领和规范作用。虽然不同的学者对"德治"的概念有不同的看法，但学者们所定义的"德治"概念还是具有共性的，他们都认为德治是依靠道德来维护社会秩序，充分发挥道德的社会调节作用。

每个人都生活在由具体的社会行为规范和传统习俗等构成的一定的道德观念体系之下，这些行为规范和习俗是人们在社会共同生活中公认的社会行为准则，德治的作用在于对这些行为准则的引导和规范（哈耶克，2003），使人们合于规定下的形式行事，从而维护该社会的生存和延续。现代德治的含义是指在进行国家治理的过程中，要不断提高全体人民的思想道德水平，培育社会公德，提高整个社会的精神文明（乔惠波，2018），同时建立一整套根植于普通民众内心的公共规则，使得普通大众按照这些公共规则行事，促进整个社会的和谐发展。

2. 乡村治理体系中的德治

传统中国乡村社会历来是国家统治的末端，皇权止于县政，乡村的治理依赖宗族、乡绅及村老等，这为非正式制度在乡村社会生长、发育、传承提供了广阔的空间，加之中国聚族而居的村落结构特点，极易衍生出符合乡村社会特定条件的风俗、习惯、宗族制度等（周家明，

2015）。因此，相较于城市，我国农村有着丰富的"德治"资源，传统文化根基深厚，其中蕴含了大量的可以运用于乡村治理的道德规范。这些丰富的"德治"资源是农民祖祖辈辈流传下来的心理认同，它由土生土长的村民从乡村生活实践中总结出来，肇始过来，贯通现在，影响未来。这些丰富的"德治"资源在新的社会环境下若发扬光大，往往可以对乡村治理发挥事半功倍的作用，如有的地方通过整理家训、家规，开展"优秀家训、家规进万家"活动，促进了家庭和睦、净化了社会风气；有的地方通过开展德孝文化"五进"活动，即德孝文化进家庭、进学校、进机关、进农村、进街道，促进了和谐社会建设；有的地方通过设立"道德讲堂"或文化礼堂建设，提升村民精神文明素质；有的地方通过国学教育，恢复尊老爱幼、诚实守信的优秀品质；有的地方通过树立道德模范、评选星级家庭和好婆婆、好媳妇，以及设立"道德法庭"等活动，推动乡村文明的建设，引导村民提升道德修养与精神境界，营造风清气正的淳朴乡风（朱启臻，2017；李元勋和李魁铭，2019）。因此，在乡村治理体系中，德治即是通过相应的文化建设，运用农村优秀的传统文化资源和道德规范，建立起每个村民都自愿遵循的行为规则体系（乔惠波，2018），从而潜移默化地对村民进行教化，以无形的道德力量润泽乡村社会（金绍荣和张应良，2018），提高农村的社会治理水平，最终实现乡村治理的现代化和善治目标。

德国社会学家费迪南·滕尼斯在其著作《共同体与社会》一书中把"共同体"看作是那些有相同价值取向、人口同质性较强的社会共同体，体现的是一种亲密无间、守望相助、服从权威且具有共同信仰和共同风俗习惯的人际关系，这种共同关系不是社会分工的结果，而是由传统的血缘、地缘和文化等自然造成的（孔德斌和刘祖云，2013）。费孝通先生在《乡土中国》一书中指出，中国的乡村社会是典型的血缘组织与地缘组织的结合体。由此可见，我国的乡村社会是一个高度整合的共同体，具有一套强有力的适合于每个村民的地方性规范，同时有着村庄特有的价值观念和价值体系，如"面子""人情"等文化规范（乔惠波，2018）。德治在乡村治理体系中的意义在于注重村庄的传统道德文化、风俗习惯及村庄特有的乡土性价值体系，引导村民形成积极向上的道德规范，进而提高村民的道德水平，实现乡村治理的善治。

3. 乡村治理体系中德治与自治、法治的关系

乡村振兴离不开稳定和谐的社会环境，而乡村治理有效是保障乡村社会环境稳定和谐的基础。为了实现乡村治理有效，党的十九大提出"加强农村基层基础工作，健全自治、法治、德治相结合的乡村治理体系"。在这样的治理体系中，自治是乡村治理体系的基础，法治是乡村治理体系的保障，德治是乡村治理体系的支撑（乔金亮，2018）。自治、法治、德治有机结合，相互衔接和补充，共同形成有效的乡村治理格局。

德治是乡村自治的重要依托，但德治不同于自治。村民自治是由农村村民按照宪法和其他法律的规定，民主选举产生村委会作为自治组织，对本村村务进行民主决策、民主管理、民主监督的基层民主制度（杨峰青，2012），它是我国农村治理的一项伟大创举，也是中国特色社会主义政治制度的重要组成部分。显然，村民自治在我国乡村治理中属于"显性治理"。而德治是以伦理道德规范为准则，是社会舆论与自觉修养相结合的"隐性治理"（陈文胜，2018）。一般而言，"显性治理"关注和规范的是人的组织行为、公共行为或社会行为，但其对人的品行修养等私人领域却不能直接干涉或约束。而道德则与之不同，它涵盖公私两大领域，既对人们的公共社会行为进行引导和约束，又对人的品行修养提出规范（朱辉宇，2015）。因此，自治一般只在基层政治等领域发挥作用，德治发挥作用的范围则更广，可以辐射到村民的日常生活。中国的乡村社会是伦理本位下的关系社会，儒家伦理道德是构成乡村社会关系的核心理念，社会关系从属于伦理道德（梁漱溟，2011）。在村民自治中，通过村民自主选举产生的村民委员会在处理村务的过程中如果忽视德治的作用，就会使村务难以正常开展。此外，德治有利于维护乡村自治的稳定，节省管理成本。在村民自治中，村委会在处理村务时或多或少都会产生一定的管理成本，如组织村民的组织成本，村干部的"工资"等，而德治教化村民于日常生活中，几乎不会产生管理成本。

德治可以为法治提供重要支撑。法律是成文的道德，道德是内心的

法律。法律和道德都具有规范社会行为、调节社会关系、维护社会秩序的作用，在国家治理中都有其地位和功能。近年来，随着我国依法治国战略的快速推进，现代国家建构下的"法治"越来越广泛地渗透到乡村社会，成为乡村社会治理的主导秩序和根本保障（施远涛和赵定东等，2018）。贺雪峰在其著作《治村》中也指出："基层治理由之前依靠情理法力到现在越来越排斥'情理力'，而只强调'法'。"然而，这并不意味着法治能够以某种"自上而下"的方式毫无抵抗地"进入"乡村社会并获得主宰性地位。事实上，作为国家权力象征的现代法治在自上而下的建构过程中，虽然法律为乡村社会治理秩序实现转型提供了"现代之源"，整体上维护了乡村生活秩序，但其无法从根本上获得村民认可，难以真正融入乡村社会，呈现出"水土不服"的态势，甚至会遭遇"隐性"拒斥或消解而变成一个毫无意义的"外壳"。例如，对江苏省徐州市 JN 村的田野调查中发现，针对"如果有人借了你的钱赖着不还，你会怎么办？"这一问题，选择"通过打官司解决"的村民仅为 28.9%，不足样本人数的三分之一（刘昂，2018）；对江苏省江阴市华宏村、江苏省苏州市吴江区圣牛村、河南省漯河市扁担赵村和贵州省凯里市朗利村的田野调查中发现，针对"如果有人借了你的钱赖着不还，你会怎么办？"这一问题，4 个村选择"通过打官司解决"的村民分别为 33.3%、28.7%、21% 和 7.1%，均不足样本人数的三分之一（王露璐，2015）。究其根源，一方面以稳定性、普适性和原则性为特征的法律条文难以适应乡村社会的不断变化及其丰富的地方性特色，另一方面现代"法治"在"落地"的过程中因缺乏"在地资源"的支撑难以获得正当性基础和地方性根基（施远涛和赵定东，2018），且法律运行的高昂成本使得大多数村民在寻求法律解决问题面前望而却步，从而导致法治秩序难以实现对乡村社会的全面控制。而"德治"作为一种本土性资源和地域性规范，且因其低成本能在乡村中获得很大程度的认同，因此"德治"可以为乡村法治秩序的构建以及法治秩序与本土德治秩序的融合提供坚实的社会基础和充足的"养分"。

二、德治的乡村治理价值："功德银行"

德治以伦理道德规范为准则，是一种自我认同和社会认同的"隐性治理"。古人云："风俗者，天下之大事，求治之道，莫先于正风俗。"在乡村，伦理道德是引导乡村社会风气和凝聚乡村社会人心的不可替代的力量，是乡村治理的灵魂（陈文胜，2018）。并且由前文的分析可知，无论是法治还是自治，只有通过德治引导，才能有效实现自治、法治、德治相结合的乡村治理体系，使乡村治理走向善治。那么，德治在乡村治理体系中的价值体现在哪些方面呢？浙江义乌何斯路村开创的"功德银行"揭示了德治在乡村治理体系中的价值体现（见图1-1）。

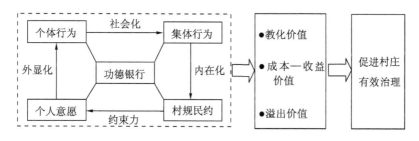

图1-1　"功德银行"促进村庄有效治理

1. "功德银行"的教化价值

"熟悉"是中国乡土社会的特质。在熟人社会中，由血缘、地缘关系出发而产生的乡村社会自身的秩序维护机制让乡村社会保持稳定的结构，而村民的"面子观"就是"德治"在维护乡村社会秩序内在机制中的重要一维。对于"面子"，学者们给出了社会声望、社会价值、社会尊严、公众形象、心理地位等不同的界定（刘继福，2011）。虽然不同的学者对"面子"的界定不同，但是他人的评价与认同却是蕴藏于不同研究者关于"面子"的界定中的共同因素。因此，面子是基于人们已嵌入其中的社会圈的价值规范和角色期望，凭借具有社会评价意义的行为和事件而获得的想象的或真实的"外部"价值认同，它通过对方僭越规格的态度、行为得以体现（刘继福，2011）。简而言之，面子是个体在"外人"心中的工具价值。在乡村，村民的面子是基于熟人社会而产生的，主要取决于人们的道德评价，且涉及内容非常广泛，如对待老人和孩子的态度、对邻里的困难是乐于帮忙还是视而不见、勤快还是懒惰、节俭还是浪费、对他人的态度是真诚的还是虚伪的，诸如此类（朱启臻，2018）。若村民的道德文化水平越高，其在乡村中就越有"面子"，他从乡村中就能获得很高的声望评价和更多的互助合作，且他的生活也会愈发地便利与有意义（董磊明和郭俊霞，2017）；若村民的道德文化水平很低，其在乡村中就会很没"脸面"，他会招致大家的鄙视，被乡村社会边缘化，甚至人们会拒绝在生产生活中与其合作互助。因此，德治在乡村治理中通过"面子"这一内在维护机制有利于提升农民的道德素质，维护正常的社会秩序，促进农村社会的稳定。正如罗素在其《伦理学和政治学中的人类社会》一书中所言："在不具备刑法的情况下，我将去偷，但对监狱的恐惧使我保持了诚实，如果我乐意被赞扬，不喜欢被谴责，我邻人的道德情感就有着同刑法一样的效果。"

　　2008年以前，何斯路村和大多数农村类似，经济非常落后，并且随着市场经济对乡村社会的逐渐渗透，该村之前淳朴的乡村民风被击垮，邻里之间的关系越来越不和睦、矛盾纠纷越来越多，甚至"百善孝为先"的孝道都逐渐淡去，村庄治理问题凸显。据何斯路村时任村长回忆："那是多年前的一天，乡镇干部驱车来村调研，由于村路太窄，车轮不慎陷进了水沟里，而村民却只顾在一旁发笑……"看到这一幕，时任村长既心痛又羞愧，一心想要做些什么来改变这一切。经过深思熟虑，时任村长想到了仿照欧洲的时间银行，并于2008年发起了"功德银行"，专门用来记录村里的好人好事。道德治理可以从目的论角度和手段论角度两个方面来理解，承担"扬善"和"抑恶"两方面的社会职能（杨义芹，2014）。"功德银行"正是承担起了德治的"扬善"这一社会功能，通过记录村里的好人好事引导村民培养优良的道德素质，践行高尚的道德行为。目前，在"功德银行"的册子里，记载了全村400多名户主的姓名、对应账号、每个家庭成员做过的好事。"功德银行"采用累计积分制，积分事项划分为三档，具体标准一年一修订。比如爱护公物、打扫公共卫生、捡拾垃圾、保持房前屋后的整洁有序等事项划入第一档，可得1分；维护公共场所环境等事项划入第二档，可得2分；长期坚持做某项好事、见义勇为、积极参与"五水共治""三改一拆"等活动，划入第三档，可得3分。积分事项由专人负责，得分评议组由村两委干部、村监委成员和村义工代表共同组成。一年为一个积分阶段，各年度积分不可累加。账户积分情况通过村公示栏、村网站、村主任博客等各类信息平台，每个季度公布一次，每年公示年度总分，"存储大户"即年度得分靠前者得红榜表彰，得分最高者视作对村庄做出突出贡献的人，树为村民学习的榜样，并多个角度宣传其中的感人事迹和爱心故事，发挥道德示范和正能量的引导作用。"爱面子"是中国人性格中的重大特征，由于"功德"存在银行里，看得见摸得着，而且还广而告之，这极大地满足了村民对好名声的心理需求。为了获得更多的肯定和赞赏，村民们争相参与到做好事中，形成了人人参与，齐心协力，共创美丽乡村家园的新气象。如今的何斯路村，在"功德银行"的助推下，做好事已经成为该村村民不假思索的行为，热情淳朴的民风，也成为何斯路村的独特气质。近十年来，该村没有发生过一起刑事案件，甚至连大的矛盾纠纷也没有。

2. "功德银行"的成本—收益价值

随着我国改革开放程度的不断深化，乡村事务越来越复杂，通过法治和自治来进行乡村治理时，会使大量的乡村事务处理流向政府机构和村集体，产生极大的治理成本，治理效果也不显著。乡村治理中若实施法治，则需要熟悉法律的专门机构、专门人才，且事前和事中的组织和相关人员也要熟悉法律，这就造成了法律安排成本和法治实施成本高昂。同时，在乡村自治中，定规则和定程序等都需要一定的成本（邓大才，2018），且村集体在处理村务时也会或多或少产生一定的成本。而德治会使道德规范无形中被全体村民普遍内化、服从，从而使得乡村社会维持着良性运转（董磊明和郭俊霞，2017）。可见，德治在乡村治理中成本较低，但获得的收益却很高。

何斯路村通过"功德银行"记录每个村民做过的好人好事，并在晨读班上对其通报表扬，让道德评价的标准、规范被全体村民普遍内化、接受，即费孝通所谓的"从俗即是从心"，何斯路村全体村民普遍存在对做好人好事这一规则的认同和信仰。截至2016年年底，何斯路村的"功德银行"上已有9000余分，全村95%以上的村民都做过好人好事。更为可喜的是，现在很多村民做好事不愿留名，册子上记录的好人好事大概只占实际数量的六分之一。可见，"德治"这种乡村治理手段在何斯路全体村民自我规训、监督全体村民方面发挥着重要作用，同时将做好人好事这一规则内化为大多数村民无意识的身体行为。"功德银行"极大地减少了乡村治理成本，使乡村在不知不觉中进入社会和谐这一状态。

3. "功德银行"的溢出价值

在乡村开展德治，还能够有力地促进个人福利和社会福利的发展。我国乡村社会的血缘、地缘决定了德治是乡村社会生活中不可或缺的调控手段，良好的道德规范维系着乡村社会和谐的人际关系和社会秩序。在乡村社会中，一个道德品行高的人，能从村庄中获得很高的声望评价和更多的互助合作，他的生活会愈发地便利与有意义，有力地促进了村民个人福利的增加。同时，一个道德昌兴的乡村社会，能够为村民生活提供祥和、安宁的人文环境，村民能够在幸福快乐的生活中得到物质上和精神上的满足，从而在经济、政治、文化、思想、制度等方面促进社会福利的增加（王玉灵和余海波，2004）。

"功德银行"通过助力村民创业致富有力地促进了村民个人福利的增加。"功德银行"通过采用积分制，使得村民的信用状况可以量化，进而为村民遇到资金困难向银行等金融机构申请贷款提供了方便。在何斯路村，18 至 60 周岁的村民，只要在"功德银行"的积分超过 50 分，不用任何抵押，就可贷到最高 60 万元额度的低息贷款。例如，村民方某在创业之初资金缺乏，一时借贷无门。后来，该村民凭借"功德银行"的积分，顺利从银行贷款 30 万元，启动了创业项目。

此外，在"功德银行"的沐浴下，该村也形成了资源共享，这在某种程度上有力地促进了社会福利的增加。该村村民经常把自己用不了的东西拿到村集体让大家共享，如某村民由于家庭人口少，将自家吃不了的南瓜主动拿到村里的居家养老中心让村民享用。

共治共享：何斯路的未来蓝图

每一个村庄里都有一个"中国"，乡村治理的好坏在一定意义上将影响甚至决定中国能否实现乡村振兴。历史地看，一元主导的治理模式难免会使村庄发展陷入困境。政府或资本主导的乡村治理遵循弱肉强食的"森林法则"，在权力或资本强势方的主导下形成的规则、决策和利益分配通常以"最大化利己"为目的，在这种情形下，"农民被上楼""土地被流转"现象屡见不鲜；农民自主治理路径也不例外地有其缺陷，要么因有能人治理而陷入"精英捕获"的陷阱，要么因缺乏合作意识而各自为战，导致"公地悲剧"。广州某个小村庄曾因区位和生态优势吸引了大批艺术家入驻，一时间产业迅猛发展，但因缺乏有效治理主体，农民私搭乱建、肆意涨租，最终导致租户外迁、乡村衰落。反观何斯路的乡村复兴之路，在乡村产业有所发展的基础上，依旧鼓励村民共同治理乡村，并采取一系列措施，重塑乡贤文化，吸引有知识、有资金、有技术、有情怀的乡贤返乡；成立老年电大、调解委员会、建房协调小组等社会组织，提高乡村的社区组织化程度，推动社区能力建设；加强德治建设，引导当地村民团结互助，共同为村庄建设发力。毫无疑问，何斯路村通过共治共享走上振兴之路为中国的乡村治理提供了很好的示范：在当前的乡村治理中，重视恢复乡村的主体性和确立村民发展主体地位，充分调动多元主体的积极性，共同参与乡村振兴，并通过制度保障多元主体能够基于能力和贡献实现共享发展。同时，重视"德治"在新的乡村治理体系中的价值，依时、依势、依情建立符合村庄特色、能够反映村民共同价值的德治制度，为新时代乡村振兴战略的顺利实施奠定基础。

但是，何斯路村共治共享的成功模式离不开特定的经济、文化与制度条件。一是城市化水平高。义乌市的城市化已达到一定高度，何斯路村有条件通过发展产业从市民消费中获得更多收益。当城市化发展到一定高度时，市民的消费水平升级，乡村的生态、文化和美学价值才能凸显出来，进一步通过产业融合提升农业附加值，吸引城市要素下乡形成共生，乡村的空心化问题才能得到缓解。二是村民文化素养高。由前文的分析可以发现，德治在乡村治理体系中也具有非常重要的地位。德治具有无形的约束管理作用，可以起到法治和自治"显性治理"起不到的效果，为法治和自治的有效实施提供重要支撑。何斯路村开创的"功德银行"能够有效提升村民的道德素质，促进乡村社会的稳定和提高村民的生活质量，而且在乡村治理中治理成本较低，治理成效却较高。村民有效参与村庄治理离不开德治的引领，村民应该在道德价值的指引下，自觉遵守法律法规和村规民约，逐步提升乡村治理的整体水平。三是保障村民共享的机制完善。乡村生产关系是以共享发展为目标的，当相关主体利益关系处理恰当时，也才有可能真正实现共治，让相关利益主体和谐共生。何斯路村以草根休闲农业专业合作社为载体，让村民以生态入股实现利益共享。同时，加强集体经济建设，完善医疗、养老等保障制度，让村民"老有所养、病有所医"，增强村民对村集体的信任与归属感，更有意愿参与乡村治理。

参考文献

［1］申端锋，张巧巧．乡贤返乡：城乡融合发展的新路径［J］．广东行政学院学报，2019，31（4）：47-53.

［2］朱启臻，胡方萌．柔性扶贫：一个依靠乡村自身力量脱贫的案例［J］．中国农业大学学报（社会科学版），2017，34（5）：119-126.

［3］陈文胜．以"三治"完善乡村治理［N］．人民日报，2018-03-02（05）.

［4］陈潭，罗晓俊．中国乡村公共治理研究报告（1998-2008）［J］．公共管理学报，2008，5（4）：9-18.

［5］吴毅．治道的变革：也谈中国乡村社会的政权建设［J］．探索与争鸣，2008（9）：46-49.

［6］韩庆龄．后税费时代农村基层的私人治理：发生机制与运行逻辑［J］．广东社会科学，2017（2）：210-219.

［7］吴蓉，施国庆．后税费时代乡村治理问题与治理措施——基于文献的讨论［J］．农业经济问题，2018（6）：117-128.

［8］乔惠波．德治在乡村治理体系中的地位及其实现路径研究［J］．求实，2018（4）：88-97.

［9］马良灿．中国乡村社会治理的四次转型［J］．学习与探索，2014（9）：45-50.

［10］苏海新，吴家庆．论中国乡村治理模式的历史演进［J］．湖南师范大学社会科学学报，2014，43（6）：35-40.

［11］尤琳，陈世伟．国家治理能力视角下中国乡村治理结构的历史变迁［J］．社会主义研究，2014（6）：111-118.

［12］牢记历史经验历史教训历史警示　为国家治理能力现代化提供有益借鉴［N］．人民日报，2014-10-14（01）.

［13］施远涛，赵定东，何长缨．基层社会治理中的德治：功能定位、运行机制与发展路径——基于浙江温州的社会治理实践分析［J］．浙江社会科学，2018（8）：75-82，157.

［14］马戎．罪与孽：中国的"法治"与"德治"概说［J］．北京大学学报（哲学社会科学版），1999（2）：30-38.

［15］李建华．论德治与法治的协同［J］．湘湖论坛，2017，30（5）：22-27.

［16］弗里德利希·冯·哈耶克．法律、立法与自由（第1卷）［M］．邓正来，等译．北京：中国大百科全书出版社，2003.

［17］周家明．乡村治理中村规民约的作用机制研究［D］．南京：南京农业大学，2015.

［18］朱启臻．乡村有效治理的经验与展望［N］．农民日报，2017-12-29（07）.

［19］李元勋，李魁铭．德治视角下健全新时代乡村治理体系的思考［J］．新疆师范大学学报（哲学社会科学版），2019，40（2）：70-77.

［20］金绍荣，张应良．优秀农耕文化嵌入乡村社会治理：图景、困境与路径［J］．探索，2018（4）：150-156.

［21］孔德斌，刘祖云．社区与村民：一种理解乡村治理的新框架［J］．农业经济问题，2013（3）：40-47，110-111.

［22］费孝通．乡土中国［M］．北京：北京大学出版社，2012.

［23］乔金亮．乡村善治［N］．经济日报，2018-01-16（15）.

［24］杨峰青．农村"空心化"背景下村民自治存在的问题及对策研究：以桐

柏山区姚河村为例［D］. 上海：复旦大学，2012.

[25] 陈文胜. 以"三治"完善乡村治理［N］. 郴州日报，2018-03-12.

[26] 朱辉宇. 道德在社会治理中的现实作用：基于道德作为"隐性制度"的分析［J］. 哲学动态，2015（4）：75-80.

[27] 梁漱溟. 乡村建设理论［M］. 上海：上海人民出版社，2011.

[28] 贺雪峰. 村治［M］. 北京：北京大学出版社，2017.

[29] 刘昂. 乡村治理制度的伦理思考：基于江苏省徐州市 JN 村的田野调查［J］. 中国农村观察，2018（3）：65-74.

[30] 王露璐. 伦理视角下中国乡村社会变迁中的"礼"与"法"［J］. 中国社会科学，2015（7）：94-107.

[31] 刘继富. 再论面子的界定［J］. 社会心理科学，2011（2）：9-14.

[32] 朱启臻. 村落价值与乡村治理关系的探讨［J］. 国家行政学院学报，2018（3）：32-39，153.

[33] 董磊明，郭俊霞. 乡土社会中的面子观与乡村治理［J］. 中国社会科学，2017（8）：147-160.

[34] 罗素. 伦理学和政治学中的人类社会［M］. 肖巍，译. 北京：中国社会科学出版社，1990.

[35] 邓大才. 走向善治之路：自治、法治与德治的选择与组合——以乡村治理体系为研究对象［J］. 社会科学研究，2018（4）：32-38.

[36] 王玉灵，余海波. 论社会福利和道德［J］. 山东工商学院学报，2004（6）：119-122.

（执笔人：谢宝峰，黄曼，庄晋财）

江苏沭阳

"互联网+三农" 引领花乡奔小康

沭阳：苏北那个曾经贫穷落后的地方

沭阳，宿迁下辖县，是江苏 3 个省直管试点县之一，地处徐州、连云港、淮安、宿迁四市接合部，因位于沭水之阳而得名。沭阳县域面积 2298 平方公里，辖 33 个乡镇、1 个农场、6 个街道、1 个国家级经济技术开发区，户籍人口 195.37 万，是江苏省陆地面积最大、人口最多的县，也是全国文明县、全国卫生县、中国书法之乡、中国花木之乡。近年来，曾经贫穷落后的沭阳以改革创新闻名全国，经济发展呈现稳中有进、进中向好的良好态势，创造了令人瞩目的"沭阳速度"和"沭阳经验"，主要体现在 3 个方面：

1. 经济社会发展态势良好

沭阳县位于江苏境内经济相对落后的苏北地区，在"十二五"期间，沭阳县有 4000 元以下的低收入人口 32.8 万人，经济薄弱村 120 个，占宿迁全市的三分之一。从表 2-1 可以看到，2019 年沭阳县的城镇和农村居民人均可支配收入分别是 27993 元和 16877 元，与宿迁市的整体经济水平基本持平，却明显低于江苏省其他 12 市的经济发展水平。尽管从所在区域的经济发展水平来看，沭阳县的经济水平相对落后，但从动态发展的视角来看，沭阳经济发展呈现连年增长的良好势头。2011年以来，沭阳 GDP 年均增长 15.7%。2018 年，沭阳县实现地区生产总值（GDP）825.45 亿元，其中一产增长 2.9%，二产增长 7.3%，三产增长 7.4%，全县三次产业结构调整为 11.8∶45.3∶42.9。从整体经济水平来看，沭阳的县域经济与县域基本竞争力连续 6 年跻身"全国百强县"行列，并攀升至第 29 位，连续三届入选"全国工业百强县"，位居第 55 位。

表 2-1 2019 年江苏省 13 市人均可支配收入①

	居民人均 可支配收入/元	城镇居民人均 可支配收入/元	农村居民人均 可支配收入/元
南京	52916	59308	25263
无锡	50373	56989	30787
常州	45933	54000	28014
苏州	55476	63481	32420
南通	37071	46321	22369
扬州	34076	41999	21457
镇江	40883	48903	24687
泰州	34642	43452	21219
徐州	27385	33586	18206
连云港	25864	32749	16607
淮安	27696	35828	17058
盐城	29488	35896	20357
宿迁	22918	28281	16639
*沭阳县	22664	27993	16877

2. 花木产业实现质和量双重发展

花乡沭阳地处北纬 34°，位于我国南北气候过渡地带，适合多种花木生长，是南花北移、北木南迁的理想中转站。沭阳花木栽培历史悠久，但大多集中在新河镇、颜集镇和庙头镇等西北和北部地区，而周集、张圩、钱集等乡镇乃至整个东南部地区由于地理区位、历史原因、自然条件等多种因素影响，交通较为落后，接受辐射带动能力不足，经济发展相对滞后，明显落后于周边乡镇，花木产业发展不充分在一定程度上造成沭阳不同地区之间的发展不平衡。近年来，沭阳花木产业实现质和量的双重发展。首先，花木种植面积不断扩展，由之前的老花区不断向以耿圩镇、陇集镇、刘集镇为主的新花区拓展，形成"两区""三

———————

① 数据来源：《中国统计年鉴 2020》。

带"的花木产业布局。2015 年，全县花木种植面积增长到 48.1 万亩，花木销售额发展到 85 亿元，成为江苏省花木种植面积最大的县。其次，花木产业向"名、特、优、稀"的高水平方向发展。目前，沭阳种植的花木有 3000 多个品种，花木档次不断提高，全县拥有国家级森林绿化资质企业 80 余家，中高级园艺师 190 余人，花木专业市场 30 余个，形成了一个高质量、高梯队、高水平的特色产业集群。

3. 电商产业发展进入飞跃期

中国电子商务发展起步于 1996 年，沭阳县花木产业在通讯网络设施建设方面起步也较早，自 2001 年开始建设 ADSL 宽带接入网。最初，沭阳县个别具有先进意识的农民开始利用贴吧、论坛在网上展示推销自家的产品，这是最原始的电子商务形式，但由于互联网普及程度尚低，对沭阳花木交易的实质性帮助还十分有限。如今，沭阳县的电商产业发展已进入跨越式发展的飞跃期。早在 2015 年，沭阳已有 193 户网商和 359 个网店，实现 5542.1 万元的电商交易额，在"2017-2018 年电商示范百佳县"排行榜中，沭阳排名第六位。经过不断发展，目前沭阳全县已有 12 个淘宝镇，86 个淘宝村，淘宝村全覆盖的乡镇就有 4 个，形成了一个拥有较大电商发展规模、优质产业基础、完善电商生态、良好发展前景、扎实基层网商基础的特色花木电商产业集群，同沭阳特色花木产业集群相辅相成，共同促进沭阳县域的经济社会发展。

可以看出，沭阳特色花木产业和电商产业的协同发展，在一定程度上促进了当地县域经济的增长，形成了我们熟知的"沭阳速度"和"沭阳经验"。课题组通过全面解读"沭阳速度"的产生原因和意义，进一步分析总结沭阳县花木产业和电商产业的发展特征和实践经验，有助于电子商务产业在全国范围内的推广和交流，也有益于其他县域的学习与借鉴。

花乡沐阳：引领乡村产业融合新方向

当前，产业融合已经成为农业产业发展的新趋势。所谓产业融合，是基于技术创新或制度创新形成的产业边界模式化和产业发展一体化现象。在农村一二三产业融合发展过程中，呈现出多种形式的融合方式，如产业整合型、产业延伸型、产业交叉型及技术渗透型（郭军等，2019）。目前，中国农村一二三产业融合发展总体上处于初级阶段，覆盖领域小，融合深度不足，惠及面有限。沐阳模式为中国农村一二三产业融合发展提供了一个有效的示范。沐阳县开辟的是一条农业产业集群升级型的农村产业融合发展道路，具体来说，沐阳模式实现以农业产业集群或产业为依托，形成花木种植产业、资材配套产业、干花加工产业、现代物流产业、金融服务产业、电子商务产业、信息软件产业、休闲旅游业等多个产业空间融合、集聚集群和网络发展的形态（曾亿武和郭红东，2016）。在这个过程中，秉承立足农村、惠及农民的观念，以市场需求为导向，以政府支持为基础，激发农民的创业热情和创新精神，形成"农村美、农业强、农民富"的乡村系统（见图2-1）。

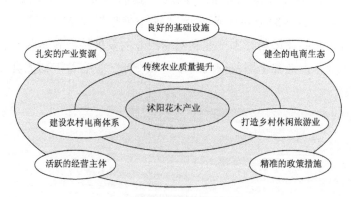

图2-1　花乡沐阳的产业融合体系

一、以集群思维提升花木产业的内生发展

传统农业具有弱质性特点，受自然风险和市场风险的双重影响，产业链细而短，集约化程度低，商业模式粗放。沭阳县的花木产业发展也是如此，自 1997 年开始，沭阳县花木产业由农户自发的缓慢发展期转入政府高度重视和全力推动的快速发展期，2013 年沭阳的花木种植面积已扩大到 40 多万亩，但是，这种以规模扩张为主的发展战略让当地农民陷入"增产不增收"的困境，传统的种植模式和商业模式限制了沭阳花木产业的发展。所以，2014 年至今，沭阳县委和县政府依托于包括良好的基础设施、扎实的产业资源、活跃的经营主体、精准的政策措施、健全的电商生态在内的五大产业要素优势，强调由规模扩张转向花木产业发展的质量提升，主要体现在以下几个方面：

一是重视科技创新，提高花木产品的科技含量。2015 年，《沭阳县花木产业发展"十三五"规划》指出，坚持把"科技兴花"作为花木产业发展的重要内涵，坚持标准化、精品化、特色化理念，围绕产品定位精品化、生产过程精细化、包装推介精美化定位，大力发展精品苗木，发展本地特色花木品种，不断提升产业质态，提高花木产品的科技含量，实现产业效益最大化。首先，沭阳成立县花木研究中心，鼓励苏北花卉等县内大型花木企业与省内外科研机构、高等院校建立长期协作关系，组建研发中心，积极开发新品种、新技术。其次，农业经营主体生产行为的规范性直接决定初级农产品质量的高低（明辉等，2019），因此，沭阳县制定花木种植的技术标准，为农产品生产提供科学、规范的技术支持。技术标准进一步普及到农业经营主体，并转化为生产行为，有利于实施农业标准化生产和智能化监管，促进农产品品质的提升。再次，加快建设花木综合网络服务平台，建立健全县花木协会信息档案数据库和花木科技培训中心，加强技术、业务培训，及时发布市场动态和供求信息，进行花木新品种、新技术示范推广。

二是推动本土龙头企业提档升级，吸引大型优质花木企业入驻。沭阳县从政策、资金上引导本土龙头企业实现技术创新和金融创新，鼓励本土龙头企业进行新品种和新技术的研究开发，发展设施化繁衍、容器育苗等新技术。2014 年 8 月 20 日，本土企业江苏苏北花卉股份有限公司作为国家级农业龙头企业在新三板成功挂牌上市，成为江苏省首家挂牌上市园林企业。同时，沭阳县狠抓产业对外招商，分别引进三叶园林、挚信园林、太合园林等一批占地 3000 亩以上的大型花木产业，极大地增强了沭阳的花木资源实力和竞争优势。

三是抓好专业市场、示范园区和园艺基地的提档升级。2014 年建成的中国沭阳国际花木城是集花木展销、信息交流、电子商务、植物检疫、物流快递等功能于一体的特大型花木市场。该市场的投入使用提升了沭阳县花木产业档次，完善了市场体系，改变了以往的花木市场单一销售模式，打造沭阳县花木产业发展强力支撑点。2014 年开始着手建设占地 3000 亩的苏台（沭阳）花木产业示范园，该示范园坚持高规格和严标准，计划重点吸引台湾鲜切花、盆栽植物等国内外花木企业来沭投资兴业，不断充实沭阳花木产业发展内涵，提升产业发展质态。2015 年年底，沃彩互联网园艺基地投资建设，该基地设有园艺综合超市、高档盆花、繁殖材料冷藏、绿植盆栽、果树苗木、配套园艺资材、大宗物资分拨、优质园艺电商孵化、优新园艺产品展示等多个功能分区，为全镇以及周边乡镇的合作网商提供货源，并且拓展订单采购、送货上门、快速发货等配套业务。

二、以融合理念促进花木产业的多维发展

由于农业产业在生产、分配、交换及消费方面的弱质性（陈学云和程长明，2018），资本和资源流向投资机会更多、利润率更高的二三产业、向城市聚集，资源匮乏加剧乡村产业凋敝，这就形成了乡村产业发展的负反馈机制。根据佩第-克拉克定理，劳动力会随着经济发展和人均收入的提高而发生从第一产业向第二产业再向第三产业的转移。库兹涅茨法则揭示了劳动力的流动会使第一产业的比重下降、第二产业不变、第三产业上升的规律。因此，为实现农业的可持续发展，必须充分延伸农业产业链，实现农业与二三产业的融合，让农业与二三产业分享利润，创造更大的盈利空间。也就是说，以融合理念促进农业产业发展具有必然性。那么，如何实现乡村产业融合发展呢？1994 年，日本 JA 综合研究所学者今村奈良臣首次提出了农业六次产业化的概念，认为农业的六次产业是指农村产业系统中各子产业之乘积，即 $1 \times 2 \times 3 = 6$。这意味着只有依靠农业为基础的各产业间的合作、联合与整合，才能取得农村地区经济效益提高（贺青梅，2019），这为乡村产业融合的可能性提供了理论基础。回顾沭阳花木产业的发展历程，在产业融合方面所做的努力主要包括以下几个方面：

一是以数字技术为支撑，推动花木与电商产业融合发展。2018年，中央"一号文件"有多处关注数字技术，提倡用数字技术赋能乡村产业发展，比如数字乡村建设、数字农业建设、基于互联网的农业生产模式等。2019年5月，国务院办公厅印发《数字乡村发展战略纲要》，"数字乡村"成了乡村产业振兴的战略方向和建设数字中国的重要内容。沭阳县早在2015年就推进4G网络建设工程，已经完成80个行政村光纤入户工程，实施无限数字的地面传输覆盖工程，新增农村数字电视用户1万户以上。同时，建立"一网两库一平台"，即"诚信沭阳"网站、企业信用基础数据库、个人信用基础数据库和信用信息平台，全面推进信用体系建设，已归集数据488项，入库数据1820万条，拥有良好的数字技术支撑条件。在此基础上，沭阳县政府每年拿出1500万元设立电子商务专项发展基金，用于仓储物流、创业培训、孵化基地、典型奖励等方面的补助；每个乡镇都建立了电子商务公共服务中心，会议室、培训室、摄影室、体验中心一应俱全，为电商农户提供技术培训、网店优选、信息咨询、金融服务等多种服务；全力打造网络创业孵化基地，让电商企业免费入驻，并给予多项政策优惠。在电子商务发展之前，沭阳的花木品种主要是大型绿植、工程苗木、园艺盆景，以批发为主，而鲜切花、多肉植物、微型盆栽等家庭园艺产品并不多见。电子商务的兴起，使得多肉植物等微型花卉涌入沭阳，沭阳花木的产品版图更趋完整，花木品种已超过3000种。

二是以特色品牌为依托，衍生乡村休闲旅游业。随着电子商务的兴起，无论是线上还是线下，"花乡沭阳"成为沭阳对外的一张金色名片，区域品牌知名度达到空前的高度。沭阳县依托"中国花木之乡"的特色品牌，促进花木产业与旅游业有效融合，主要表现在：（1）着力打造"一带一区一镇一村"生态农业观光路线，做大做强"花木沭阳"旅游文化品牌，努力创建成为休闲农业与乡村旅游的示范县。沭阳县以本地区具有产业特色和良好基础条件的部分企业、园区、特色基地为主体，串联成主线，统一规划、重点建设，形成生态农业观光旅游线，主要规划的"花乡一日游"线路是"花木博物馆—江苏三叶园林公司大规格观花观果苗木基地—国际花木城—山荡原生态古栗林公园—胡家花园—周圈盆景园—普善寺—周圈休闲古栗林公园—岔流河风光带—苏北花卉—植物园—鲜花产业园"，为游客提供自然生态、风景优美、空气清新、设施优雅的休闲观光旅游景区，放松精神、陶冶情趣、锻炼身体、调节生活。①（2）举办丰富多彩的活动，扩大知名度。沭阳县每年定期举办"中国沭阳花木节"活动，打造国内花木产业展会知名品牌，进一步扩大对外交流；适时申办"江苏省园艺博览会""中国盆景展览会""中国花卉博览会"等大型活动，吸引大量的游客，创造流量经济。此外，吸引更多、更大的花木企业落户沭阳，促进全县产业快速发展。

三、以系统观念促成花乡沭阳的整体发展

花乡沭阳本质是一种以数字技术为支撑的县域电商发展模式。在沭阳地域范围内，自然禀赋、区位条件、经济基础、人力资源、文化习俗等各要素交互作用于沭阳花木产业发展，构成具有一定结构和功能的开放系统（屠爽爽等，2015）。在这个地域系统内，良好的交通、网络等基础设施，包括依托于自然禀赋形成的传统产业使得电子商务的萌芽成为可能；政府转变职能，搭建平台，为各类经营主体、服务商、资源平台提供相互学习、互动的空间和机会；农民充分参与到花木产业振兴中，利用屋前院后的土地种植苗木，发展庭院经济，在电商产业的全产业链中，客服、采购、包装、物流等低门槛行业吸纳了农村劳动力。此外，农村可用于充当仓储的空间、闲置的旧房、对外出租的房屋也被利用起来，在产业要素、经营主体、政府政策的综合作用下，形成了健康的电商生态系统，具体来看包括以下几个方面：

一是良好的基础设施。沭阳地处江苏北部，东部接壤连云港，南部

---

① 资料来源：2016年，浙江大学中国农村发展研究院农村电商研究中心郭红东和曲江主持的"沭阳模式——'互联网+三农'典范"课题。

毗邻淮安市，西部倚靠宿迁，北接徐州，是四市的接合部。距淮安涟水机场45分钟车程，距连云港白塔埠机场50分钟车程，距徐州观音国际机场1.5小时车程，南京禄口国际机场在沭阳设候机楼——全省唯一县级城市候机楼。京沪高速公路穿境而过，设有5个互通出入口（潼阳扎下、沭阳北、沭阳、钱集和胡集），205国道和324、326、245省道穿境而过。新长铁路在沭阳设有客运和货运站，穿越腹地直接联入陇海铁路、胶新铁路、宿淮铁路、宁启铁路。沭阳四通八达的交通布局，奠定了良好的公共品供给基础[①]：（1）专业的供货市场。沭阳县建成新河颜集苗木淘宝市场、家庭园艺市场、新河沃彩互联网园艺基地、庙头花卉苗木市场、周圈盆景市场、解桥花木资材专业市场等县镇村三级专业供货市场体系。（2）物流快递园区。2015年8月，对新河镇区街道的快递公司进行综合改造，建成物流快递园区，总投资500万元，占地11000平方米，建筑面积7500平方米。已有12家快递企业入驻，包括韵达、圆通和申通等，同时建成了自动化、标准化包裹分装大型设备，大大提高了包裹处理速度和承接量，节省了单位劳工量和成本，提升了运营效率和绩效。（3）电子商务公共服务中心。沭阳县在每个乡镇都建立了电子商务公共服务中心，会议室、培训室、摄影室、体验中心一应俱全，为电商农户提供技术培训、网店优化、信息咨询、金融服务等多种服务。

二是扎实的产业资源。如前所述，沭阳具有悠久的花木种植历史，素有"花乡"美誉，种花、赏花、爱花是沭阳人的传统。据史料记载，沭阳花木栽培始于唐代，盛于明清。改革开放以后，沭阳县花木产业经历了自发缓慢发展期、快速扩张发展期和转型升级发展期3个阶段。自发缓慢发展期（20世纪80年代中期至1996年），沭阳花木产品对外销售比较艰辛，同时面临较多的不确定因素，直到1994年建成了盆景长廊的专业市场，才开始吸引外部客户前往本地采购产品，但是只有零星几家企业，主要有沭阳县怀文花卉盆景有限公司和江苏苏北花卉股份有

---

① 说明：此处三点出自郭红东和曲江主持的"沭阳模式——'互联网+三农'典范"课题。

限公司。进入快速扩张发展期（1997—2013 年），沭阳政府规划颜集、新河为重点花卉种植区，其中，颜集镇在 2000 年被授予"中国花木之乡"称号。在政府的鼓励扶持下，沭阳的花木种植面积到 2013 年已经达到 40 多万亩。在转型升级发展期（2014 年至今），2014 年建成了中国沭阳国际花木城、苏台花木产业示范园、沃彩互联网园艺基地。同时，吸引大型优质花木企业入驻，如三叶园林、挚信园林、大合园林等一批占地 3000 亩以上的大型企业。可以看出，经过几十年的发展，沭阳花木产业实现了从无到有、从小到大、从数量增长到质量和数量双重发展，已经具备了扎实的产业资源。围绕沭阳花木这一特色产业，在政府的合理引导与农民的广泛参与下，形成农村电商生态体系。

三是活跃的经营主体。沭阳县电子商务的发展起源于农民的草根创业活力和创新精神，具有自下而上的特点。从 2001 年开始对黄页、贴吧等形式进行积极尝试，到 2007 年开始使用淘宝、京东、1688 等电商平台进行线上营销，再到如今使用小红书、抖音等社交平台进行"直播带货"营销，沭阳县的花木农户始终展现出敢为人先、勇于探索的创业创新精神。这种宝贵的创业创新精神，使得沭阳在互联网发展的潮流中能够抢占先机、引领前沿。我们看到，以新河镇、颜集镇、庙头镇为核心，凭借花木产业自发形成的"家庭式电商小作坊"，早在 2001 年左右，互联网还没有被广泛用于商业销售之时，沭阳县新河镇的一些农民就开始利用贴吧、论坛在网上推销自家的花卉苗木。在农村熟人社会的孕育下，在农村电商带头人的影响下，网商的"星星之火"，早已形成"燎原之势"。在淘宝、京东、1688 等平台，不断涌出沭阳人开设的花卉苗木类网店。这些网店基本都是以"家庭式作坊"的模式运行，父辈管理田地，保障花木产品的质量、数量，子辈管理网店，负责拍摄、产品上新、顾客管理、营销等一系列工作，两代人各司其职，分工明确。此外，还有众多创业者加入花木产业的衍生品销售，如花盆、肥料、铁锹、遮阳网、洒水壶、保鲜膜等。2015 年，沭阳全县网店数量将近 4 万户，电商交易额达 70 亿元，快递发货量达 6000 万件，平均每天超 15 万件，平均每秒钟就有 1.7 件沭阳的包裹发往全国各地。全县电商直接创业和带动间接就业人员总数达 15 万人，全县上下形成了浓厚热烈的创新创业氛围和生动丰富的创新创业局面。

四是精准的政策措施。沭阳县政府本着"到位不缺位、补位不越位"的原则，以"需求导向、市场机制、精准扶持、优化环境"为思路，针对"入门之前缺引导、起步阶段缺培训、发展阶段缺资金、升级阶段缺人才"的创业痛点，开展"创业引导、人才培训、资金扶持、载体建设、优化环境"等一系列工作，为沭阳电子商务的发展提供尽可能优越的政策环境，主要行动方案包括5个方面：（1）营造电商氛围，加强创业引导。沭阳县通过多媒体渠道进行电商创业相关信息的传播，开展各类鼓励创业的会议和活动，宣传电商创业的优势，塑造典型，厚植电商发展的土壤。（2）创新服务理念，加强人才培训。政府购买服务，针对不同层次的电商人才分别进行初始培训、提升培训、精英培训，定时开展讨论活动"周四下午四点见"，给电商创造一个充分交流、讨论的机会，并且通过政企合作，整合县域内的资源，鼓励当地龙头企业给电商提供服务；在江苏省沭阳中等专业学校、沭阳经贸高等职业技术学校等职业院校开设电子商务专业，培养相关人才。（3）运用市场机制，加大资金扶持。江苏银行开设淘贷，江苏省首创网商信贷，电商可以凭流水，实现免抵押、低利率贷款；成立电商互助基金，获得社会资本扶持；政府出台红头文件，自2014年起，县财政按不低于1500万元人民币标准安排网络创业风险扶持资金，扶持网络创业项目、网络创业培训、网络创业园、网络创业孵化中心建设补助、网络创业贷款风险补偿及贴息、网络创业先进典型奖励等。（4）运用互联网思维，加强载体建设。在加强建设线下载体方面，沭阳建设了4万平方米的沭阳淘创基地、20万平方米的苏奥电商产业园、2万平方米的沭阳软件产业园及乡镇电子商务公共服务中心，实现40个乡镇全覆盖；全县免费、低价提供7万平方米办公场所、4万平方米仓储用房。在充分建设线上载体方面，沭阳建设了花乡创业网，共有35个类目，近万件单品，有效解决选择商品茫然、压货资金紧缺、议价能力较低等问题，花乡创业网络创业者提供货源、物流配送、售后服务，创业者通过注册会员，选择商品，参与分销，实现零门槛、零库存、零风险，目前网站已有会员2200多人。（5）通过规范管理，优化发展环境。实现交易信息定期通报，交易纠纷协同处理，信用评定互相认可，优质商户政府背书。开展打击扰乱花卉苗木市场经营秩序等行动；处理342件移交纠纷事件，涉及金额64.31万元，达到100%完结率；设置花木交易诚信专项资金，买家购买到假货，可先行获得赔付，政府核实后，处理卖家；加强行业自律，通过沭阳县电子商务协会及沭阳县网络创业者协会等加强管理和监督，走出一条可持续发展的道路。

"互联网+三农"：助力沭阳花草走天下

如前所述，花乡沭阳的发展模式是以特色农业产业为依托，以市场需求为动力源，由广大农民参与创新创业活动实现传统产业升级，并在政府推动下形成了"农民富、农业强、农村美"的"互联网+三农"县域电商发展模式。在这种发展模式中，互联网技术的助推作用至关重要。改革开放以来，国家不断加强农村基础设施投资，特别是自2005年"社会主义新农村建设"和2017年"乡村振兴"这两个重大战略相继问世以来，政府财政向"三农"领域投资高达16万亿元以上，基本做到了农业基础稳固、村村实现"五通"（温铁军和逯浩，2019），乡村经济发展具备基础的硬件条件。2019年5月，中共中央办公厅、国务院办公厅印发《数字乡村发展战略纲要》，提出以"数字乡村"助推乡村振兴，进一步加大对农村基础设施的投资建设。但是，数字乡村并不是简单的一根网线、一个APP，而是要实现遥感、地理信息系统、全球定位系统、计算机技术、通讯和网络技术等高新技术与传统产业的深度结合，其本质是以数字技术创新为乡村振兴的核心驱动力，实现乡村生产科学化、治理可视化、生活智能化和消费便捷化，利用"数字乡村"拓宽传统产业的经营边界、加速培育和壮大农村新产业、新模式和新业态（夏显力等，2019）。可以看出，经年发展后，花乡沭阳已经初具"数字乡村"的雏形，沭阳县不仅是一个平面的空间地域概念，更具有融合农业生产、农民生活与农村生态的立体性。通过互联网技术赋能本地农民创业，产生集聚效应，促进乡村一二三产业融合发展，进而实现农村经济、社会、生态系统的协同共生，最终达到"农民富、农业强、农村美"的目标（见图2-2）。

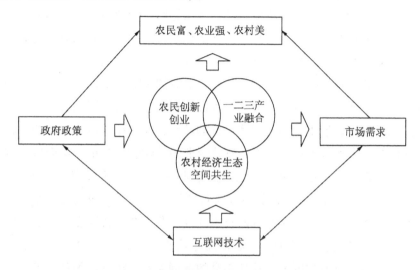

图2-2　沭阳县"互联网+三农"的县域电商发展模式

一、互联网技术为农民创业赋能

所谓创业，一般是指创业者不拘泥于当前资源条件的限制，识别创业机会，并通过整合资源，利用和开发创业机会，最终实现价值创造的过程。作为创业行为过程的微观主体，创业者的异质性在相当程度上决定了创业活动的差异性（危旭芳和罗必良，2014）。长期以来，农民深陷二元发展格局下的"打工经济"，形成了农民创业者的特殊性，主要体现在：一是创业资源量相对匮乏。Timmons 把创业过程看作是创业机会、创业团队和资源之间适当配置的高度动态平衡过程，资源是创业者实施创业活动的关键要素，包括自然资源、物质资源、经济资源、人力资源和社会资源。对于农民创业者来说，小块土地、山地、多年种植和饲养的品种（农作物、蔬菜、林果、家禽家畜等）及水源等是其主要的自然资源；现有的劳动工具和生产设施是其主要的物质资源；田间劳动收入及打工工资是其主要的经济资源；现有的家庭劳动力及按照小农方式进行种养殖业生产的乡土知识和经验技能是其主要的社会资源（叶敬忠和贺聪志，2019）。综合来看，农民创业者很难获得跨域创业所需的资源力量。二是难以把握创业机会。颜士梅、王重鸣（2008）认为，发现创业机会存在三种思路，即存在思路、结构思路和构造思路。存在思路认为市场失衡中存在创业机会，结构思路认为社会网络结构异质性能够生成创业机会，构造思路则是凭借创业者灵敏的感知能力构建创业机会。对农民创业者来说，他们的社会网络高度同质化，知识储备相对不足，因此很难把握创业机会。三是创业者知识能力不足。尽管现在的农村教育水平普遍得到提高，部分农民通过城市务工经历获得了城市工业文明的熏陶，但由于缺乏规范系统的教育，同时在城市务工的职位相对比较低，农民很难有机会学习现代企业的经营管理知识，从而农民创业者的知识能力不足，进而导致新创企业可持续成长能力不足。然而，在"互联网+"背景下，农民创业者可通过自建、租用第三方、联合开发互联网平台等方式运用互联网技术挖掘创业机会，获取创业资源，实现新创企业的现代化管理，互联网技术可帮助农民突破创业机会、资源、管理能力方面的困境。从沭阳县的案例来看，沭阳农民利用互联网技术创新花木的销售模式，在差序格局的农村使用互联网技术得到模仿普及，并最终产生集聚效应形成沭阳县淘宝村集群。沭阳县农民大规模创新创业之所以取得不错的成效，主要是因为：

1. 互联网技术提升农民识别创业机会的能力

创业机会的本质是创办新企业或开创新事业的"通道和时机"。对农民来说，长期滞留在传统农业产业当中，市场范围狭小，如果要进行创业，就需要进入新的市场，发现新的创业机会。但是，在辐射制生产方式下，规模经济对生产者有十分重要的意义，它要求新进入者必须以大规模生产的方式进入市场，否则将不得不面对难以克服的成本劣势。市场范围狭窄导致农民创业者能够识别到的创业机会有限，并且农民创业者由于资源的限制，一般很难达到大规模的生产，因而面对规模经济壁垒而无法获得必要的市场机会。然而，在"互联网+"背景下，由于采取了电商这种新的销售模式，每家每户不再追求产品规模的增长。例如，我们发现有一家农户，他不像周围其他农户那样去种常见的花卉苗木，而是坚持种植苏北传统农作物小麦，但将小麦收割后连着麦秆一起晒干，堆在自家屋子里，然后将这些麦穗扎成一束一束，跟其他种花卉的农户一样，将这些麦穗当作插花材料通过电商卖出去。据了解，1亩地的麦穗可以卖到五六万元。可以看出，互联网平台不限制产品规模，提供了许多长尾市场的机会，这就降低了农民进入新市场的规模壁垒，使农民能够把握更多的市场机会，能够与环境互动构建出新的创业机会，打破经济系统的均衡状态，从而获得高额的创业收益。

2. 互联网技术提升农民获取创业资源的能力

Hilt（1991）、Richard和Hall（1992）将创业资源划分为有形资源（资金、人力、土地）和无形资源（组织、信息、技术），指出创业资源既存在于创业者个人，又存在于创业环境中（郑炳章等，2009）。就农民创业者个人而言，他们所拥有的资源十分有限，那么只能依靠外部环境获取资源。一般来说，社会关系网络是农民获取资源的主要渠道，农民的社会网络具有"强关系"特征，血缘、亲缘、地缘中生成的信任机制让农民创业者比较容易获得资源要素。但是，网络成员的高度同质性使得他们很难获得异质性创业资源。互联网技术的无边界性使得农民创业者可以打破社会网络格局的地域局限性，接触到广泛范围内的要素主体，从而获取创业所需的资源。现在，利用互联网技术获取贷款越来越普遍，互联网中的知识外溢现象也越来越常见，农民创业者面对海量的信息资源，需要仔细斟酌、识别、挑选，虽然这在一定程度上降低了他们的创业资源获取成本，却对农民创业者的资源识别能力提出了较高要求。沭阳花木产业利用互联网平台的信息传播优势，吸引外部的资金、技术、企业家、服务商等资源进入，填补本地资源匮乏的不足，在一定程度上降低了农民创业者的创业门槛，使得农民创业者比较容易获得创业资源，从而加入草根创业行列，形成漩涡效应和良性循环。

3. 互联网技术提升农民运营管理企业的能力

运营管理能力是创业能力的一种，它是指在实施创业活动后不断协调、整合资源、充分利用现有条件来运营管理新企业的能力（谢雅萍和黄美娇，2014）。然而，农民创业者由于先前经验主要在农业生产领域，缺乏企业管理经验，与此同时，社会关系网络成员的同质性，也使农民创业者很难从亲戚、朋友那里获得企业管理方面的知识与信息，从而严重制约农民创业者运营管理能力的提高（庄晋财和李丹，2018）。实践证明，能力提升的关键在于学习，如果农民创业者能够从外部环境中模仿、学习，就能跨越从事创业活动所需的运营管理能力障碍。互联网平台为农民跨越这一障碍提供了可能。在沭阳县花木产业发展中，以淘宝网为代表的第三方电商平台具有开放性，每个网络用户任何时候都可以进入淘宝平台浏览每个既有的网店。电商平台的这种可观察性，为农户之间的模仿学习提供了较大便利，提升了农户"干中学"的效率。例如，早期农民创业者销售某一种盆景的时候，总是用同样的图代表一类品种的盆景，后来一些创业者开始对每个盆景分别拍照，保证实物和照片的同质性，进一步提升了网店经营服务水平。这种分类方式很快就得到了快速扩散，现在每家网商的商品都具有个性化。此外，互联网平台上充满各种各样的知识信息与经验的交流渠道，农民创业者通过互联网搜寻需要的各种创业管理资讯，通过交流分享，能够改进自身的不足。例如，由于花木产品对物流包装的要求比较高，个别电商农户在实践中摸索出更为有效的包装方法，如三角式纸箱包装法、气柱卷材包装法等，通过充分交流改进了花木的物流包装，保护花木在重压的情况下依旧保持完好。

二、互联网技术促进产业融合发展

乡村产业融合起源于产业融合理论，其含义是指在农村的空间范围内，通过以农业为基础的新业态衍生，打破一二三次产业的边界，实现各产业间的合作、联合和整合。从理论上说，产业是介于宏观经济单位（国民经济）和微观经济细胞（企业）之间的具有同一属性企业的集合，是由生产同类或相关产品的众多企业所构成。也就是说，产业的载体是企业，但单一的企业不能构成产业，众多企业之间的简单叠加也不能构成产业（郁义鸿，2005）。如果要形成一个产业，最重要的就是要增加生产经营主体及其之间的交易频率，有交易才会有产业繁荣。交易的基础是分工，根据迂回生产理论，分工越细化，迂回程度越深，一个行业的生产经营主体就越多，产业内部的交易就越频繁，更容易形成专业化经济。但是，分工不断深化的同时带来了交易费用增加的可能性，基于产品投入产出之间的联系，企业之间因交易费用考量对交易机制的选择（程李梅等，2013），会引起企业"合并"的想法。在这种情况下，资产专用性高的企业就会尽可能使原先存在于产业链上的分工内化为产业组织内部的分工，原因是为防止投资完成后，一个机会主义的伙伴可能的掠夺性利用行为。此时，当产业组织内部的分工深化到一定程度时，不同产业组织之间出于减少交易成本的需要，就会打破原先存在的清晰的产业组织间的界限，将原先存在于产业组织之间的分工内化为一个新的组织内部的分工，完成产业融合过程。从上述产业融合的过程看，产业融合首先表现为某个产业组织利用要素禀赋优势率先进入某一产业，这个时期产业融合是在一个组织内部进行的，而这个率先打破产业边界的企业即为推动产业融合发展的主导力量。其次，主导者率先实现产业融合获得先发优势后，跟随者会受到利益驱动进入这个新兴产业。从产业链的角度看，当进入产业链某个节点的企业数量增加时，产业链之间的链接就会越牢固，这对产业融合的效果有促进作用。再次，当集聚效应发挥到一定程度，进入或退出该新兴产业的企业数量就会达到稳定，整个产业发展进入平衡态，即实现产业融合发展。沭阳花木产业与电商产业的融合发展符合上述逻辑，而互联网技术的应用及普及充当了产业融合的催化剂。从形成过程的构成环节来看，沭阳花木产业融合发展过程包含"互联网技术引进""技术扩散""技术集聚"等构成环节，并最终造就了全国知名的沭阳花木淘宝村。

1. 互联网技术引进，突破传统花木产业的边界

如前所述，实现产业融合的前提是要有主导者能够打破传统产业的边界，这对主导者的资源禀赋、企业家才能等具有较高要求。一般来说，在传统的农村社会，乡村能人由于具有丰富的种养经验，或者掌握丰富的信息资源，或者具有较强的营销能力，又或者有组织管理能力，往往能够在乡村经济发展中起到引领和带头作用。沭阳县花木产业的电商发展源起于乡村能人引入互联网交互，创新商业模式的行为。新槐村的张先生是新河镇较早的"淘宝人"，高中毕业后他便从事花木经纪人的工作。常年在外跑花木市场，让他见识到更广阔的市场，有时也会利用贴吧、论坛和一些花木信息网站发布产业供给信息。2006年5月，

张先生在浏览网页的时候偶然间看到了有关淘宝网的报道，他灵敏地感知到淘宝网所蕴含的发展潜力。于是，他注册了村里的第一家网店。在经过一段时间的尝试后，他决定不再四处跑市场，而是在家专心经营网店，将自家地里种植的玉兰、月季等花卉和绿化苗搬到网店上卖。经过两年的努力，他的网店年营业收入达到几十万元，这在当时的农村罕见。可以看出，多年的经验积累及敏锐的商业嗅觉，使张先生能够引入互联网技术率先突破花木的传统销售模式，成为沭阳县花木产业与电商产业的主导力量。

2. 互联网技术扩散，打造花木产业的价值模块

网店经营模式很快引起了当地农民的注意，引发了一轮又一轮的模仿学习。由于互联网技术的使用方法比较简单，并非高学历者和专业者才能掌握，因此网店的准入门槛也就相对较低。短时间内，沭阳县的网店数量就有了爆发式增长。起初，由创新源向经常有往来的亲朋好友扩散，进而扩散到与其偶尔有往来的主体，最终扩散到与其平时没怎么打交道的主体，甚至还会吸引外部资本或主体进入。截至2015年，沭阳全县网店数量将近4万户，电商交易额达70亿元，快递发货量达6000万件，直接创业和带动间接就业人员总数达15万人。随着技术进步和分工深化，在花木销售环节分裂出网上接单、花木打包、花木包装、贴牌销售、物流配送等不同环节，形成从花木种植到物流配送的花木产业链。从原产业链的视角看，形成了包装业、物流业等新的价值模块，实现了功能分工。如今，沭阳县有专业的供货市场，如新河颜集苗木淘宝市场、家庭园艺市场、新河沃彩互联网园艺基地等，有物流快递园区，有网络创业孵化基地（以"互联网+"为突破口，由蓝天国际商贸城、移动公司、电信公司联手打造）。与此同时，由于技术的进步和土地等条件的限制，除了传统的大型花木种植外，还形成了多肉、盆景、干花等地方特色产业，全县种植的花木有3000多个品种，花木产业向"名、特、优、稀"方向发展。

3. 电商产业集聚，实现产业融合发展的效益

产业集聚是大量主导产业主体以及配套产业主体在同一地区产生或集中的过程。如前所述，随着淘宝项目的扩散，越来越多的农户直接或

间接参与到电商平台中来，横向分工和纵向分工的深化需求不断增强，吸引外部企业家、服务商等资源进入，形成了新的价值模块。价值模块功能具有兼容性和可重复性特征，可以成为多条产业链中"即插即用"的链接点。例如，从花木产业中衍生出的物流价值模块，可以根据一定的界面规则插入到纺织服务业或图书文化产业中。沭阳除了花卉苗木产业外，图书文化业也是沭阳四大支柱产业之一，物流价值模块的插入，使得传统的图书市场起死回生。据不完全统计，沭阳图书电子商务的销售占全国图书网络销售的 20% 以上，占江苏省图书网络销售的 80%。目前，利用互联网技术，沭阳县形成了"互联网+农业""互联网+物流""互联网+图书"等模式，而事实上，以互联网平台为支撑，沭阳花木产业实现了"农业+旅游""农业+文化""农业+物流"等。就沭阳县的全域经济发展而言，电商产业集聚，既包括不同产业不同经营主体的集聚，也包括同一产业不同经营主体的集聚，还包括统一经营主体内部不同产业的融合。这些相关产业相互融合，高度联动，相互促进，共同发展，实现产业融合发展的经济效益。

三、互联网技术有助于乡村系统重构

如前所述，沭阳县电商产业发展的初始力量源自草根创业创新行为，发展路径具有自下而上的特征。首先，"互联网+农民"。农民自觉学习和运用网络电商、信息科技、物流仓储等技术，在同一阶段同时推进经济现代化与生活现代化的双重转型，从产业层面、生活层面、地域生产力层面，实践乡村现代化的新路径。其次，"互联网+花木"。以传统的花木产业为依托，衍生农业新业态，同时推进生态产业化和产业生态化，最终实现生态资本深化，改变传统乡村系统生活空间分散化、生产空间无序化、生态空间污损化的态势。沭阳县依靠互联网技术实现了以人为本的乡村系统重构，这种"主体是农民、资源是土地、商品是农村产品、载体是淘宝店"的模式促进乡村经济、社会、生态的协同统一。沭阳县农民的纯收入从 2010 年到 2015 年增长了 184%，农民普遍富裕了起来。有了人，产业发展就有了活力，乡村振兴就有了动力。在淘宝村，几乎没有"留守儿童、空巢老人"等中国农村普遍存在的问题，不仅很少发生治安事件，就连各种信访问题都很少，3 个淘宝镇是多年的文明乡镇（曾亿武等，2018）。沭阳县通过电子商务的发展带动农村人口本地就业，从 2003 年的 5000 人提升到 2015 年的 10000 人，直接创业和带动就业人员总数达 150000 人。

三生合一：沭阳未来新导航

乡村地域系统是一个立体性概念，是由自然禀赋、区位条件、经济基础、人力资源、文化习俗等各要素交互作用构成的具有一定结构和功能的开放系统（龙花楼和屠爽爽，2017）。伴随我国城乡通道打开，农村劳动力为追求高要素报酬率纷纷流向城市，这种"离土又离乡"的现象带来了传统农户与农业、农村的分离，从而导致"三农"发展呈现"要素—产业—主体—空间"分离。虽然 20 世纪 80 年代以"村村点火、户户冒烟"为形式的乡村创业，一度成为农民本地就业的重要途径，但由于布局分散，不能像城市工业那样有效处理工业"三废"，给乡村环境造成的压力直接影响到农业生产和粮食安全，最终造成产业发展与农村生态环境保护的目标偏离。党的十八大以来，我们认识到"农业是本体，农民是主体，农村是载体，只有'三体'共化，乡村才能真正实现振兴"。因此，既要重视"农业本体、农民主体、农村载体"的协同性，又要聚焦乡村振兴在生产、生活、生态方面的整体性，即实现"三生合一"。显而易见，江苏沭阳通过农村电商生态建设实现三生合一具有一定的借鉴意义：沭阳县以传统花木产业为依托，由网商草根创业创新开启电商发展之路，并始终保持主导的地位，实现了农民的本地创业就业，并通过政府积极引导和有效扶持，促进花木产业与电商产业的协同发展。与此同时，以农业为基础衍生新业态，维持了农村原有机理和风貌，实现"绿水青山"和"金山银山"统一的双重价值。

就课题组调研的情况而言，江苏沭阳的产业发展还有很大的空间。一方面，花木产业规划有待优化。沭阳花木产业发展是由众多当地农户自主种植聚集而成，较少出现土地流转的情况，因此出现花木种植户用地"散、乱、空"的特点，土地不规整、花木品种杂乱，在一定程度上弱化了花木的观赏价值，影响花木产业的附加值提升。另一方面，电商发展区域失衡。目前，沭阳花木电商的发展集中在老花区为主的几个镇域，而县域聚集了大多数的人才、服务、产业园区的资源，乡镇村电商的衔接不紧密。在花木产业的未来发展中，需要合理布局规划镇村的种植格局，注重花木产业的附加值提升，打造"产业兴旺、生态宜居、农民富裕"的社会主义新农村。同时，坚持走依托淘宝村为核心的农村城镇化道路，聚集资源发展新农村经济，实现城镇建设和新农村建设的协调发展，构建"村庄—特色镇—重点镇—县域"的四级县域城乡空间体系，稳步推进城乡协调发展，破解当前"乡村发展不充分、城乡发展不平衡"的难题。

参考文献

［1］陈学云，程长明．乡村振兴战略的三产融合路径：逻辑必然与实证判定［J］．农业经济问题，2018（11）：91-100．

［2］陈永富，方湖柳，曾亿武，等．电子商务促进农业产业集群升级的机理分析：以江苏省沭阳县花木产业集群为例［J］．浙江社会科学，2018（10）：65-70，78，157．

［3］程李梅，庄晋财，李楚，等．产业链空间演化与西部承接产业转移的"陷阱"突破［J］．中国工业经济，2013（08）：135-147．

［4］郭军，张效榕，孔祥智．农村一二三产业融合与农民增收：基于河南省农村一二三产业融合案例［J］．农业经济问题，2019（3）：135-144．

［5］贺青梅．中国乡村振兴的实现路径：来自日本地域振兴的启示［J］．广西大学学报（哲学社会科学版），2019，41（5）：112-116．

［6］龙花楼，屠爽爽．论乡村重构［J］．地理学报，2017，72（4）：563-576．

［7］屠爽爽，龙花楼，李婷婷，等．中国村镇建设和农村发展的机理与模式研究［J］．经济地理，2015（12）：141-147，160．

［8］危旭芳，罗必良．农民创业研究：一个文献综述［J］．中大管理研究，2014（3）：187-208．

［9］温铁军，递浩．新时代"三农"与"三治"问题的内涵转换及其问题域

[J].西安财经学院学报，2019，32（4）：5-16.

[10] 夏显力，陈哲，张慧利，等.农业高质量发展：数字赋能与实现路径[J].中国农村经济，2019（12）：2-15.

[11] 谢雅萍，黄美娇.社会网络、创业学习与创业能力：基于小微企业创业者的实证研究[J].科学学研究，2014（3）：400-409，453.

[12] 颜士梅，王重鸣.创业的机会观点：存在、结构和构造思路[J].软科学，2008（2）：1-4.

[13] 叶敬忠，贺聪志.基于小农户生产的扶贫实践与理论探索——以"巢状市场小农扶贫试验"为例[J].中国社会科学，2019（2）：137-158，207.

[14] 郁义鸿.产业链类型与产业链效率基准[J].中国工业经济，2005（11）：35-42.

[15] 曾亿武，郭红东.农产品淘宝村形成机理：一个多案例研究[J].农业经济问题，2016，37（4）：39-48，111.

[16] 曾亿武，郭红东，金松青.电子商务有益于农民增收吗？——来自江苏沭阳的证据[J].中国农村经济，2018（2）：49-64.

[17] 郑炳章，朱燕空，张红保.创业研究：创业机会的发现、识别与评价[M].北京：北京理工大学出版社，2009.

[18] 庄晋财，李丹."互联网+"对农民创业机会开发的影响研究[J].广西大学学报（哲学社会科学版），2018，40（5）：104-110.

（执笔人：黄曼，庄晋财）

江苏句容丁庄村

合作联社带出来的葡萄小镇

丁庄小村：贫穷笼罩下的苏南乡村

丁庄村隶属江苏省句容市茅山镇，位于茅山抗日根据地的中心地带，东距扬溧高速出口 3 公里，北距沪宁高速 6 公里，句容景观大道穿越行政村。丁庄村村域面积 11.18 平方公里，下辖 24 个自然村、41 个村民小组，有居民 1389 户、人口 3524 人。在传统观念里，乡村是与城市相对的概念，主要指以从事农业生产为主的地区。不过，随着工业化的推进，苏南地区的许多乡村已经完全改变了乡村生态，成为城市。与这些已经具有较高工业化城市化水平的乡村相比，以农业为主导的农村在公共服务水平、居民生活水平等诸多方面都存在较大差距，丁庄村就是这样一个贫穷的苏南乡村。但是，跨入 21 世纪后，丁庄村大力发展葡萄产业，与工业产业发达的村镇逐步缩小差距，尤其是 2015 年成立丁庄万亩葡萄专业合作联社以来，葡萄产业带动村庄整体发展再上一个新台阶。这些变化主要表现为以下几个方面：

一是乡村产业的业态丰富。丁庄村是典型的江南丘陵山村，40 年前主要以种植传统经济作物为主，但丁庄村区域范围内夏季干旱缺水尤为严重，严重影响了农作物的经济效益。当时唯一的高效农业产业就是桑蚕养殖，由于市场需求量不断减少，桑蚕养殖也逐渐没落。如今，葡萄产业给丁庄村的经济发展带来了无限生机。除了通过生产高品质的葡萄产品获得经济收益外，丁庄村利用紧靠国家 5A 级风景区——道教圣地茅山风景区的地理优势，结合葡萄采摘、农家餐饮、垂钓休闲形成一体式旅游服务，以葡萄产业为基础衍生休闲旅游业态。同时，大力发展电商产业，利用互联网技术销售葡萄，探索出新的销售渠道，又利用网络销售吸引游客，起到了积极的宣传作用，丰富了农业产业业态。

二是乡村居民的收入增加。以前，丁庄村村民依靠种植传统经济作物，人均年收入不足 3000 元。如今，丁庄村是远近闻名的葡萄专业村，是全国"一村一品"特色产业示范村，葡萄种植面积近 2 万亩，有葡萄种植户 1097 户，基本每家每户都投身于葡萄种植和销售事业中。丁庄村普通的葡萄品种均价远远超过市场价，即便如此，丁庄葡萄依旧供不应求。2018 年，丁庄葡萄销售总产值达 1.96 亿元，其中电商销售葡萄 94.2 万斤，销售额达 564.6 万元。2019 年，丁庄村的人均年收入达 29000 元，葡萄产业成为全村农民脱贫致富的重要途径。

三是乡村公共品的供给水平提升。20 年前，丁庄村仅有一条长 1.5 公里的硬化路面。近年来，随着葡萄产业的大力发展，村集体收入不断增加，再加上国家转移支付的各种财政资金，村庄公共品的供给水平不断提升。如今，全村户户都通水泥路，累计硬化路面长度 150 多公里；家家户户也由原来的泥土砖瓦平房变成庭院"别墅"；池塘清澈见底，并砌有台阶供村民洗菜、洗衣；村内道路铺设行人道砖、草坪及四季花卉；香樟、冬青等风景树装点得当，更有休闲广场、健身器材等丰富村民生活。

对于一个没有产业、没有技术，更没有基础设施的贫困乡村，丁庄村一跃成为全国闻名的葡萄产业特色村，其中的经验具有借鉴传播的意义。论及丁庄的发展，自然离不开丁庄的葡萄产业。从 1990 年的 2 亩葡萄种植到 1993 年 13 户葡萄种植户 200 亩的葡萄种植，再到 1999 年底建立老方葡萄专业合作社，丁庄的葡萄产业异军突起。2000—2010 年，丁庄葡萄产业的发展再上新台阶，葡萄种植规模呈几何级增长，形成了以老方葡萄品牌为龙头，丁庄、二丫、介文等一批优质葡萄品牌共同发展的产业格局。2015 年，在茅山镇乡镇政府的推动下，成立丁庄万亩葡萄合作联社，丁庄葡萄产业发展迎来了第三次飞跃[①]，实现了乡村产业高质量发展。课题组通过全面解读丁庄葡萄产业"飞跃式"的发展模式，总结合作联社的组织形式在汇集要素、联合多元主体力量方面的具体经验，为各地探索新型的产业组织形式提供一条可行路径。

① 沈妍，红星. 丁庄村：葡萄小镇的乡村振兴之路 [J]. 唯实，2018 (12)：24-26.

多元主体参与：带给丁庄的致富曙光

丁庄村的发展离不开葡萄产业的升级。理论上，乡村产业升级需要关注两个基础性条件：一是产业系统的要素状况，包括乡村内部的要素禀赋和能从外部动员的要素；二是产业行为主体的组织能力。从这个角度看，尽管丁庄村自身的要素禀赋条件不够好，但由于存在乡村能人，通过"能人"作用的发挥，能够最大限度地动员乡村内外部资源，并能够组织这些资源要素创造价值，给乡村发展带来生机。在现实中，丁庄葡萄产业发展就是起源于 1990 年，掌握葡萄种植技术的能人方继生开始种植葡萄，在他的带动下，丁庄村通过葡萄种植一步步推进葡萄产业升级发展。

一、方氏父子开创葡萄新事业

从社会分层的视角看，处在高层级的"精英"群体，一般具有较强的资源动员能力。在乡村经济发展中，经济精英、政治精英等乡村能人具有的能力和资源都优于一般农户，因此拥有较高的话语权，处于乡村社会的领导地位。乡村中那些具有丰富种养经验，或者掌握丰富信息资源，或者具有较强的营销能力或组织管理能力的乡村能人（燕东浩，2014），由于拥有各种资源优势，能够不断创新商业模式，扩展企业边界，因此在乡村经济发展中起到引领和带头作用（黄振华，2015）。在乡土社会中，乡村能人的创业活动以及商业理念，通过社会网络对其他农户产生极强的示范效应，吸引越来越多的村民参与创业，推动乡村产业发展，乡村能人因此成为乡村产业发展的主导力量。

丁庄葡萄产业发展围绕葡萄这一特色农业展开，而这里的葡萄产业发展，起源于掌握葡萄技术的村民老方在 1990 年开始种植葡萄，主要由其创业活动带动衍生发展而来。2000 年，老方的儿子从部队复员回到家乡，父子二人合力开创葡萄新事业，主要体现在两方面：一是重视科学技术应用。方氏父子与镇江农科所对接，搭建合作平台，实现科研成果就地转化。一方面解决葡萄品种较为单一、成熟期集中的问题，另一方面解决葡萄病害发生严重，用药防病次数较多的问题，确保葡萄品质安全。二是重视销售模式创新。2010 年，方氏父子创建了"老方葡萄"网站，开辟消费者交流论坛；2012 年，建立葡萄网上销售平台，城乡采摘直通车 QQ 群；2014 年，开通"老方葡萄"公众微信号，搭建网上葡萄质量追溯系统，并在南京、常州、杭州、上海建立了相对稳定的消费群。[①] 在方氏父子的创业示范和带动下，当地村民积极参与。在他们的指导下，村民的创业能力得到极大提高，为当地农业与服务业、旅游业的双重融合奠定了坚实的基础。

二、乡村能人牵头成立专业合作社

在我国小农经济长期存在的基本国情下，通过发展农民专业合作社提高农民组织化程度来实现乡村振兴战略有着重要意义。作为农民联合所有、共同管理的互助性经济组织，农民专业合作社能够推动社员间的合作，在保障农产品质量安全的同时，实现农产品规模化生产，突破传统小农细碎化、分散化经营的生产弱势（邱利军和田昕加，2013）。此外，农户加入合作社，可以有效降低交易成本、提高议价能力、增强风险抵御能力，有助于化解小农户对接大市场的矛盾（许珍珍和赵晓峰，2019）。在乡村能人的带动下，丁庄村涌现出许多葡萄专业合作社，成规模的就有老方、丁庄、二丫、介文、友亮、怡情等十几家葡萄合作社。其中最为典型的是乡村能人方继生牵头成立的丁庄老方葡萄专业合作社，其采取"合作社+示范园+农户"的运作机制和"五个统一"的运行模式，在多方面为社员服务，并带动周边村共同发展。合作社现有社员 1200 人，葡萄种植面积 1 万多亩，葡萄种植户年人均纯收入 26000 元。老方葡萄专业合作社的组织结构主要有两个系统构成：一是合作社内部管理机构，由成员大会、理事会和监事会组成；二是合作社生产经

---

① 朱庆锋. 村民致富领头人开创职业农民"双创"新步伐：记江苏省句容市新型职业农民方应明 [J]. 农民科技培训，2017（4）：39-40.

营机构，主要由经理、生产技术科、质检科、供销科和办公室财务科组成。其中，合作社通过成员大会选举产生理事会和监事会，理事会负责代表合作社聘任合作社经理。合作社经理同理事会一起组建合作社内部的生产技术、质检、市场、财务等机构。老方葡萄专业合作社采取"五个统一"的运行模式，从葡萄生产到市场销售，所有社员都要严格执行"五个统一"，即统一品种育苗、统一技术指导、统一供药供肥、统一质量标准、统一品牌销售。借此，合作社得到了快速发展，在推广标准化生产技术、缓解小生产与大市场的矛盾、促进社员增收、品牌建设与发展等方面取得了显著成效。

1. 推广标准化的生产技术

标准化生产是多项技术的集成，它可以使农产品品质保持一致，是农产品融入现代商业流通的通行证。2005 年，丁庄老方葡萄专业合作社创立了镇江市首个农业标准——巨峰葡萄地方栽培标准，该标准规定了鲜食葡萄平网棚架式生产的树相指标、产地环境、土肥水管理、整形修剪、花果管理、病虫害防治、采收、记录等标准。合作社社员根据标准进行葡萄生产，葡萄品质较佳，老方的巨峰葡萄价格是市场价的一倍多。

2. 创建品牌化的葡萄产品

市场经济就是品牌经济，推进农产品品牌建设，不但可以增加合作社的凝聚力和辐射力，还能提升合作社的知名度，增强消费者对产品的信任度。一直以来，老方葡萄合作社努力打造自己的产品品牌，加大合作社葡萄的商标注册力度，不断增强合作社葡萄在市场上的核心竞争力。目前，老方葡萄合作社成功申请了"老方""继生""七彩玉"等商标，并对商标进行分级管理。"老方""继生"商标用于普通盒装葡萄，"七彩玉"商标用于高档礼盒中不同颜色和品种的葡萄，以提高产品的经济效益。例如，阳光玫瑰品种葡萄的散装零售价格为 15 元/斤，而 4 串约 6 斤重的葡萄装入礼盒，并使用"老方"或"继生"商标后售价高达 120 元/盒，除去礼盒成本和包装人工费，每斤售价在 18 元左右，比散装的价格高出 20%，足以彰显葡萄产品的品牌效应。

3. 提供平台化的销售服务

在市场经济条件下，农民需要融入市场进行竞争，农民市场化的程度日益加深，农民分散的小规模经营与充满风险的大市场之间的矛盾越来越突出（岳国民，2014）。老方葡萄专业合作社通过把分散的农民联合起来共同参与市场竞争，积极开拓市场，很大程度上增强了农户抵抗市场风险的能力。合作社主要为社员提供以下几项销售服务：一是提供销售信息，将市场上的销售信息及时告知社员；二是拓宽销售渠道，与各农贸市场、大收购商、超市联系，为社员葡萄销售寻找渠道；三是直接帮助社员销售葡萄。2013 年，老方葡萄合作社就向苏果超市供货1820 吨，平均每天供应葡萄 20 吨，每年通过直接供货给苏果超市的葡萄数量占合作社葡萄总产量的 18%左右。

三、乡镇政府引领成立合作联社

如前所述，茅山镇葡萄种植面积近 2 万亩，分散在 1927 户农户手中。长期以来，由于主体过于分散，单个农户、单个合作社的体量偏小、实力偏弱、市场信息不灵，在市场竞争中往往没有话语权。2015 年，在茅山镇镇政府的带领下，成立丁庄万亩葡萄专业合作联社，把有限的劳动力、土地、资金、技术等农业生产要素集中起来，通过开展产前产中产后系列服务，有效降低生产成本，增强市场竞争力，较好地抵御市场风险，实现千家万户"小生产"与千变万化"大市场"的无缝对接，从一家一户的发展向共同致富迈进。从参与主体来看，丁庄合作联社由当地葡萄专业合作社、家庭农场和葡萄种植散户等经济主体组成，是当地镇政府推动组建的综合性联合社，形成了"政府+能人+农户"的多元主体参与格局。其中，乡镇政府的作用不可或缺。首先，在联社党委中，镇党委书记兼任联社党委书记，机关干部、大学生村官及党员种植大户在各功能支部任主要职位；其次，吸收专业合作社参与到联社中，领办专业合作社的乡村能人大多具有丰富的种植经验、掌握丰富的信息资源及有较强的营销和组织能力，如老方葡萄专业合作社的带头人方继生等；再次，鼓励以户为单位的葡萄种植农户成为联社的主体力量，较少存在通过土地流转实现规模种植的现象。合作联社作为一种新制度植入丁庄葡萄产业发展中，离不开多元主体的利益一致性和乡镇政府的行政推动力。

1. 合作联社组织模式的本质

根据新制度经济学，制度变迁与创新是一个由诸多利益团体共同组成的集体选择行动的过程。也就是说，如果利益团体范围内分歧很大，很难达成一致意见，一些制度变迁就无法发生或需要支付很高的谈判成本。从这个角度说，合作联社制度创新的关键在于其主要利益团体内部及相互间利益的一致性。对农户来说，提高农业经营收入是其利益所在，加入合作联社能够降低生产销售成本，增强自身抗风险能力，提高农业生产收入。对能人领办的专业合作社来说，经济效益与生产服务是其利益所在，加入合作联社可以降低交易成本，提高生产服务能力，实现规模经济和范围经济（周振等，2014）。可以看出，联社内的两个主要利益主体都渴望"抱团"获取自身利益的最大化，团体内部及相互间利益的一致性构成了合作联社实现制度创新的内生动力。但是，新制度所提供的有用性服务不是无偿的。Coase（1960）认为，人们利用一种新制度去获得这些潜在收益时，必须支付一定的费用，因为制度创新本身是需要成本的。对合作联社来说，主要成本包括引入要素的成本和协调成员关系的管理成本等，并且组织的规模越大，需要支付的费用就越高，高昂的制度成本若完全由利益团体内部的个人承担是不现实的。因此，我们未能在丁庄村看到一个自发生成的合作联社。庆幸的是，当地乡镇政府积极介入，成为直接推动合作联社成立和发展的主体，实现了强制性制度变迁。在乡村振兴的背景下，乡镇政府掌握的资金、项目、政策等资源数量增加，能够负担合作联社实现制度创新的高昂成本。此外，政府部门的参与，增强了合作联社的公信力，解决了由于组织规模扩大带来谈判成本过高的问题。也就是说，丁庄合作联社是基于普通种植农户和领办合作社的乡村能人二者之间利益的一致性，由政府主导推进的产业组织模式，具有自下而上和自上而下的双重特性。

2. 乡镇政府引导制度创新动力

丁庄合作联社是茅山镇政府推动组建的，为进一步发挥政府的服务功能，2016 年成立联社党委，建立管理、技术、生产、营销 4 个功能党支部，分管联社事务。由于规划权和规范权向当地政府集中，因此能够有效统筹协调资源，提高资源使用效率。我们知道，乡镇政府处于行政体系的最末端，是与农村社会关系最为密切的国家政权实体，与农民合作组织的关系也最为紧密。对乡镇政府而言，权力的获得主要来源于"政治集权—经济分权"结构下中央政府对经济发展权力的下放（周鲁耀，2015）。一般而言，乡镇政府对农民合作组织发展拥有规划权和规范权，前者指将国家政策与本地实际相结合，依据本地的经济发展水平、资源禀赋、文化习俗等因素，合理规划农民合作社发展的总体布局，因地制宜地探索符合本地实际的发展模式；后者指对农民组织的成立资质、财务运作、规章制度、管理活动等进行审查和规范（赵玉石等，2018）。作为国家在基层的代理人，规划权和规范权是国家行政机制赋予乡镇政府的基本权力。此外，由于政府不断向合作组织投入资金、技术、项目等资源，政府的权力进一步扩张，拥有对人、财、物等所有资源的决策权。可以看出，资源是权力得以实施的媒介，投入的资源越多，政府拥有的权力就会向更广范围进行扩张，当然这种权力是建立在政府行使经济权力向合作社投入资源的基础上。换言之，乡镇政府在合作社治理中的权力扩张是将中央政府下放的经济权力最大化利用的逻辑结果，而中央政府对经济绩效合法性诉求与自上而下层层授权式的集权权力结构之间的张力，为乡镇政府介入合作联社治理提供了权力运作的空间。茅山镇政府在引导联社成员进行葡萄标准化种植和园区规范化建设方面投入了大量资金。首先，完善基础设施建设。邀请专业规划设计公司，对葡萄核心区的道路、水利、绿化、亮化进行了整体规划，新建5000平方米丁庄葡萄综合服务中心，集技术培训、农产品展示、电商、仓储冷藏、葡萄研究检测、游客接待为一体。其次，组织形式多样的评比活动，如"精品葡萄园"评选活动；围绕园区建设标准化、品质形象提升度等方面在各葡萄园之间开展"比一比、赛一赛"活动，通过现场评比评选出"十佳最美葡萄园"；开展"丁庄杯"早中熟精品葡萄评比大赛，邀请南方葡萄第一人陶建敏教授和江苏省葡萄协会专家担任评委，取得了社会的广泛关注。

3. 合作联社组织模式的特征

根据产业发展的一般规律，乡村产业发展需要两个基础性条件：一是区域内的要素状况，包括乡村初始的要素禀赋和能从外部动员的要素；二是整合要素创造价值的能力。在传统的农民专业合作社中，合作社组织的主要成员是弱质小农，一般只具备依赖经验种植的劳动能力（徐旭初和吴彬，2017），能力的同质化导致组织很难从外界获取资源并转化成价值。即使合作社中存在能力更强的经济能人，可以带来产业发展所需的异质性能力，但由于信息不对称、资产专用性高等条件的限制，极有可能产生投机心理或精英捕获现象，最终导致合作社组织偏离"益贫普惠"的初衷。与之相比，乡镇政府的介入打破了内部人参与的组织模式，一方面，政府作为中央在基层的代理人，具有较强的资源动员能力；另一方面，政府"公立"的角色，能够在合作联社的运作中，发挥协调多方利益、保证行动协同的天然优势。从这个角度看，能力异质化、行动协同化与利益一致性构成了丁庄合作联社组织创新的重要特征。

一是能力异质化。政府、能人、农户多元主体参与的特征形塑了组织能力的异质化。从社会分层的视角看，能人一般是指处于乡村社会最顶层的"精英"群体，其一般具有较强的动员能力（马荟等，2020），包括资源动员能力和观念动员能力。而乡镇政府作为国家在基层的代理人，具有对地方经济发展的规划权和规范权，能够对获取的资源进行有效利用进而实现资源的有效配置，具备资源整合能力（葛法权等，2017）。可见，异质化的能力交织成为合作联社的特征之一。

二是行动协同化。协同是指元素对元素的相干能力，表示元素在整体发展运行过程中协调与合作的性质。在合作联社的组织内部，由于信息不对称、有限理性等因素的存在，农户的组织规模越大、成员越多，组织内部达到行动协同的难度就越大，越容易陷入"集体行动的困境"（杨光华等，2014）。例如，农户"搭便车"的行为、精英捕获资源的行为都会对组织的协同性产生破坏作用，甚至会直接导致价值实现过程的中断。在丁庄合作联社中，形成了政府、能人和农户的多元治理格局，政府提供服务、能人推广服务、农户劳动生产，三者的行动协同化，是合作联社的特征之二。

三是利益一致性。如前所述，能人与农户基于利益一致性对于加入合作联社有极高的积极性。此外，随着中央对地方民生改善的考核要求越来越高，地方政府将大量资源投向乡村地区，充当服务者和协调者的角色（赵玉石等，2018），以实现乡村产业兴旺和农民生活富裕的目标。从这个角度来说，地方政府、乡村能人与普通农户三个利益群体的利益是一致的，即通过产业发展实现自身利益的最大化。对地方政府来说，实现乡村振兴符合上级政府的发展要求，做出最好的绩效能得到上级政府的肯定；对参与分配的能人和农户来说，可以从产业增值中实现收益共享，获得更多的经济收益。因此，利益一致性是合作联社的特征之三。

合作联社：丁庄葡萄产业高质量发展的密码

丁庄村 1989 年开始发展葡萄产业，如今已成为全国闻名的葡萄产业村。但长期以来，由于主体过于分散，单个农户、单个合作社的体量偏小、实力偏弱、市场消息不灵，在市场竞争中往往没有话语权。因此，2015 年 8 月，在茅山镇党委、政府的指导下，成立了"丁庄万亩葡萄专业合作联社"，合作联社下辖 7 个合作社和 5 个家庭农场，社员1927 户。以合作联社为组织平台，把劳动力、土地、资金、技术等农业生产要素集中起来，通过开展产前、产中、产后系列服务，有效实现了丁庄葡萄产业的高质量发展。2017 年，"丁庄葡萄"获批国家地理标志保护产品。2018 年，丁庄葡萄销售总产值达 1.96 亿元，其中电商销售量 94.2 万斤，销售额达 564.6 万元。合作联社社员人均年收入可达2.9 万元，葡萄产业成为全村农民脱贫致富的重要途径。2019 年 8 月，本课题组通过农户访谈、干部交流和问卷调查等方式进行了深入调研，对丁庄村葡萄产业的高质量发展形成了较为完整清晰的认识。

一、乡村产业高质量发展的内涵

乡村产业高质量发展是一个具有包容性的概念，由"乡村""产业""高质量""发展"等多个概念复合而成。根据逻辑学的方法，"乡村产业高质量发展"是"产业高质量发展"这一属概念的其中一种概念。因此，把握乡村产业高质量发展的内涵需要回溯到对"产业发展质量"的理解，而后者则需要进一步追溯到对"质量"这一元概念的定义和认识。

"质量"在本源意义上有两种含义：一种是从主体角度出发，被用来度量物体所含物质的多少，表明质量主体的自然属性，即主体保持自身的运动状态。另一种是从客体角度出发，被用来判断产品、服务、产业、经济等的优劣程度，表明质量主体的社会属性，即主体满足客体的程度（任保平，2018）。从这个意义上看，当评判产业发展的质量时，存在主体的固有特质和客体的价值感知两个视角。从前者看，质量评价强调产业创造经济效益的素质与能力（黄速建等，2018）。安索夫提出产品和市场为主导的企业发展战略，类似的，如果产业要提升竞争力，可以进一步分为产品创造和市场创造两个维度。一直以来，农业的弱质性、农民生产经营能力不足、农村地理位置差等条件的限制，农产品的品质不高且品种单一，产品市场相对狭小，造成了传统农业的低回报率。总体而言，乡村产业创造经济效益的素质能力偏低，缺乏市场竞争力。从后者看，质量评价强调产业创造的效益与社会的价值判断二者之间的契合度。一般来说，社会的价值判断具有时域性，即对产业发展质量的评价与测度必须置于一定的时间范围内，以这一时间段内经济社会发展的趋势与目的作为主要评价依据。新中国成立后，为了支援城市工业体系建设，国家不断从乡村产业发展中提取农业剩余，形成"农村支持城市，农业支援工业"的价值判断。最新的乡村振兴战略则明确提出，"产业兴旺"是乡村振兴的经济基础，"生活富裕"是乡村振兴的终极目标（黄祖辉，2018）。从这个意义上说，乡村产业发展质量的价值判断发生了转变，更强调"农民富裕"的社会价值实现。而产业发展依赖于一定的组织形式，"农民富裕"的实现依赖于组织的价值分配。因此，从质量的本源意义出发评判乡村产业的发展质量，具有三重维度，即产品创造维度、市场实现维度及价值分配维度。

从上述 3 个评价维度出发，我们认为，乡村产业高质量发展的内涵包括以下几方面：

1. 高端化的产品创造

需求引导模型认为，一切技术创新活动和产业发展都是由市场需求引导的，产品创造的目的也是为消费者提供价值、满足消费者的需求。从这个角度来看，农业产品创造的高端化需要丰富产品种类、提升产品品质及拓展产品功能。这是因为，一方面，实际收入的不断提高带来人们购买能力的攀升，消费者对农产品的需求从"吃饱"到"吃好"，而今发展为"吃得安全""吃得放心""吃得多样"，国民消费结构升级要求农业产品种类增加、品质提高；另一方面，随着现代商业社会的发展，城市高度同质化的工业产物促使城市居民将目光投向乡村（张玉利和冯潇，2019），为满足城市消费者多样化的需求，农业产品由提供食品功能向提供休闲、体验、观光、文化等多功能拓展。

2. 最大化的价值实现

价值实现是指产业组织生产的价值被市场认可并接受，完成要素投入到要素产出的过程。产品的价值实现程度不仅取决于产品的使用价值，而且受到消费者市场范围的影响。通常，扩大消费者市场有两种途径：一是创新销售方式，扩大现存市场的消费者规模；二是拓宽市场范围，创造新的市场。传统的农产品销售模式包括农户沿街贩卖、经纪人上门收购等（宋金田和祁春节，2011），一般是以区域内的市场需求为主，但农民提供的产品具有较强的同质性（庄晋财和李丹，2018），造成农产品价值实现率低。因此，实现最大化的市场价值，需要创新传统的农产品销售模式，扩大市场范围，以实现农产品作为不同的价值载体面向更广阔的消费者群体。

3. 合理化的价值分配

价值分配是指新创造的价值以何种形式分配。在实践中，产业的价值分配主要存在三种方式：一是按劳分配，表现为农户向上游企业提供原材料或成为企业的雇工参与价值分配；二是按土地、资金、知识、技术、管理等要素进行分配，调动要素所有者参与分配；三是利用集体经济的再分配手段增加村庄福利（王珏等，2020）。一直以来，由于农户可配置的资源有限，谈判能力不足，在利益分配中长期处于边缘化地位。因此，合理化的价值分配需要以保证公平为前提，实现农民分配份额的提高，进而达到实现农民富裕的目的。

综上所述，从质量的本源意义出发，结合乡村发展的具体情境，乡村产业高质量发展包含以下三层含义：一是高端化的产品创造。基于农业产品种类的丰富、产品品质的提升及产品功能的拓展，满足消费者对多元化、优质化、多样化产品的需求，实现农业产品创造的高端化。二是最大化的价值实现。通过创新传统的销售模式，拓宽市场空间，扩大农业产品的受众规模，提高农业产品的经济效益。三是合理化的价值分配，旨在让农民公平分享产业增值带来的收益，通过提高农民的分配份额，实现农民富裕的最终目的。

二、丁庄葡萄产业高质量发展的密码：合作联社

如前所述，乡村产业高质量发展是区别于传统农业低效率、低品质、低收益的发展模式，具有产品创造高端化、价值实现最大化和价值分配合理化三重内涵。那么，合作联社如何实现乡村产业高质量发展？其内在逻辑是什么？

1. 合作联社整合多元生产要素，促进高端化的产品创造

乡村产业高质量发展首先需要实现高端化的产品创造，表现为农业产品种类的丰富、产品品质的提升和产品功能的拓展。根据产业发展一般规律，实现高端化的产品创造需要技术、信息、人才、管理经验等多元生产要素的投入。丁庄合作联社由政府、能人及农户等多元主体参与，具备异质化的能力，因此，合作联社可以整合多元生产要素，进而促进高端化的产品创造。

一是技术要素整合。技术要素对产品创造的作用不可或缺，这是因为，一方面，技术进步可以促进产品研发的进度，开发出新兴产品，发挥创新的先发优势；另一方面，技术进步能够突破农业生产过程对分工的制约，实现农业产品按照工业的方式进行生产，提高农业产品的标准化程度，从而生产出优质标准的产品（庄晋财和陈聪，2017）。例如，实现农业产品的多元化，需要应用现代生物技术培育新品种；实现农业产品的优质化，需要合理运用施肥用药、套袋、疏花疏果等技术；实现农业产品的功能拓展，需要依托农业工程技术及工艺，增加农产品消费

品的种类。可以说，农业产品生产依托技术进步，将技术要素运用到农业生产资料环节、田间管理环节及产品功能开发等多个环节，改变了传统农产品品质不高且种类单一的特质。丁庄葡萄产品创造过程中，联社的技术党支部与科研院所合作，组建了南京农业大学葡萄研究所和葡萄新品种推广示范基地，引进先进生物技术改良了夏黑、巨峰等普通葡萄品种，同时开发阳光玫瑰、黄玉等稀有品种，丰富了葡萄的品种。

二是人才要素整合。任何一种技术都需要有经济主体将其转化为现实中的生产实践，在乡村产业发展中，将科技成果落地的主体就是农户。但是，我国农业生产方式相对粗放，农户往往凭借经验或习惯进行生产（蔡昉和王美艳，2016）。这意味着，实现高端化的产品创造，不仅要引入先进的技术要素，还要改变农户经验依赖的生产习惯，让他们在生产的各个环节使用这些先进技术，让技术得以落实、传播、扩散。进一步说，通过整合具有管理经验或能够熟练使用先进技术的人才，改变普通农户人力资本积累的模式，变得至关重要。一般来说，乡村人才要素既可以来自村庄外部，也可以来自村庄内部。丁庄葡萄产品创造过程中，联社管理党支部邀请高校的葡萄技术专家组建成联社"专家指导团队"，全年根据葡萄的生长周期，针对修枝管理、疏花疏果、土壤改良、套袋、施肥用药等关键环节开展集中培训与田间指导，改变农户的种植习惯，生产出优质化的葡萄产品。此外，丁庄村内不乏像老方一样掌握先进种植技术的人才，联社充分发挥这些乡村能人的榜样效应，组织他们指导农户进行科学种植，能人的带头示范效应改变了当地农户传统的生产管理模式，提升了农业产品的品质。

三是资金要素整合。随着国民消费结构升级，传统农业产品的功能由单一食品功能向观光、体验、康养等多种功能拓展。农业产品的功能拓展一方面需要延长农业产业链，开展农产品的精深加工，增加农产品消费品的种类；另一方面需要打破农业产业的边界，衍生农业新业态，实现产业创新。事实上，农产品的精深加工与新业态衍生除了需要一定的技术外，最需要的就是较大规模的固定资产投资，如标准化的工业生产流水线、旅游观光景点的搭建等。因此，拓展农业产品的功能需要整合资金要素。在丁庄合作联社中，政府通过与具有资金优势的企业进行合作，引进标准化的生产加工线，生产出葡萄酒、葡萄酵素、葡萄干等24 种葡萄衍生产品，提高了葡萄产品的附加值。此外，联社通过吸引乡镇政府的财政投入改善丁庄的基础设施条件，以葡萄为依托创建了精品葡萄园，开发出葡萄旅游产品，充分拓展了葡萄产品的食用、康养、观光、体验等多种功能。

如上所述，丁庄合作联社能力异质的特征形塑了组织的多元要素整合能力。从产品创造的全产业链来看，通过输入技术、人才、资金等关键要素资源，开发了葡萄产品的新品种，通过改变农户的种植模式，提升了葡萄产品的品质，葡萄产品功能由食品功能向康养、休闲、观光等其他功能拓展，延伸了产品的价值链，最终实现高端化的产品创造。

2. 合作联社实现协同治理，促进最大化的价值实现

任何产品价值的实现都需要以产品为载体经由市场完成使用价值向价值的转变。马克思指出："商品价值从商品体跳到金体上，……是商品的惊险的跳跃。这个跳跃如果不成功，摔坏的不是商品，但一定是商品所有者。"[1] 如果仅仅依靠农户一元主体的力量，农业产品很难获得理想的利润，"谷贱伤农"就是例证。在丁庄葡萄的价值实现过程中，政府和能人参与到合作联社的组织内，开拓了多元的市场渠道，通过多种主体协同治理，形成了多种不同的销售模式，最终促进葡萄产业最大化的价值实现。

一是品牌销售模式。销售模式是指农产品通过一系列相互依存的组织或个人从生产领域转移到消费领域的途径或方式（齐文娥和唐雯珊，2009）。传统的销售模式包括农户沿街贩卖或是经纪人上门收购等，包装简陋、产品质量参差不齐、没有固定的消费群体是这种销售模式的主要特征。品牌销售与之相反，具有包装精美、产品分级处理、销售渠道固定等特征。因此，品牌销售具有产品识别效应和产品竞争效应两大优势（鲁钊阳，2019）。一方面，农产品的品牌具有强大的识别力，消费者可以从数量庞大的农产品中识别出具有品牌的商品，因此经营者可以极大地节约时间成本并且出售农产品，获得较高的收益。另一方面，品

---

① 马克思：《资本论》（第一卷）[M]. 北京：人民出版社，1975：124.

牌标志不仅是农产品品质的保证，而且承载着地区的文化基因，在市场中更具竞争力。在丁庄葡萄的价值实现过程中，为改善农户各自为营、品牌包装散乱的现象，联社的营销功能党支部聘请专业团队设计有吸引力和感染力的包装，注册了"丁庄葡萄"区域公共品牌，目前联社与华润集团、上海乐购等超市开展专柜统销合作，发挥了产品销售的品牌效应。

二是电商平台销售模式。在市场经济规律作用下，农产品供给与需求要在一定的空间范围内进行汇聚，才能实现价值交换进而创造收益。也就是说，要实现最大化的经济价值有两种途径，一是让区域内的需求变多，知道产品的消费者越多，产品的盈利空间就越大；二是不断拓宽市场的范围边界，扩大市场空间。由于互联网的信息传递没有边界，信息链错综交杂，电商平台的销售模式可以将产品信息传递给遥远的消费者（庄晋财和庄子悦，2019）。此外，电子商务平台可以将大量分散的农户所销售的农产品聚合起来，通过共享平台的集货功能一起发货，实现规模经济。在丁庄葡萄价值实现的过程中，联社内像老方这样的能人发挥他们的营销能力，建设了葡萄网上销售平台，并且动员周围的农户加入，创造出规模效应。如今，联社内有数十个成规模的电子商务平台（最远成功销往辽宁省），不仅满足了南京、常州等周边城市的市场需求，还不断突破市场边界，创造了新的销售市场。

三是跨界融合销售模式。1994 年，日本 JA 综合研究所学者今村奈良臣首次提出了农业六次产业化的概念，认为只有依靠以农业为基础的各产业间的合作、联合与整合，才能取得乡村产业经济效益的提高（贺青梅，2019）。这意味着，在一定区域空间内，借助一定的联系界面与规则，农产品可以销售到其他的市场，增加不同产业间的交易机会，实现农产品作为不同的价值实现载体面向更广阔的消费者群体。例如，种植业中的田园，可以形成旅游业观光景点；在宾馆酒店设置农产品销售点，可以让农业产品进入旅游市场，形成跨界融合的销售模式。在丁庄葡萄产业发展中，联社党委在投入财政资金改善村庄基础设施的基础上，组织农户开展"精品葡萄园"评比、"十佳最美葡萄园"评比、"丁庄杯"葡萄评比等形式多样的活动，聚集人气，形成丁庄的观光景点；合作联社通过组织集体的形式形成了规模效应，普通农户以户为单位开展农家乐、葡萄采摘等休闲活动，更具个性化，同时拓宽了农户的增收渠道。

综上所述，政府、能人和农民等多元主体参与到合作联社的组织内，联社通过多种主体协同治理，发挥了组织的协同效应，形成了品牌销售、电商平台销售与跨界融合销售等多种模式，创新了传统的销售方式，获得了规模经济和范围经济，促进了葡萄产业最大化的价值实现。

3. 合作联社以共享为一致利益，促进合理化的价值分配

如前所述，价值分配主要有三种方式，按劳分配、按生产要素分配及其他的分配方式。在农民专业合作社中，盈余主要根据成员的交易量（额）按比例返还，也有学者提出按出资额进行分配的方法（朱哲毅等，2019）。但由于农户自身的禀赋千差万别，无论哪种分配模式，其结果最终都取决于交易双方的博弈（崔宝玉等，2012）。一般来说，博弈的结果首先依赖于交易双方各自拥有的资源，其中既包括资本、人才、技术、产品等物质资源的硬实力，其次包括营销渠道、社会网络等资源的软实力（唐宗焜，2007），拥有资源优势的乡村能人往往是博弈的获胜方。因此，我们发现产业链的较大部分收益被企业和其他中间商所占有，有时还会被乡村能人所"俘获"。当农户参与产业链从种植到销售的全部环节时，普通小农户能够得到更好的价格和更多的收入，除支付必要的组织成本外，并无其他中间环节的收益损失。这种多劳多得的按劳分配原则，使得小农户可以以较高且稳定的价格出售产品，价值链中诸多环节上产生的收益均归其所有，增加了劳动者的分配份额，充分调动其积极性以提高劳动生产率。此外，其他经济主体通过技术、资金等要素参与价值分配，可以提高要素所有者参与资源配置的积极性，从而提高资源配置的效率。也就是说，按劳分配的分配方式可以调动劳动者的生产积极性，保障农户的利益；按生产要素进行分配的方式可以调动要素所有者参与资源配置的积极性，提高组织的运行效率。

在丁庄葡萄产业价值分配的过程中，当地政府在压力型体制下希望实现乡村产业发展与农民增收的双重目的，而能人和农户则希望加入联社组织共享最大化的产业收益，政府、能人和农户的利益趋于一致。在

合作联社中，政府通过专项资金、政府补贴等方式引入技术、管理等要素，搭建多样的销售渠道，为能人和农户提供生产经营服务，但由于政府的"公益性"，乡镇政府并不参与组织的价值分配。因此，联社的产业价值收益主要在能人与农户间进行分配。在这种生产模式下，葡萄种植农户不仅从事农产品种植，也参与加工、包装、销售的全部环节，农户通过自行与市场结算，获得合理的收益。此外，在这种分配方式中，农户可以根据消费者的反馈对生产、加工和销售进行及时调整，拥有较大的自主性和内生动力，更有可能实现农民"生活富裕"的目标。对能人来说，除了作为种植主体获取劳动报酬外，还可以承接政府下达的政策或项目，以要素所有者的身份参与分配。例如，联社设置了三个农资采购点，即老方、丁庄和介文葡萄农资中心，能人们通过引入生产资料、推广种植经验、搭建销售平台等，从农户支付的生产费用中抽取一定的份额，与农户共享产业高质量发展带来的经济收益。

综上，丁庄葡萄产业借助"政府+能人+农户"的合作联社实现了高质量发展。政府、能人、农户等多元主体参与，形塑了产业组织能力的异质化，具备从外部环境吸收资金、技术、人才、信息等生产资源的能力，从而改善村庄的要素条件，并且多元主体基于利益一致性形成了行动的协同化，合力促进了丁庄葡萄产业的高质量发展。首先，合作联社通过农业产品种类的丰富、产品品质的提升和产品功能的拓展，实现了高端化的产品创造；其次，通过销售模式创新，拓宽了市场空间，扩大了农业产品的受众规模，实现了市场价值的最大化；再次，通过合理化的价值分配让多元主体共享产业收益，尤其是提高了普通农户的分配份额，进而实现农户"生活富裕"的目标。总而言之，合作联社通过高端化的产品创造、最大化的价值实现及合理化的价值分配，实现了乡村产业的高质量发展。

效率与公平协同：丁庄葡萄惠农产业的未来

通过对江苏丁庄葡萄产业的发展观察，得出如下结论：乡村产业高质量发展的实现，需要从外部环境吸收资金、技术、人才、信息等产业要素，改善产业主体的生产行为，实现高端化的产品生产，以高品质的产品生产为基础，发挥多元主体协同治理效应，促进最大化的价值实现。同时，需协调好乡村能人和普通农户之间的利益关系，促进合理化的价值分配，兼顾"效率"与"公平"，实现高水平、高层次、高效率的价值创造。简言之，就是通过高端化的产品创造、最大化的价值实现及合理化的价值分配，实现乡村产业的高质量发展。没有效率，合作组织就没有市场竞争力，从而难以持续发展；没有公平性，合作组织就会偏离普惠性本质，难以产生内在凝聚力，其生产活动也是难以为继的。可以说，合作联社这种组织模式可以推动丁庄葡萄产业的高质量发展，其关键在于联社组织运行的高效性和公平性二者间的协同统一，同时这也是丁庄葡萄惠农产业的未来发展方向。

有鉴于此，我们得到如下三点启示：（1）引入多元产业要素是突破产业发展"低水平陷阱"的关键。乡村产业向高质量发展阶段迈进过程中，要打破要素由乡到城的单向流动模式，不断将技术、人才、信息等资源引入乡村产业，改革原有落后的产业生产经营方式，生产出满足消费者需求的高品质产品，提升产品的附加值，从而实现高端化的产品创造。（2）多元主体协同治理为乡村产业高质量发展注入动力。乡村产业高质量发展是一个多主体参与、多因素交互的过程，一元主体主导势必会导致产业发展的创新性与灵活性不足、稳定性与可持续性不强。因此，需要释放地方政府、乡村能人、普通农户及其他市场主体的能量，通过优势互补与权力制衡发挥协同效应，创造最大化的经济效益，保证乡村产业发展的可持续性。（3）促进共享是乡村产业高质量发展的落脚点。现阶段对高质量的价值判断强调"公平性"，需要基于贡献与能力原则及帮扶弱势农户的责任，通过合理的收益分配，让参与产业建设的各方主体公平分享发展成果，实现产业的社会价值。

参考文献

［1］燕东浩．乡村能人在农民专业合作组织开展农业科技推广中的作用分析［J］．湖南农机，2014（2）：104-105.

［2］黄振华．能人带动：集体经济有效实现形式的重要条件［J］．华中师范大学学报（人文社会科学版），2015（1）：15-20.

［3］邱利军，田昕加．基于农产品质量安全视角农民专业合作组织发展路径探析［J］．林业经济，2013（12）：110-112，128.

［4］许珍珍，赵晓峰．日本小规模农业的发展经验及启示［J］．世界农业，2019（6）：85-90，97，119.

［5］岳国明．乡镇农民专业合作社的发展与对策［J］．河南农业，2014（4）：19-20.

［6］周振，孔祥智，穆娜娜．农民专业合作社的再合作研究：山东省临朐县志合奶牛专业合作社联合社案例分析［J］．当代经济研究，2014（9）：63-67.

［7］COASE R H. The Problem of Social Cost［J］. Journal of Law and Economics，1960，3（1）：1-44.

［8］周鲁耀．"统合治理"：地方政府经营行为的一种理论解释［J］．浙江大学学报（人文社会科学版），2015，45（6）：177-188.

［9］赵玉石，刘亚娜．新型农村合作社发展中的乡镇政府角色与行为困境［J］．社会科学战线，2018（3）：196-201.

［10］徐旭初，吴彬．异化抑或创新？——对中国农民合作社特殊性的理论思考［J］．中国农村经济，2017（12）：2-17.

［11］马荟，庞欣，奚云霄，等．熟人社会、村庄动员与内源式发展：以陕西省袁家村为例［J］．中国农村观察，2020（3）：28-41.

［12］葛法权，张玉利，张腾．组织相互依赖关系对公司创业能力的影响机制：基于海尔集团的案例研究［J］．管理学报，2017，14（4）：475-484.

［13］杨光华，贺东航，朱春燕．群体规模与农民专业合作社发展：基于集体行动理论［J］．农业经济问题，2014（11）：80-86，111.

［14］任保平. 新时代高质量发展的政治经济学理论逻辑及其现实性［J］. 人文杂志，2018（2）：26-34.

［15］黄速建，肖红军，王欣. 论国有企业高质量发展［J］. 中国工业经济，2018（10）：19-41.

［16］黄祖辉. 准确把握中国乡村振兴战略［J］. 中国农村经济，2018（4）：2-12.

［17］张玉利，冯潇. 三农创业实践驱动的学术问题与研究建议［J］. 南方经济，2019（7）：72-82.

［18］庄晋财，李丹. "互联网+"对农民创业机会开发的影响研究［J］. 广西大学学报（哲学社会科学版），2018，40（5）：104-110.

［19］宋金田，祁春节. 交易成本对农户农产品销售方式选择的影响：基于对柑橘种植农户的调查［J］. 中国农村观察，2011（5）：33-44.

［20］王珏，马贤磊，石晓平. 农村集体资产股份合作社发展过程中政府的角色分析——基于苏州与佛山的案例比较［J］. 农业经济问题，2020（3）：62-70.

［21］庄晋财，陈聪. 工程化高效农业下的农业产业链演化［J］. 华南农业大学学报（社会科学版），2017，16（2）：28-36.

［22］蔡昉，王美艳. 从穷人经济到规模经济：发展阶段变化对中国农业提出的挑战［J］. 经济研究，2016，51（5）：14-26.

［23］庄晋财，庄子悦. 高铁系统助力山区小农户与现代农业相衔接［J］. 新疆农垦经济，2019（5）：25-29，66.

［24］齐文娥，唐雯珊. 农户农产品销售渠道的选择与评价：以广东省荔枝种植者为例［J］. 中国农村观察，2009（6）：14-22，94.

［25］鲁钊阳. 农产品地理标志对跨境农产品电商发展影响的实证研究［J］. 中国软科学，2019（6）：67-84.

［26］贺青梅. 中国乡村振兴的实现路径：来自日本地域振兴的启示［J］. 广西大学学报（哲学社会科学版），2019，41（5）：112-116.

［27］朱哲毅，邓衡山，廖小静. 资本投入、利益分配与合作社生产性集体投资［J］. 农业经济问题，2019（3）：120-128.

［28］崔宝玉，刘峰，杨模荣. 内部人控制下的农民专业合作社治理：现实图景、政府规制与制度选择［J］. 经济学家，2012（6）：85-92.3.

（执笔人：黄曼，庄晋财）

安徽合肥三瓜公社

工商资本主导下"空心村"的华丽转身

从"三洼"到"三瓜"："空心村"的过去与现在

三瓜公社位于安徽巢湖半汤古镇汤山行政村。该村占地面积 9.95 平方千米，下辖东洼村等 11 个自然村，全村共有农户 556 户，人口 1924 人，劳动力 600 余人。这里的大多数农民依赖外出打工为生，导致村庄发展相对滞后，甚至不断走向凋敝，东洼村、西洼村、南洼村就是 3 个典型的"空心村"。2015 年，民营企业安徽淮商集团与合巢经济开发区联合进行村庄改造，并成立了安徽三瓜公社投资发展有限公司。项目按谐音将 3 个村庄改名为"冬瓜村""西瓜村""南瓜村"，并以"冬瓜民俗村""南瓜美食村"和"西瓜电商村"三大板块进行布局，利用电子商务平台将民俗文化、休闲旅游、农业种植及新农村建设融为一体，打造一二三产业与农旅相结合的美丽乡村，并以"三瓜公社"命名，创建产业品牌。如今，三瓜公社已经成为知名的特色小镇，在不同的定位及发展理念下，3 个"空心村"也发生了翻天覆地的变化，成为三个各具特色的村庄。

首先，从村庄改建的效果看，3 个村庄的共性是都从修建道路、改造旱厕、引进自来水、架设高压电线和网络等硬件设施入手，营造了便捷的交通和宜居的环境。从差异性来看，南瓜电商村现已是安徽省电商第一村，以茶、泉、农特、文化为核心开发多种特色产品，发挥电商对产业集聚的强大作用，引进多家电商总部，建设电商基地，全面对接淘宝、京东、苏宁等电商平台，开发特色农产品线上线下销售，吸引年轻人和本地村民利用互联网技术进行创新创业。2015—2016 年，实现线上销售额 620 万元。冬瓜民俗村通过半汤六千年民俗馆、古巢国遗址、传统手工艺作坊和体验式主题农业，从农耕、民俗、温泉、地方建筑、手工艺等多方面挖掘和传播巢湖地区的历史与农耕文化。西瓜美食村在古村落中原有房屋的基础上进行"一户一特"的改造设计，现有80家不同风格的温泉民宿，60余家体验式农家乐、10处别具特色的心动客栈，通过对周边产业的服务承接，辐射三瓜公社全城，提供餐饮住宿服务，带领当地旅游产业发展。2018年，入驻三瓜公社的企业近90家，吸纳就业2000人，年接待游客720万人次，实现旅游收入10亿元。

其次，从乡村产业发展的效果看，三瓜公社大力发展乡村产业，改善农村单一产业结构。传统乡村经济发展主要依赖单一的种植业，但因农业产业固有的自然资源有限、供求缺乏弹性等弱质性，农业产业链分工程度较低，价值链条较短，与二三产业相比，盈利能力处于明显的弱势（靳晓婷和惠宁，2019）。三瓜公社遵循产业融合的思路，将农业与相关产业实现融合，形成新的价值链，比如创意农业、休闲农业等，农业产业就会实现更高的产品附加值，开发出更大的利润空间，使农业成为创造高产、优质、高效的产品和服务的产业（郑风田和杨慧莲，2019）。三瓜公社通过以农业为基础的产业融合，衍生出农产品加工业、休闲旅游业等新业态，实现了乡村产业系统的结构优化，取得了融合收益。

再次，从农民增收的效果看，三瓜公社模式通过影响农民财产性收入、工资性收入、转移性收入和家庭经营收入来拓宽农民的增收渠道。一直以来，由于农业的弱质性，农民长期面临着收入微薄、增收渠道单一的困境。一方面，三瓜公社发展农村一二三产业融合，将工业和服务业的管理、资本、技术等生产要素投入到农村地区创建新企业，扩大农村产业规模和就业容量。同时，农村产业规模化鼓励农户通过土地出租、土地入股等方式获取财产性收入，从土地中释放出来的劳动力可以外出务工获得工资性收入。另一方面，乡村产业融合为农户创业提供契机，在国家政策的支持下，农户充分拓展农业多种功能并且将其商业化，不仅可以获得政府财政补贴，还能获得经营性收益，进而增加收入。

三瓜公社凭借对物质空间、产业定位、网络平台的高质量营造，充分发挥互联网平台的联动效应，仅用3年时间就成功打造了"三瓜品牌"，乡村发展的速度令人惊叹。但是，要在短时间内取得如此成效，不仅需要在项目建设的全周期投入巨额的资金、精密的技术及科学的管理，还要协调好多元主体，尤其是和村民的利益关系。民营企业安徽淮商集团作为外来资本改建 3 个"空心村"，不仅发挥了自身的资源和管理制度优势，而且有智慧地处理好了企业与政府、企业与村民之间的关系，从而保证了项目的可持续发展。民营企业下乡打造的三瓜模式为工商资本参与乡村振兴，破解资本下乡的"跑路烂尾"困境提供了可借鉴的思路。

工商资本下乡：三瓜公社乡创平台的成功之路

近年来，国家多次出台政策鼓励工商资本下乡，2020 年中央"一号文件"明确提出要切实保护好下乡企业家的合法权益，发展富民的乡村产业。2019 年国务院出台的《关于促进乡村产业振兴的指导意见》则更为细致，指出"坚持互惠互利，优化营商环境，引导工商资本到乡村投资兴办农民参与度高、受益面广的乡村产业"。在国家政策的引导下，越来越多的工商资本进入农业农村。根据农业农村部统计，截至 2017 年底，全国家庭承包耕地流转面积 5.12 亿亩，比 2016 年底增长 6.9%，流转入企业的面积 0.5 亿亩，占耕地流转面积的 9.8%，同比增长 8.6%，工商资本下乡呈现快速增长趋势。三瓜公社就是由民营资本淮商集团出资建设的。

一、引导工商资本下乡助推乡村发展

工商资本下乡就是城市资本、技术、管理等要素与农村土地、劳动力等要素组合生产的过程（周振，2020）。民营企业把在城市积累的人力、物力、财力、科技等乡村产业系统外部的资源投入到乡村产业中，使工商资本与农业生产要素相结合，解决农业发展中面临的资金、技术、人才短缺等问题，促进农业产业化发展和经营模式创新（吕岩威和刘洋，2017）。一般而言，工商资本通过提供机械装备、专业人才、科学技术和先进管理经验等，改造传统农业形态，提高农业全要素生产率；或是进入绿色农业、休闲农业领域，拓宽农业的功能和空间，创造出新的经济增长点。前者需要乡村具有规模较大的农业种植基础，后者则对乡村的区位和环境要素有更高的要求。这是因为，绿色农业以及休闲农业的发展动力是为了满足城市中产阶级的需求（贺雪峰，2017），城市中产阶级的需求带来的丰厚利润回报，是工商资本进入乡村的动机。但是，工商资本下乡也会推动集体产权形态变迁，导致农地流转冲突爆发，结果往往是工商资本和农户两败俱伤。也就是说，保证工商资本顺利下乡，至少要具备两个条件：一是乡村具有区位或资源优势，存在盈利空间，工商资本愿意下乡；二是处理好土地使用问题，消除工商资本下乡的后顾之忧，保证下乡项目的可持续性。从这两个条件来看，三瓜公社之所以能够成功吸引资本进入，具有以下 3 个优势：

一是三瓜公社交通便捷，区位优越。三瓜公社位于安徽省合肥市巢湖经济开发区，是合肥市四大开发区之一，地处合芜宁"金三角"腹地，是合肥经济圈和皖江示范区的核心区域，合巢芜高速公路、常合高速公路、淮南铁路复线、京福高速铁路穿境而过。三瓜公社拥有便捷的区位优势，距离安徽省省会合肥市中心 70 公里，远低于辐射半径 150 公里，距南京市仅 1 小时的车程，距芜湖市仅 40 分钟左右车程。此外，三瓜公社所处区域有高速公路、高铁、航空，交通便利，到巢湖东站仅 15 分钟车程，距禄口国际机场和新桥国际机场也仅 1.5 小时车程。三瓜公社临近合肥、南京等中心城市的地理优越性，使得三瓜公社的景区开发具有较好的城市消费群，由此吸引民营企业注资打造。

二是三瓜公社文化底蕴深厚，风景优美。三瓜公社所在的半汤古镇有极为厚重的历史，例如，古巢国传说、半汤古温泉、红淮特色古村落等，有巢氏的巢居创新，古巢国的睦邻友朋，巢湖民俗中的守善、诚信、珍视亲情、互敬等文化元素是三瓜公社发展的底蕴根基。同时，半汤古镇拥有被誉为"龙凤宝地、九福之地"的半汤温泉，紧邻国家AAAA 级景区郁金香高地，风景优美，景色宜人。

三是三瓜公社妥善安置村民，置换村民房屋。2015 年底，当地政府以价格补贴方式，实现土地使用权的流转，将村民房屋使用权转让给安徽三瓜公社投资发展有限公司，三个自然村落的居民都由巢湖经开区安置在安置房内。政府的媒介作用降低了企业与村民的谈判成本，村民的安置方式降低了毁约的风险。

正因为具备交通和资源方面的优势，以及在项目开发前期村民得到了政府的妥善安置，才有了工商资本下乡打造美丽乡村的故事。2015年，安徽淮商集团规划投资10个亿，建设周期为3年，规划面积3平方公里，建设面积1平方公里。首期投资5个亿建设了南瓜电商村、冬瓜民俗村和西瓜美食村，并按照"政府引领、农户参股、企业经营"的发展模式，将民俗文化、休闲旅游、农业种植、电子商务及新农村建设融为一体。

二、民营企业整合资源搭建乡创平台

在我国一些地区乡村日渐凋敝、大量农舍闲置、乡土文化遗迹毁损严重的情况下，三瓜公社以"互联网+"为切入点，探求将互联网的集成功能与"三农"资源有效结合，以农村电商为平台整合资源，带动农民致富，如今已初见成效。淮商集团建设安徽"三瓜公社"官网，展示景区全景，吸引消费者前来；进入三瓜公社，游客即可享受无线网的服务，可以了解三瓜公社提供的各种特色服务；消费者还可以通过农产品追溯体系了解购买的农特产品的全产业链流程。通过充分挖掘和整合区域内特色优质资源，三瓜公社荣获"2018年度安徽网友喜爱的旅游目的地"称号。回顾三瓜公社整合资源的成功做法，以下三点具有独特性和示范性：

1. 农业可再生自然资源整合

如前述，汤山行政村以茶、泉、农特、文化四大产品系列为核心，开发出包括温泉黄豆、温泉花生、冷泉鱼等一百余种特色农产品，具有丰富的农业可再生自然资源。三瓜公社将这些具有特色的农业资源整合进乡村旅游业，成为其产品特色之一。但是，如果让民营企业与农民单独进行谈判，必定会导致交易成本大大增加，因此采用合作组织的形式是民营企业整合这些农业资源的必要手段。三瓜公社的主要做法有以下几点：

一是实现"现代农业示范区+合作社"的组织模式，带动村民致

富。公社成立了花生、山里邻居食用菌、山里人家养殖、桃源瓜果 4 个
产业合作社，打破传统运作模式，将种植、养殖、生产、销售、物流等
环节融为一体。一方面实施订单式农业，使土地利用更科学、农产品附
加值大幅提高，产品的价格提高使农民的积极性得到激发，参与热情更
加高涨；另一方面合作社优先吸收贫困户，通过"合作社+农户"实现
精准扶贫。目前，4 个产业合作社已发展社员 1000 多户，带动周边 11
个村的农民共同致富（王玉创，2018）。

　　二是组建乡村旅游发展公司，让村民变成股东。由三瓜公社、村集
体、村民合作组建汤山旅游发展公司。我们知道，中国的农村公共资源
归村集体所有，村干部是这些资源运用的主要决策者，村干部的决策要
以村民增收为目的，这是村民和上级政府对乡村权力组织的必然要求。
从村民的视角看，随着市场经济的发展，家庭收益最大化成为其追求的
目标；从政府的视角看，乡村繁荣是其工作的目标，核心就是农民增
收。因此，如何实现农民收入增长，是村民和上级地方政府对乡村干部
的共同期望，也是村干部与民营企业合作的重要约束。因此，在村级组
织的协调和监督下，汤山村村庄集体与三瓜公社合股开发乡村产业，并
按照股权份额确定分红，既确保了乡村要素的产出效率，又服务了村民
增收的目标。

　　2. 乡愁型资源拼凑

　　所谓乡愁型资源，自然是指资源中某些特质能够勾起人们对家乡的
情感。简单地说，就是利用人们对农耕文明的记忆，将"乡愁"形塑
成某些农村土特产品或景区景观的卖点，进而实现商业化。在中国，一
个人无论走到哪里，心中都有一方魂牵梦萦的土地，离得远了久了，便
让人愁肠百结。而在中国城乡二元结构下，这种愁肠百结不容易纾解。
如今人们在城乡之间的流动，由于受到城乡隔墙的影响，仍然呈现出
"乡—城"单向性特征。这样一来，那些远离乡土进入城市的人们，只
能通过消费来自乡土的"物"，以寄托自己思念乡土的情感，即所谓
"借物托情"。因此，如果能够把握住人们的这种情感需求，并将其嵌
入产品当中，就有可能实现"乡愁产品"的商业化，从而提升产品的
经济价值。通过形塑之后能够嵌入产品的乡愁，是具有商业价值的，因

为它满足了人们的情感需求，使人们愿意为之付费。而且重要的是，人们基于乡愁情感的付费，跟购买普通商品的意愿完全不同，相比之下，对乡愁产品的付费意愿要高得多。正因如此，才会形成乡愁型消费的溢价，进而成为乡愁型资源拼凑获得收益的重要来源。值得一提的是，由于城乡隔墙的存在，中国有大量向往乡村的城市人是难以从城市抽离的，他们成为消费"乡愁产品"的主要群体，给乡愁型资源价值化提供了契机。

但是，利用这些乡愁型资源并非易事。一方面这些资源随着城市化进程已被慢慢侵蚀遗忘，例如房屋、食堂等建筑已被翻建；另一方面这些资源往往零碎散乱，很难被聚集。但是，三瓜公社利用资源拼凑的方法进行了有效的恢复集中。法国人类学家列维-斯特劳斯在其《野性思维》一书中提出了"拼凑"的概念，Baker（2005）等人将"拼凑"的概念引入创业领域，认为创业拼凑可以解释一些创业企业为何能突破资源约束并取得成功。Kickul（2010）资源拼凑理论系统解释了创业者如何利用手头现有的、零散的、看似没什么价值的资源来开发新的创业机会和支持创业成长。资源拼凑理论突破了传统资源基础观中可利用资源的范围及静态资源观的思想，不仅解释了为何在资源约束的条件下也能成功开展创业活动，而且为机会发现、创业价值实现提供了新的解释。"凑合利用""突破资源束缚""即兴创作"，这 3 个核心概念是资源拼凑的关键词，在创业过程中，具体而言就是不屈服于资源、环境、制度的束缚，主动突破传统资源利用方式，将就利用手头便宜的、免费的有形或无形资源，并进行创新性利用，实现新机会的开发和新目的（孙锐和周飞，2017）。简单来说，就是通过资源拼凑实现对狭隘的"现有资源"的修补、操控和重新配置（刘人怀和王娅男，2017），缓解创业者的资源束缚，主要有三种途径：一是"无中生有"，即通过开辟新市场和提供新服务获取资源；二是整合利用别人没有使用的或者闲置废弃的资源；三是开发被他人忽视或未充分认识潜在价值存在的资源。

在三瓜公社我们看到，"冬瓜民俗村"依托巢湖地区 6000 年的农耕民俗文化，对这里的传统民俗民艺进行挖掘、品牌包装、活动策划、产品开发等，使其商品化，实现传统手工艺的价值增值，嵌入乡愁要素打造三瓜公社品牌的内生竞争力。此外，公社通过资源拼凑利用当地坍塌的土墙、废弃的青砖小瓦房、石砌的院墙，改建成具有特色的各种商铺，将已经淘汰、锈迹斑斑的农具展览在冬瓜村篝火广场旁的土墙上。这些颓垣断壁和废弃的农具，对于这三个村来说已经没有什么价值可言了，等待它们的是推倒重来或者是废品回收，但是三瓜公社把这些身边现有的、看似没有价值的东西进行创新性组合，保护乡村建设肌理，展现自然人文的特色，吸引了游客的目光。

3. 知识型资源集成

马歇尔认为，产业集聚得益于"公开散发在空气中"的知识溢出效应。从这个观点出发，人才是三瓜公社发展的内在动力源，也是资源整合与综合利用的重要平台。在三瓜公社创建之初，三个自然村和周边的村庄几乎都是"空心村"，村里只有留守的老人和孩子。如今，三瓜公社设计了一系列项目吸引人才，为当地农民提供了就业创业机会。

一是双创项目吸引人才。双创项目即乡创和农创项目，旨在吸引年轻一代来三瓜公社就业创业。农创是指服务本地农民的就业创业项目，乡创是指服务本地年轻人返乡创业和吸引外地年轻人入乡创业。进入21世纪以后，中央政府突出强调"三农"问题在国民经济社会发展中的重要地位，2004年至今，中央"一号文件"连续16年聚焦"三农"问题，并给予乡村创业高度关注。2007年的中央"一号文件"提出"鼓励外出务工农民带技术，带资金回乡创业"；2009年提出"落实农民工返乡创业扶持政策，在贷款发放、税费减免、工商登记、信息咨询等方面提供支持"，"拓展农村非农就业空间，鼓励农民就近就地创业"；2010年强调"完善促进创业带动就业的政策措施，将农民工返乡创业和农民就地就近创业纳入政策扶持范围"；2017年再次强调"支持进城农民工返乡创业，带动现代农业和农村新产业新业态发展"（庄晋财等，2019）。三瓜公社响应国家号召，始终向返乡双创人员、优秀农村电商从业者、民俗工匠提供发展平台和优惠政策扶持，利用"三瓜公社"品牌和平台优势，帮助创业者更好地成长。目前，三瓜公社的双创项目遍及产业的各个环节，当地农民已成为双创项目的主力军。通过农业可再生自然资源和乡愁型资源的开发利用，建设了冷泉鱼、温泉鸡、山泉花生等 30 多个第一产业特色农产品基地；对村庄特色物品进行拼凑成为三瓜公社独特的景区景观，乡村创业者利用这些资源进行商业化开发，从而完成创业过程。在这个双创的大舞台上，农民实现了就地就近创业就业，正如三瓜公社的标语"把农村建设得更像农村"。

二是教育显性培养人才。三瓜公社十分重视教育在产业发展中的作用，依托半汤乡学院，努力培养农村电商、乡建、传统产业转型等方面的专门人才。半汤乡学院从半汤商学院发展而来，成立于 2016 年 5 月，致力于研究与实践探索农村电商、电商扶贫、乡村重建、传统产业转型等问题。截至 2018 年 1 月，半汤乡学院已经开办培训班 43 期，培训学员 3000 余人，遍及全国 28 个省区、160 多个县，取得了良好的经济效益和社会效益。在此基础上，利用半汤乡学院优质的师资力量，三瓜公社开展网店经营、线下实体店运营管理与营业推广、媒体营销、商务礼仪、推销技巧、商品学等使用技能课程，为电商平台双创孵化基地培养高素质员工。仅 2017 年，半汤乡学院就承担巢湖经开区新型职业农民培训 10 期，受训农民达 500 人。此外，三瓜公社还通过半汤电商协会，经常性开展电商培训，组织线下沙龙分享学习心得，为电商从业者提供交流学习的机会。

三是校企合作共育人才。2016 年以来，三瓜公社先后与巢湖学院，安徽新华教育集团，安徽大学商学院、经济学院、新闻传播学院，安徽国际商务职业学院等教育机构共建大学生校外双创实践平台。通过校企合作，学校为三瓜公社提供智力支持、培训服务，输送多批次实习学生。同时，三瓜公社也多次为学校提供创业指导、师资培训、赛事评审等支持，从而达到校企双方合作共赢的目的。目前，三瓜公社已经吸引一批具备专业素质的大学在这里扎根创业，譬如，三瓜公社党支部书记、创客空间中各创业团队成员，以及汤山茶书院、傻瓜网、甲骨文科技、物流中心等单位的工作人员都是大学毕业生，这都是校企合作育人成果的具体体现。

三、民营企业利用平台集聚人气流量

如前所述，安徽淮商集团作为独立的市场主体，进入乡村投资首先关注的是资本的投资回报。根据契约理论，当一个企业的扩张所需的资源存在缺口时，可以采用并购等方式通过市场交换获取自身发展所需的资源，因为这种纵向一体化的组织方式，可以减少因资产专用性带来的机会主义行为。在现实中，土地资源是制约工商资本下乡的要素瓶颈，而且这又是具有高度资产专用性的要素，工商资本下乡所进行的投资也具有相对较高的资产专用性。在这种情况下，通过并购采用独自运营的组织形式，对下乡的工商资本来说是交易费用相对较低的组织方式选择，但需要面临较高的包括转移安置费用在内的交易成本。现在的工商资本下乡，采用的运营方式基本上都是在支付转移安置费，完成农地流转和农地农户安置后，由工商资本通过"招、拍、挂"方式获得农村土地使用权，并单独从事项目开发与经营，企业面临较大的现金流压力。而且，工商资本与农户的关系，仅仅表现为简单的要素交易或者租赁关系，较少涉及利益分配和剩余索取权分割（蒋云贵，2018）。三瓜公社的运营属于工商资本独资运营的组织形式，民营企业围绕"互联网+三农"的产业发展思维，将南瓜村的电商、冬瓜村的乡旅和西瓜村的农业有机结合，利用互联网平台招来游客、销售产品，创造流量经济。同时企业吸引年轻人围绕"三瓜公社"这个品牌进行电商创业，通过公司的内部运营进行统一管理，提高产业发展效益，促成乡村产业化、集约化。整个过程历时3年，投资数亿资本，最终得以形成以"三瓜公社"为品牌的"种植业+农产品加工业+休闲旅游业"的产业融合模式。

都市农业：民营企业改建三瓜公社的成功秘诀

近年来，城市工商资本下乡明显增多，成为农业投资的重要力量。工商资本大量下乡引发社会的广泛关注，也带来"非农化""非粮化"等诸多忧虑。工商资本下乡究竟会给农业带来哪些影响？是正面效应更大还是负面效应更大？赞成者和反对者尽管观点不一，但都有一个共同点，那就是将工商资本下乡理解为工商资本投农：赞成者说工商资本下乡投入到农业中，可以实现土地的规模经营，把禁锢在土地上的农民解脱出来向城市转移，这样既可以推进农村城镇化，又可以实现农业规模经营，改变目前土地经营的碎片化状态；反对者说工商资本下乡投入到农业中，会由于追求自身增值而通过种种方式剥夺农民的土地，却不让农民平等分享利益，同时还有可能将耕地进行非农化使用，从而影响国家粮食安全。应该说，如果把工商资本下乡仅仅理解为工商资本投农，那么赞成者和反对者的观点就都有现实存在性，以此来判定该不该鼓励工商资本下乡，不仅难以达成共识，而且难以全面理解工商资本下乡的重要性。安徽巢湖三瓜公社在民营企业下乡后利用互联网技术进入都市农业领域，向我们展示了工商资本下乡的成功探索。那么，工商资本适宜进入哪些农业领域，我们该限制什么？放开什么？是值得进一步探索的问题。

一、跨界融合是工商资本助力产业的目标

随着乡村振兴战略的提出，近些年全国各地出现许多工商资本进军农业产业的现象。工商资本从城市流入乡村，一方面是因为国家政策的激励，"鼓励和引导工商资本到乡村发展适合企业化经营的现代种养业，向农业输入现代生产要素和经营模式"；另一方面是因为工商资本需要寻求新的出路，在工业产能严重过剩的情况下，通过进入农业产业领域，寻找新的利润增长点。鼓励工商资本进入农村助力乡村振兴，显然要以产业为载体。如前所述，民营资本改建三瓜公社助力乡村振兴，是以都市农业发展为方向的。所谓都市农业，是指在大城市、城市群、城乡边界地区，为城市居民提供日常农副产品以及良好生态环境的多功能农业形态。都市农业不同于传统农业，其分工程度相对较高，涉及农业生产资料的生产、农产品生产与加工及农产品的流通、展示、农业观光、购物、娱乐休闲、农耕文化展示在内的全产业链，让农业产业嵌入都市生活的方方面面，以实现农业经济效益，并提升农业的生态和生活服务功能。都市农业与传统农业的根本区别，就在于它不是简单的种植业，不是简单地以生产农产品为主，而是要以农业为基础衍生新业态，满足城市居民对乡村产品、文化、休闲等多层次多样化的需求。也就是说，都市农业的发展，是要满足城市群中聚集的大量城市居民对田园牧歌式生活的追求，因此，都市农业不能仅仅依靠传统农业，又不能离开农业，而是需要在农村地区实现产业的跨界融合，衍生新业态。

从经济学角度看，要形成一个产业，最重要的就是要增加生产经营主体及其之间的交易频率，有交易才会有产业繁荣。交易的基础是分工，分工越细化，迂回程度越深，一个行业的生产经营主体就越多，产业内部的交易就越频繁，这就是通常说的要拉长产业链的朴素道理。不过，由于周期性和季节性的原因，农业生产过程经常中断，产业链拉长并不容易。但农业如果能够跟其他产业靠近，由此形成更多的交易量，就有推动农村产业繁荣的可能性，这就需要改变只将农业看作是生产农产品的产业这一观念。事实上，我们可以把农业看作是一个价值模块，利用模块的"即插即用"功能，将农业这一价值模块插在不同的产业链上，就有可能不但使农业跟其他产业靠近，还有可能将农业与其他产业融合。比如，通过农业与工业、旅游业、创意产业等诸多产业的靠近，促成产业间交易频率增加，产业规模扩大，产业功能拓展，这正是都市农业发展的根本。

由此看来，工商资本下乡发展都市农业，需要从三个方面着手：一是拓展农业产业链上的价值节点，以便形成更多的价值模块。因此可以对农业产业链进行深入的挖掘，从当地农耕文明开始，顺着整个农业产业链向下游延伸，每个节点都要精心甄别，看看有多少个节点能够衍生出独立的价值模块。价值模块越多，网络节点就越多，网络的规模就越大，都市农业发展就越繁荣。二是增强农业价值模块之间的联系，以便能在跨产业间连线成网。一个个的价值模块既可以独立运行，也可以在其他产业链上"即插即用"。独立运行就不能衍生交易，促进经济繁荣，比如农村的茶园，一般的农户会把它作为一个独立的价值模块，功能就是种茶叶、采青茶，然后把采来的青茶卖给茶叶加工厂，换来自己劳作的报酬。当然也可以把这个茶园作为一个价值模块，与乡村休闲体验游价值模块相连接，把茶园的劳动当作一种生活体验，农户出租的是茶园，消费者收获的是体验，形成一种新的交易。这种交易把茶叶种植业与乡村旅游业的产业链连接在一起，形成一种新的产业链。价值模块之间的联系越多，新生的产业链也越多，不同产业之间的联系就由线连成网。我们知道，经济网络之间的联系通常就是通过交易的方式进行的，联系越多意味着交易越多，从而在众多产业链的交织下，使产业边界变得模糊起来，让你不知道自己的茶园究竟是第一产业，还是第二、第三产业，三次产业水乳交融，现在人们将之称为第六产业，这就是农业产业"跨界融合"的结果。三是搭建农村产业交织平台，以便能稳定产业间的联系。价值模块的对接联系，需要找到一个具体的空间载体，因此，需要在农村建立一个平台，将这些各自独立的价值模块在这个平台上实现最大限度的连接，使农村成为农耕文明展示、农产品加工、交易、创意、旅游、体验等活动的汇集地，以此满足城市居民多元消费需求。

显然，推进农村的都市农业发展，需要实现农业产业的"跨界融合"，那么由谁去推动农业产业的"跨界融合"呢？工商资本是不可忽视的重要力量，甚至是主要力量。这是因为：第一，工商资本可以利用自身所具备的资金、技术、信息等要素，发展具有更高附加值的现代农业。比如，将有机种养和发展餐饮经济结合起来，形成"前餐后种""前餐后养"的农村产业模式、电商平台和农业跨界融合的"互联网+农业"电商模式、物联网和大数据等信息技术和农业融合的智慧农业、农业和休闲旅游融合的休闲农业和体验农业等新业态。第二，工商资本可以通过拓宽现代农业产业体系，衍生农村产业新业态。比如，通过开发农业多种功能，形成包含生态农业、特色农业、休闲农业、旅游农业、智慧农业等的多元化产业体系。第三，工商资本可以通过技术创新，提供更为广阔的农村产业服务。例如，利用现代生物技术、信息技术向乡村和农业的渗透和扩散，减少农业生产对自然资源和环境的依赖，降低农业资源消耗和排放，为生态农业发展提供服务支持；采用现代农业加工技术和工艺，提高农产品利用率和副产品的循环利用，提高资源利用效率，减少农业废弃物排放，实现农业的循环经济效应。

二、工商资本在农业跨界融合中的投入领域

农业产业跨界融合需要知识、技术和资金投入，也需要很强的组织能力，乡村农民难以胜任，这就为工商资本下乡提供了广阔的发展空间。那么，三瓜公社民营企业进入哪些领域发挥了作用呢？

1. 促进乡村农业分工深化的领域

产业分工程度受制于两个因素：一是技术，产业链分工首先要有技术上的可分性；二是市场，产业链的环节独立出来，需要有足够的市场获利空间。现在的农村由于有用联合收割机为农民提供水稻收割服务的专业组织，极大地提高了水稻收割的效率，水稻种植的收割环节在联合收割机这种农业机械技术的支持下，就从农户的水稻种植过程中分离出去了。也许在不久的将来，除草、施肥、喷药等环节也会不断分离出去，形成服务外包，这是现代农业发展的一种趋势。显然，承担农业服务外包的组织需要有相当的资本能力，因为专业化的农业服务是昂贵的，单个农户提供这样的服务不仅在资金能力上有困难，也不具备规模经济的条件需求。将来的农业发展，会出现服务外包规模化替代土地经营规模化，农业从品种培育到最后收获、销售，在技术支撑下可分离的环节越来越多，从而成为工商资本下乡的重要领域。比如，现在农产品销售开始使用电子商务平台，开发销售电商平台，培训使用电商平台的人才，配合农村电商发展的物流分拣、配送、运输等服务环节，都可以成为工商资本下乡充分施展能力的领域。在三瓜公社的实践中，电子商务平台的搭建是民营企业下乡经营的特色项目之一，三瓜公社有网上旗舰店、自营APP、公众号等多种推广销售渠道，借助电商平台可以将种植、养殖、农产品加工、线上交易、线下体验、物流服务等环节融为一体，促进了乡村农业产业分工深化。

2. 促进乡村农产品加工深化的领域

在传统的乡村社会里，由于受到技术的限制，大多数农产品仅仅被当作食物进入消费领域。随着技术的进步及消费文化的演进，农产品的功能会越来越多元化，以满足人们消费多元化的需求。消费者对农产品的需求已经从简单初级农产品的刚性需求，转向经过精深加工绿色农产品及其衍生品的高端需求，进而推动农产品加工不断延伸和拓展（涂圣伟，2014）。比如大家熟知的辣椒，除了有食用功能，还有药用功能、观赏功能、军用功能、饲用功能和调味功能等。开发这些农产品的新功能，会推动农产品加工不断走向深化。农业新功能的开发不是乡村普通农户能够做得到的，需要拥有技术与资本的实体来完成，因此成为工商资本下乡能够进驻的重要领域。对于工商资本来说，到农村去进行农产品的深加工，不仅可以获得规模经济，还有获得范围经济、创新经济的可能性，因此这是一个十分广阔的领域，将给工商资本提供巨大的空间。在三瓜公社的案例中，安徽淮商集团对乡村农产品加工采取了分类经营的模式，对采用初级加工技术的产品，如黄桃罐头、牛肉酱、瓜子、蚕豆等制成的各种小零食，鼓励农户自行创业，采用"三瓜公社"的统一品牌，通过南瓜电商村平台，实现线上线下销售；在西瓜美食村，一些土特农产品通过农家乐经营搬上餐桌；在冬瓜民俗村，一些具有文化传承的手工艺品变成游客的旅游纪念品，从多个方面挖掘农业产品功能，促进乡村农产品加工深化。

3. 促进乡村农业产业业态丰富的领域

传统乡村社会里的农业，被看作是解决吃饭穿衣问题的产业，满足的是人类最基本的生存需求。但随着人们温饱问题的解决，温饱需求的重要性就逐渐被淡化，因此人们普遍不愿意花大价钱为农业买单，农业也就成为收益相对低廉的弱质产业。如果要使农业走出低收益的陷阱，就需要让农业实现跨界融合，抓住消费者的喜好。随着城市化的发展，人们对生活的追求逐渐多样化和丰富化，乡村产业因此有了极好的跨界融合空间。首先，农业的生态功能赋予了农业焕发青春的价值。每年清明前后都有大量城市人口涌入江西婺源去赏油菜花，吃农家菜，呼吸新鲜空气，这些城市人来到这里，个个精神抖擞，青春焕发，潇洒自然。放眼全国，这样的特色乡村越来越多，但仍满足不了人们的需求，以至于国家乡村振兴战略把发展乡村休闲旅游作为农村产业兴旺的重要方向。其次，农业的康养功能赋予了农业延续生命的价值。生活越好，人越怕老。如今，中国已经慢慢进入老龄化社会，有人预测，康养产业将成为下一个最具前景的产业。

综上所述，农业产业具有很强的跨界融合能力，农业产业跨界融合衍生新的业态将成为农业发展的一种新趋势。衍生农业新业态需要知识、技术和资金投入，也需要很强的组织能力，乡村农民难以胜任，这就为工商资本下乡提供了广阔的发展空间。

一是绿色农业。所谓绿色农业是运用生态经济学原理，以绿色技术进步为基础，充分应用绿色高科技手段，集节约能源、保护与改善农业生态环境、发展农业经济于一体，并倡导绿色消费生活方式的可持续发展的农业模式。发展绿色农业既符合本地环境特征，也符合市场需求。

二是休闲农业。经济发展已经处于后工业时代，人们不再仅仅满足于对农产品质量和安全性的要求，还希望能够从农业生产活动中体验优美的田园风光和传统农耕文化，这就为融合乡村物质环境、文化传统、风俗习惯，以及农业自身生产特点的休闲农业提供了广阔发展空间。

三是康养农业。康养农业是康养产业的重要支撑，是将健康农业与养生农业结合，将传统的第一产业要素与第三产业要素相融合，以健康为宗旨，以"三农"（农村、农业和农民）为载体，以科学养生方法为指导的新业态，本质是为健康长寿服务的农业。康养农业对环境要求很高，必须洁净、绿色、生态、营养、安全、有效，因此要有适合的"六度禀赋"，即光照度、土成度、水量度、海拔度、绿化度、配套度。这里的配套度是指设施、技术、知识等。

从淮商集团的规划实践看，三瓜公社将农业生产活动包装成有价值的商品，将休闲农事体验作为旅游产品进行开发，通过对周边农田集中整治，使观光农业带春季有油菜花、夏季有五彩水稻，确保一年四季都有特色景观，进一步增强主题农业与旅游的黏性。农事体验在田园带展开，与田园景观观赏相结合，人们可以在这里体验采摘和耕种，在体验过程中增长知识，愉悦身心。三瓜公社休闲农事体验是在自然生态环境和田园风光的基础上，根据其独特的地理位置优势，打造一个可以让城乡居民休闲的场所，即将农业生产、农耕文化与农家生活有机融合，并将其转换成旅游产品，充分挖掘农业产业的多种功能，衍生出绿色农业、休闲农业等新业态。

"乡村休闲+"：三瓜公社产业发展的未来

在新时代的社会背景下，促进乡村产业振兴目标的实现有三点基本的要求：一是乡村产业兴旺不能再走过去"村村点火，户户冒烟"的老路，要树立"绿水青山就是金山银山"的新理念。因此，乡村产业发展既不能完全依靠农业，也不能离开农业。二是乡村产业兴旺不能成为对农民的剥夺，需要发挥农民的主体作用，让农民分享到产业兴旺的收益。因此，要让农民参与到乡村产业振兴当中来。三是乡村产业兴旺不能仅仅关注个别企业的发展，需要营造良好的产业氛围。因此，既要发挥市场的基础性作用，又要有政府的合理作为。从以上三个要求来看，城市工商资本等产业要素进入农村一定要依托一产，才能让农民真正从土地上获得更多收益。由此看来，工商资本进入农村需要与农村的土地、劳动力等要素结合来催生新的产业，形成城乡产业要素的共生关系，从而克服"工商资本下乡与民争利的矛盾"，否则，就会形成事实上对农民和农村的再次剥夺。在三瓜公社的案例中，民营企业采用独资经营的组织形式进入都市农业领域，实现农业与二三产业的跨界融合，一方面由于民营资本在进入农业产业之前已经完成了产业要素资源的积累，在推动产业融合发展过程中，产业要素集聚功能体现得更明显。并且，这种科层制企业可以享受高度所有权控制的好处，以工商资本为主导力量推动乡村产业融合发展速度最快、效益最高。另一方面，民营企业以农业为基础衍生新业态，大力发展乡村休闲旅游业，并且以此打造互联网电商平台，既带动了当地农民创业就业，又增加了周边乡村农户的增收渠道。

党的十九大报告提出的"乡村振兴战略"中，农村产业兴旺是抓手，因此特别强调通过城乡融合发展的体制机制和政策体系，促进农村一二三产业融合发展。安徽省为了推动农村产业发展，也提出了许多措施，比如发展"互联网+农业和休闲创意农业"、发展"一村一品"特色农业、发展"农业园区+特色旅游"、打造"农业特色小镇"、推进"家庭农场"规范发展等。显然，这些措施旨在改变家庭联产承包责任制下的土地碎片化经营难以培植农村优势产业的状况，从大方向上看是正确的。问题在于，上述任何一种农村产业发展模式，都不能仅仅依靠农村尤其农户自身的力量去实现，引入城市生产要素，吸引工商资本下乡，通过城乡要素融合共生，有助于实现乡村产业振兴。因此，需要从以下三个方面为乡村振兴中工商资本投入提供政策支持：一是夯实乡村振兴中工商资本投入的公共品及要素匹配基础，具体包括：提升与现代产业融合相衔接的农村基础设施水平，如提供气、电、商、运等生产生活的配套设施水平等；提供与现代产业相融合的农村要素相匹配的水平，如提高乡村劳动力素质、提高政府组织管理水平等。二是强化乡村振兴用地供给保障和统筹管理，具体包括：加强建设用地专项统筹和计划保障工作；明确设施农业用地内涵和管理要求；鼓励乡村土地复合利用等。三是完善乡村振兴中工商资本下乡的营商环境，具体包括：加强工商资本投入的竞争环境建设，如支持建设农产品溯源信息平台；营造公平公正的企业经营环境。

参考文献

［1］靳晓婷，惠宁. 乡村振兴视角下的农村产业融合动因及效应研究［J］. 行政管理改革，2019，7（7）：68-74.

［2］郑风田，杨慧莲. 村庄异质性与差异化乡村振兴需求［J］. 新疆师范大学学报（哲学社会科学版），2019，40（1）：57-64.

［3］周振. 工商资本参与乡村振兴"跑路烂尾"之谜：基于要素配置的研究视角［J］. 中国农村观察，2020（2）：34-46.

［4］吕岩威，刘洋. 农村一二三产业融合发展：实践模式、优劣比较与政策建议［J］. 农村经济，2017（12）：16-21.

［5］贺雪峰. 谁的乡村建设——乡村振兴战略的实施前提［J］. 探索与争鸣，2017（12）：71-76.

［6］王玉创. 三瓜公社：这个"网红"为何红？［N］. 中国旅游报，2018-07-

23（05）.

［7］BAKER T，NELSON R E. Creating something from nothing：Resource construction through entrepreneurial bricolage ［J］. Administrative Science Quarterly，2005，50（3）：329-366.

［8］孙锐，周飞. 企业社会联系、资源拼凑与商业模式创新的关系研究 ［J］. 管理学报，2017，14（12）：1811-1818.

［9］刘人怀，王娅男. 创业拼凑对创业学习的影响研究：基于创业导向的调节作用 ［J］. 科学学与科学技术管理，2017，38（10）：135-146.

［10］庄晋财，尹金承，庄子悦. 改革开放以来乡村创业的演变轨迹及未来展望 ［J］. 农业经济问题，2019（7）：83-92.

［11］蒋云贵. 乡村振兴中工商资本投资休闲农业路径与经营模式创新 ［J］. 中南林业科技大学学报（社会科学版），2018，12（4）：43-49.

［12］涂圣伟. 工商资本下乡的适宜领域及其困境摆脱 ［J］. 改革，2014（9）：73-82.

（执笔人：黄曼，庄晋财）

江西吉水

红土地上"蜜柚"产业惠民生

井冈蜜柚：红土地上的新产业

　　近年来，吉安市大力推广井冈蜜柚种植，现已成为带动农业增效、农民增收的优势产业。截至 2017 年底，全市井冈蜜柚种植面积 2.4 万公顷，投产面积 0.36 万公顷，总产量 3.5 万吨。全市有 6 公顷以上的蜜柚基地近 500 个，30 公顷以上基地 40 余个，60 公顷以上基地 26 个，蜜柚种植面积为江西省第一。从县级层面来看，面积最大、效益最好的为吉水县。

　　吉水县地处江西省中部，属亚热带季风性湿润气候，雨量丰沛，光照充足，宜果土地资源充足，适合绝大多数柑橘类果树的栽培种植。吉水县甜柚种质资源丰富，是吉安市井冈蜜柚主产区。作为全市最大的井冈蜜柚特色果业生产基地，吉水县具备井冈蜜柚生产的气候、土壤等自然条件，区位优势明显。2010 年以来，吉水县着力发展井冈蜜柚产业，2013 年开始驶入发展快车道，全县井冈蜜柚产业种植规模处于全市领先地位，产业体系日趋完善。吉水县井冈蜜柚种植生产的总体情况如下：

　　一是井冈蜜柚面积初具规模。据有关部门提供的数据，近年来吉水县井冈蜜柚发展势头强劲，先后建成了醪桥黄泥洞、白水下东云、水田富口、丁江铅坊、江口等 15 个千亩以上的井冈蜜柚基地及 96 个百亩以上基地。2019 年，全县井冈蜜柚总面积达 3.5 万亩，挂果面积 1.8 万多亩，亩产量 1500 公斤，亩均利润 1.5 万元以上。

　　二是相关加工企业开始投产。金柚果品有限公司建设的蜜柚贮藏库、蜜柚商品化分级线和果脯、果糕、柚子茶等蜜柚深加工生产线全部投产使用；每小时可处理 15 吨蜜柚的选果分级生产线在金柚果品正式投入使用，使吉水县井冈蜜柚产业由第一产业向第二产业延伸。

　　三是相关衍生服务开始出现。位于醪桥的县农业示范园内，建成了安装防虫网的高标准育苗基地，每年出圃优质苗木可达 30 万株；全县拥有安装滴灌、杀虫灯和挂黄板、扑食螨及道路系统配套等设施的标准化示范园 13 个；建成县、乡二级技术服务网络，以及一支修剪专业服务队伍；专业农资供应服务商家 6 户及多家社会化服务组织；5 个井冈蜜柚电商平台从事销售运营；先后注册井冈蜜柚产品商标 13 个，获得国家绿色食品标志基地（企业）2 户；2 个基地取得国际认可的良好农业规范"GAP"认证；成功举办三届吉安井冈蜜柚节，实现蜜柚出口俄罗斯、马来西亚等地。

如今，井冈蜜柚是吉安市区域公用品牌，吉水县的井冈蜜柚产业是全市的风向标和领头羊，吉安井冈蜜柚产业发展看吉水。吉水排在江西省农业厅产业规划布局井冈蜜柚发展重点县的首位。

蛛网困境：井冈蜜柚产业发展的困局

井冈蜜柚产业是吉水县发展现代农业的主攻方向，吉水县井冈蜜柚产业已经初具种植规模，目前全县的蜜柚种植面积达到 3.5 万亩。显然，要想让蜜柚帮助农民致富，必须具备两个条件：一要种出好产品；二要卖出好价钱。就目前情况来看，尽管政府与柚农都非常热心蜜柚种植，但吉水井冈蜜柚产业在产品和销售方面都还存在一些瓶颈。

一、井冈蜜柚产业面临的产品瓶颈

对农产品来说，产品的质量主要集中在产品安全、品相、口感等方面，井冈蜜柚产品也是如此。从调研情况看，吉水县井冈蜜柚产业在产品品质方面存在诸多不足。

1. 井冈蜜柚缺乏安全标准

随着人们生活水平的提高，"吃得安不安全"已经取代了"有没有东西吃"，成为消费者关注的焦点。生产环节是农产品食品安全的源头，如果没有生产标准，就会存在诸如农药残留等安全隐患，这种安全隐患主要来自农产品生长过程中的"病、虫、害"。实地调研中了解到，与其他农产品一样，井冈蜜柚的病虫害问题贯穿整个生长周期。比如，炭疽病、溃疡病、树脂等"病害"会影响蜜柚生长，导致产量减少；叶螨、潜叶蛾、蚧壳虫、天牛等"虫害"是蜜柚健康生长的天敌，直接影响到井冈蜜柚的产量和质量；水渍、霜冻等"灾害"也有可能对蜜柚收成带来影响。预防"病、虫、灾"普遍使用化学方法，进行事前的"防"与事后的"治"，但化学方法如果使用不当，就有可能成为农产品的安全隐患。从总体状况看，吉水县井冈蜜柚产业发展的产品安全隐患主要来自两个方面：

一是柚农缺乏病虫害的预防意识。从收益的角度来说，"病、虫、害"的治理，应该以事前的"防"为主，如果防的工作做得好，无论是"病""虫"，还是"灾害"，对蜜柚的侵蚀都会降低，从而最大限度地减少损失。然而，吉水县的大多数柚农根据传统的种植习惯进行蜜柚养护，种植时没有科学规划，蜜柚种植过程中施肥、防病、管理都缺乏科学流程。许多柚农都是等到"害"成事实才会着手处理，对"病、虫、害"以"治"为主，疏于"防"，严重影响产品的安全质量。

二是治理"病虫害"缺乏统一标准。面对病虫害，使用化学方法如通过喷洒农药进行治理是柚农的首选方法。尽管国家对农药使用有严格规定，比如限量使用限定化学农药，不得使用明令禁止的高毒、高残留的化学农药等。但是，对于不在明文禁止范围内的化学农药，不同柚农的使用方法就出现很大的不一致。吉水县的蜜柚种植在全县范围内分布较广，病虫害治理的实施主体主要依赖柚农，但没有统一的病虫害治理农药使用标准，即便有也很难严格遵守。同时，蜜柚销售也是以柚农为主，这样就很难做到病虫害治理的统一性，安全隐患难以排除。俗话说，"是药三分毒"，使用农药就会产生残留，柚农分散使用化学药剂进行病虫害防治埋下的食品安全隐患，难以确保井冈蜜柚产品的质量安全。

2. 井冈蜜柚品相参差不齐

农产品外观直接影响消费者的消费感受，因此在现代农业发展中，品相的统一性成为特色农产品的外观要求。比如，百度百科中，将井冈蜜柚的果实描述成"果实短葫芦形，成熟果的果色前期为淡绿色，中期转为绿黄色，后期为金黄色，平均单果重 1200 克，最大可达 2000 克，果面平滑，油胞细密，微凸。果皮厚 1.5 厘米左右，囊瓣肾形，有 10~13 瓣"等，这说明井冈蜜柚的品相是有标准的。但是，在调研中发现，吉水县井冈蜜柚产业发展很少关注产品外观的标准化。不同地方的蜜柚品相差别非常大，甚至在销售过程中疏于分级分拣，将大大小小、黄黄绿绿的井冈蜜柚混在一起销售，极大地影响了消费者的产品观感，因此严重影响井冈蜜柚的销售价格与销量。

3. 井冈蜜柚的口感差别大

过去，农产品被看作是非标产品，因此尽管大家买的是相同区域相同品牌的农产品，但口感可能完全不一样。从使用价值的角度来说，农产品最终要满足人们食用的需要，因此，比品相更重要的自然就是口感。人们消费农产品，吃到口感好的会开心，吃到口感差的会闹心。从调研来看，虽然吉水县种植的柚子都冠之以"井冈蜜柚"的区域品牌，但不同乡镇种植的井冈蜜柚口感差别很大。比如，大家一致认为白水镇的蜜柚口感好。而且，即使是相同的乡镇、相同的果园，蜜柚的口感也会有差别。比如，阳面的果树与阴面的果树产出的柚果口感不同。造成蜜柚口感差异的因素很多，除了土质、阳光等自然因素外，蜜柚种植的田间管理方法是非常重要的影响因素。一是蜜柚的栽培方法，如蜜柚栽植的株行距、幼苗的护理技术等；二是蜜柚生长的管理，如蜜柚的生长和结实过程中施肥浇水节奏的把握、蜜柚施肥的科学性；三是蜜柚成长的护理，如对果树进行疏花、疏果等。

实地考察后发现，吉水县井冈蜜柚的田间管理忽视标准化流程，主要依靠扩大种植面积的粗放方式来推进蜜柚产业发展，对蜜柚的品相、口感等质量管理关注不够。吉水县的多数柚农年龄偏大，缺乏对科学的认知，加上基础设施发展滞后，因此大多数柚农没有采取科学施肥、合理轮作和综合防治等措施来确保蜜柚的产品品质。另外，由于吉水县属于山区丘陵地带，多数地块分散、零碎、规模小，配套基础设施不全，导致机械化程度低，抗旱、排灌能力弱，保水保肥能力差，标准化生产水平低，从而制约了蜜柚生长期间标准化管理的实现。从目前情况看，大多数柚农的种植随意性大，耕作粗放，科学化、规范化程度低，蜜柚种植过程中不重视整枝护理、过密种植处理，导致蜜柚病虫危害和落花落果现象严重，结实率低，种出来的柚子大小、甜度参差不齐，产品安全、品相、口感都没有统一的标准，给蜜柚销售带来不小的困难，也严重影响柚农的种柚收益。

二、井冈蜜柚产业面临的市场瓶颈

1. 蜜柚的功能产品开发不足，影响市场宽度

传统意义上的蜜柚是一种食用水果，但随着科学技术的发展，如今蜜柚的功能得到极大的拓展，包括观赏功能、食用功能、药用功能、养生功能等。井冈蜜柚味甘、酸，性寒，有健胃化食、下气消痰、轻身悦色等功用。现代医药学研究发现，蜜柚具有降血糖、减肥、美肤美容等功效，经常食用，对高血压、糖尿病、血管硬化等疾病有改善作用，对肥胖者有健体养颜功能。因此，从产业的视角来看待井冈蜜柚，就不能局限在单一的食用功能上，而要通过蜜柚这个载体上，深入挖掘产品功能，不断衍生出新的产品。在蜜柚的各种功能基础上衍生出来的产品系列越多，产品之间的联系越紧密，蜜柚产业就越有机会做大。据报道，福建平和县的琯溪蜜柚，通过深加工形成果脯、果饼、果汁、果茶、果酒、蜜柚膏、柚皮苷、蜜柚香油、香精、蜜柚香皂、沐浴露等100多种产品，年加工蜜柚达到5.7万吨。但是，从目前吉水县的井冈蜜柚产业发展来看，功能产品的开发严重不足，影响了蜜柚产业的市场宽度，限制了蜜柚产业的全面发展。

一是蜜柚产品功能开发单一，限制了蜜柚产品线的宽度。吉水县蜜柚产业发展有一个重要的目标，就是帮助农民增加收入，实现脱贫奔小康。蜜柚除果品外的其他功能开发，可让农民通过参与蜜柚产业而获利，对农民增收具有十分重要的意义。目前来看，吉水县的蜜柚产业发展中，农民仅仅把蜜柚作为鲜果出售，对于品相、口感不佳的鲜果大部分用于自己消费或是送给其他亲友。事实上，蜜柚除了具有果品功能之外，还有观赏功能。阳春三月是柚花开放的时节，蜜柚花形似含笑、香气浓郁、花香袭人，成片的柚花一起开放更是醉人。与桃花、梅花一样，柚花也具有观赏功能，并且可以吸引大量游客。每年三月，去平和县赏柚花的游客络绎不绝，这说明井冈蜜柚也有条件开发其观赏功能。

如今，康养产业已经成为未来最具前景的产业之一，而蜜柚向来就被认为具有健体、养颜的功效，结合康养产业开发蜜柚的养生功能，会大大增强蜜柚的产品丰度。但是目前吉水县井冈蜜柚的多重功能开发严重不足，产品线宽度不够，产品单一，从而影响柚农收益。

二是蜜柚产品功能开发缺乏柔性，限制了产品线的深度。蜜柚的加工产品众多，如柚子果脯、柚子酒、蜂蜜柚子茶、蜜柚膏、蜜柚香油、香精、香皂、沐浴露等。如果采用工业化方式加工蜜柚，要遵循"大批量，标准化"的规则，才能有利润空间。但是，现代生活又要求产品具有个性化，最好能够提供"定制化"的产品，二者的冲突需要通过柔性化的加工技术来解决，即实现"大规模定制"。如果在一条生产线上，一个产品系列，能够加工出若干个具有差异性的产品品种，就能提升产品线的深度，以满足消费者多样化的需求。但是，这样一条具有柔性的生产线对资金、技术的要求相对较高，不是一般农户做得到的，只能由工业企业来承担，因此招商引资成为各地方政府的首选。吉水县目前引进了一家做果脯的蜜柚加工企业，但由于产品相对单一，也不具有柔性，因此运行状况不是十分理想，限制了产品线的深度。

三是蜜柚功能产品开发缺乏创新，限制了产品价值发现。随着技术的进步，蜜柚的功能也在不断拓展，除了食用功能、观赏功能外，还开发出药用、养生等新功能，使蜜柚价值挖掘不断走向纵深。对于井冈蜜柚来说，现在的技术条件能够开发蜜柚的药用功能和养生功能，这些功能的开发离不开创新技术的使用。但是，吉水县蜜柚深加工、精加工所需的高端技术异常缺乏，像果胶、类黄酮化合物、甜味剂、柚皮色素、柚类精油、柚皮膳食纤维等的提取技术还不具备，高附加值产品的功能开发还处于空白阶段，产业链没有得到有效延伸。吉水县井冈蜜柚产品功能开发缺乏创新，限制了蜜柚产品价值的深度发现，无法通过蜜柚产业发展实现创新经济。

综上所述，吉水县井冈蜜柚产业目前还停留在初级的果品产业阶段，没有丰富的产品线，不能满足市场多样化、个性化需求，也不能引导消费者形成新的消费需求，从而使蜜柚产业的市场宽度受限，难以成为有影响力及辐射力的高端产业。

2. 蜜柚产品的市场创造不足，影响市场深度

在市场经济条件下，产品仅仅是价值的物质承担者，对生产者来说，要实现的是产品的价值，而不是产品本身。井冈蜜柚要实现产品从使用价值到价值"惊险的一跃"，除了提高自身的品质外，最重要的是能够进行市场创造。如果说通过蜜柚功能产品的开发，满足消费者多样化需求属于拓展蜜柚产业的市场宽度的话，那么通过市场创新及商业模式创新，让蜜柚产业从"红海"走向"蓝海"，则属于加深蜜柚产业市场的深度。在这方面，吉水县井冈蜜柚产业发展尚存在诸多不足，主要体现在两方面：

一是忽视市场创新。农产品要卖出好价钱才能有好收益。许多地方出现"谷贱伤农"现象，造成丰产不增收，是因为有了产量却卖不出好价钱。农产品之所以卖不出好价钱，除了产品本身的原因外，最重要的是受市场空间范围的影响。如果农产品销售仅仅盯住身边的市场，自然无法卖出好价钱。市场空间是指在客观经济规律作用下，商品在自由贸易和相互竞争中自然形成的流通网络所能达到的地域范围。从经济运行来看，市场空间是商品供给与需求汇聚的空间范围。对市场供给来说，市场空间可分为当地市场、临近市场、远方市场和国外市场。[①] 通过调研发现，吉水井冈蜜柚主要还是依靠传统渠道进行销售，由于在区域范围内相同的产品众多，竞争主要以价格竞争为主，严重影响柚农的收益。尽管近几年电商的发展慢慢影响到柚农，一些柚农也开始尝试使用电商来拓展市场，但是，由于吉水县有文化的年轻人大多外出打工，留在家里种植蜜柚的农民文化水平整体较低，对新技术、新信息的接受程度较低，能够利用电商销售蜜柚的柚农并不多。零零星星的几家电商，由于出货量少且分散，在与物流企业谈判中没有优势，物流成本居高不下。近几年，当地政府也开始提供一些相关的培训，但大多是以面上培训为主，且时间相对较短，真正贴近柚农的个性化电商培训项目非常少，没有任何电商基础的柚农无法利用农村电子商务拓展市场。在

---

① 庄晋财，李丹. "互联网+"对农民创业机会开发的影响研究 [J]. 广西大学学报（哲学社会科学版），2018，40（5）：104-110.

"互联网+"时代，井冈蜜柚的市场边界拓展，显然需要借助互联网技术才有可能实现，如果仅仅依靠传统渠道，将蜜柚产品销售市场局限在周边，市场的高度同质性会导致价格下跌，造成"增产不增收"。

二是忽视商业模式。在传统思维中，农业之所以称为农业，就是认为农业的分工程度低，产业联系少，因此没有衍生价值的可能性，农业产业变成简单的"种"和简单的"卖"，谁要就卖给谁，谁方便就卖给谁。在农业经营领域，从来没有商业模式的说法，当然其盈利模式就非常简单，遇到环境变化，农业的回报率就非常低。事实上，在不同的商业模式下，同样的农产品会被当作不同的价值实现载体。比如，游客到一个地方去旅游总要住宾馆，在传统思维里，游客住宾馆跟农产品销售是搭不上边的，因为农产品的销售总是在农产品批发零售市场里进行的，甚至是在马路边完成的。但是，如果转换一种思维模式，在一个城市的宾馆内设置一个特色农产品的快递销售点，那么游客走到这个地方住下来就可以零距离购买当地特色农产品，在自己旅游的同时，也可以让远在千里之外的家人尝到旅游地的特色农产品。可惜的是，虽然井冈蜜柚在吉水县种植面积超过万亩，但在当地的游客汇集地，并没有设置类似的销售点。井冈蜜柚的种植、旅游宾馆服务、快递物流行业完全没有交集，没有催生新的农产品销售模式。大多数柚农只会盼着商贩上门收购，然后将大大小小、品相各异的柚子全部卖给商贩，由于缺乏分级分拣，自然售价大打折扣。由此看来，商业模式的创新不足，严重影响了井冈蜜柚的价值实现。

3. 井冈蜜柚标准化程度不足，难以农超对接

如前所述，吉水县井冈蜜柚产业目前尚处在发展的初级阶段，无论是柚农还是政府，关注的焦点都是种植规模和销售数量。由于只顾及种植规模，没有推行标准化的品种筛选、田间管理、果品护理、分级分拣、品牌维护等，导致井冈蜜柚标准化程度极低。没有标准化的井冈蜜柚，只能以传统渠道进行销售。在调研中发现，本地市场、路边摊、柚农的社会网络关系是柚农销售井冈蜜柚的主要渠道，在如此狭窄的渠道下，受到市场范围的限制，不仅销售量极其有限，销售价格自然也不会太高，使不少柚农种植井冈蜜柚变成了"花钱赚吆喝"。

超市是如今农产品销售的主渠道，国家从食品安全的角度，要求进入超市的农产品实行严格的"入超"标准，做到"品牌化、标准化、可追溯"，也是因为有这一整套严格的标准体系，才建立起消费者对超市购买农产品的基本信任。[①] 农产品的主要销售群体是城市消费者，城市大大小小的超市，不仅能够"吞下"大量农产品，而且依托于城市消费者的消费能力，农产品销售价格也相对较高。此外，像"百果园"这样的水果专类超市如今已遍布城市的大街小巷，成为水果产品销售的主力军。就蜜柚而言，福建平和的"琯溪蜜柚"、广东梅州的"红心柚"、广西容县的"沙田柚"早已将超市作为主要销售渠道，将蜜柚销售到全国各地，极大地拓展了蜜柚的销售市场范围。

显然，实现"农超对接"是井冈蜜柚产业发展的重要方向。遗憾的是，吉水县乃至整个吉安市井冈蜜柚，由于生产过程的标准化程度低，没有建立起相关的蜜柚分级标准，更没有建立起产品的可追溯系统，只能依靠柚农自身力量运用传统渠道实现销售，很难实现"量价齐升"。

多维经济并进：井冈蜜柚产业破局新思维

党的十九大提出了乡村振兴战略，产业兴旺成为乡村振兴的基础。因此，应该从乡村振兴的高度来定位吉水县井冈蜜柚产业的未来发展。从乡村振兴的角度看，需要以习近平总书记提出的"绿水青山就是金山银山"的著名论断为指导，农村产业的选择既不能依靠单一农业，又不能完全离开农业，而是需要在农业发展的基础上，实现一二三产业融合。也就是说，要充分利用农村区域的优质农产品、生态环境、人文资源，经过现代产业融合与改造，形成融绿色生态、食品安全、乡土文化

①　靳明，赵昶．绿色农产品消费意愿和消费行为分析［J］．中国农村经济，2008（5）：44-55.

等诸多功能于一体的特色农业。对于吉水县来说，井冈蜜柚产业已经具有相当的种植规模，具有较好的产业融合条件，在未来发展中，需要克服将蜜柚作为单一农业的发展思路，拓展其功能，形成一二三产业融合发展的新态势。据此，吉水县井冈蜜柚产业应确立如下发展定位：通过蜜柚产业能力整合，利用吉水县农村地区蜜柚种植的自然资源优势，深度开发蜜柚的食用、康养、药用、观赏等多种功能，挖掘吉水县井冈蜜柚产业文化，打造吉水县井冈蜜柚特色产业。

一、推进标准化：井冈蜜柚生产的新思维

传统农业中，人们对农产品的关注相对集中在种植环节，关注的焦点是产量。但现代农业的发展，需要有"全产业链"甚至是"跨产业链"的观念。[1] 所谓农业的"全产业链"，就是"以消费者为导向，从产业链的源头做起，经过种植与采购、贸易及物流、食品原料及饲料原料的加工、分级分拣、分销及物流、品牌推广、食品销售等每一个环节，实现食品安全可追溯，形成安全、营养、健康的食品供应全过程"，这就是所谓的"从田头到餐桌"。所谓农业的"跨产业链"，就是指随着技术进步和消费多元化，不同产业链之间出现交叉，产业之间的边界不断模糊，不再有传统的一二三产业的严格边界，三次产业融合发展，形成网状产业链。从"全产业链"和"跨产业链"的视角来看，井冈蜜柚产业的发展，应该从蜜柚的种植端开始关注其对后续环节的影响，而不是仅仅关注面积与产量规模。蜜柚产品功能已经从食用功能拓展到观赏、药用等多种功能，出现了明显的"网状产业链"特征，因此，从蜜柚的种植生产环节开始，就需要考虑后续产业链各个节点及跨产业链对蜜柚产品的要求，从蜜柚的多功能价值来思考蜜柚产业的发展方向。因此，蜜柚标准化生产就成为关键。

1. 严格绿色标准，确保蜜柚安全

井冈蜜柚作为一种新鲜水果，其首要功能是食用，因此发展蜜柚产业首先需要确立"绿色农业"的理念。绿色农业是我国农业现代化和

---

[1] 韩喜艳，高志峰，刘伟. 全产业链模式促进农产品流通的作用机理：理论模型与案例实证 [J]. 农业技术经济，2019（4）：55-70.

农业"可持续发展"的基本方向。所谓绿色农业，是指人们能充分节约地利用自然资源，并且使用对环境无害的生产技术进行农业生产，并加工销售绿色食品为轴心的农业生产经营方式。绿色农业遵循可持续发展原则，按照特定方式生产出无污染、无公害的安全农产品。绿色农业强调农业生产的"绿色环境""绿色技术""绿色产品"。吉水县井冈蜜柚产业的发展，在种植生产环节需要强调"绿色、优质、高产、增收"的发展主题。在蜜柚种植的主要环节，尤其是病虫害防治环节，要确保绿色安全。主要包括以下几个关注点：

一是生产要素使用的绿色化。需要做到严格按照标准使用农药化肥，确保蜜柚的食品安全性。在此基础上，条件成熟的区域，以打造精品蜜柚为目标，可用生物农药替代化学农药、用绿色农业专用肥料替代化学肥料，保证蜜柚种植过程中的农资投入达到高要求的绿色食品标准。

二是蜜柚种植全程的绿色监控。为确保蜜柚的绿色标准，需要从过程中阻止病虫害的入侵，这样才能够减少化学农药的使用。因此，在蜜柚种植过程中，可以通过技术手段对土壤、水肥等信息进行收集，通过专业分析蜜柚生长过程中水分、土壤、肥料的相关信息，发布可能出现的病虫害信息，为柚农决策提供相关依据。

三是蜜柚种植的产地追溯控制。信息不对称是消费者对果品消费存在疑虑的主要原因，因此，让消费者通过互联网技术，实现对蜜柚产品的追溯，了解并掌握蜜柚生产各个环节绿色控制的信息，改变原来的信息不对称状态，以满足消费者"吃得安心"的需求。

2. 实施产品标准，确保蜜柚品质

在传统观念里，农产品一直属于非标产品，相同区域相同品牌的农产品依然存在各种各样的差异，消费者购买高品质的农产品往往需要靠运气。随着农超对接、农产品电商的发展，农产品标准化显得越来越重要，不是标准化的农产品，市场的门槛都进不去。从现代农业的视角来审视井冈蜜柚产业发展，标准化既是一种产业和经济的秩序，也是产业发展的技术方案。因为在全产业链背景下，标准化能够促进蜜柚产业内分工，加强产业链上的协作，提升蜜柚产业发展效率。在区域产业竞争中，标准化意味着竞争壁垒，可以提高区域产业的竞争力。吉水县井冈蜜柚产业的标准化程度相对较低，需要提高蜜柚产品标准化水平，以确保从源头开始控制蜜柚加工产品的质量，推动井冈蜜柚整个产业链的转型升级。因此，要尽快从全产业链的视角来建立井冈蜜柚产业的标准化。

目前，井冈蜜柚尚没有建立相应的技术标准，不仅在种植时对农药化肥使用、田间管理、果树护理等缺乏标准流程，对蜜柚的品种选择、柚苗培育等缺乏统一规定，而且蜜柚采摘后的储藏、运输、包装等也缺乏统一标准。因此，在不同地方或者是在相同地方不同时间购买的蜜柚，在品相、口感、甜度等方面存在较大差异。这种差异一方面影响消费者的消费感觉，另一方面也直接影响蜜柚后续加工产品的品质标准。比如，用蜜柚原料加工成蜜柚果脯、柚子果汁，就有可能因为使用的蜜柚品质不相同，导致同一批次的果脯等产品口感出现差异。这与蜜柚的加工产品作为工业加工产品，需要有统一的产品品质标准形成矛盾。这一矛盾只能在蜜柚种植、初级加工的过程中，通过建立标准化准则来解决。因此，吉水县的井冈蜜柚产业发展，需要在其种植的全过程，建立蜜柚品质标准化的准则与流程，这是确保消费者"吃得开心"的前提条件。对蜜柚种植及初级加工的干预，可以在蜜柚种植的产前、产中和产后等不同环节择机进行，使标准化操作贯穿于蜜柚产品全产业链。

如果蜜柚产业能够实现全产业链标准化，那么就有可能实现蜜柚产业的跨产业链发展。这是因为，不同产业之间的链接需要找到一个接口，犹如模块之间的连接需要共同的接口一样，要求不同产业链的某些环节有共同的标准，否则就无法实现对接。如今使用的手机、照相机、打印机等都能直接插在电脑上使用，电脑成为许多其他设备的集成载体的一个关键条件，就是所有这些设备都有一个统一标准的 USB 接口。相同的道理，如果要将蜜柚产业与乡村旅游业实现融合，就需要找到某些链接点，这些链接点上需要有共同的标准。比如，要把蜜柚当作旅游产品，就需要有标准的包装、标识、产品分级等，否则，不同的游客、不同的时间购买到的蜜柚产品会存在包装、品质上的差异，这种链接就不能实现。所以，产品质量安全与标准化，也是蜜柚产业实现跨产业链发展的必要条件。

二、发展三维经济：井冈蜜柚产品衍生的新思维

马歇尔认为，不管是社会有机体还是自然有机体，在其各部分技能的再分部分不断增加的同时，各部分之间的联系也更加紧密。19 世纪末期，福特式的大型企业大量涌现，通过分解和标准化生产工序实现大规模生产，从而提升了劳动生产率。随着技术的进步及农业产业分工的不断深化，引入工业技术实现农产品的加工越来越普遍。不过，在传统思维里，农产品加工被当作是工业领域的事情，似乎与农户没有关联。因此，只要论及农产品加工业的发展，往往就只能寄托于工业企业，政府试图通过引进工商资本来发展农产品加工业是一种通行的做法。但是事实上，农产品加工应该具有层次性，也必须具有层次性。这是因为，在技术分工不断深化的现代，一方面任何一种农产品都存在若干种用途的可能，因而可以加工衍生出多种产品；另一方面也只有让农产品不断衍生出新产品，才能使农业与二三产业实现深度融合。据此，应按照技术水平要求的不同，将农产品加工分为浅层加工、中度加工和深度加工，不同层次的加工，发展思路也是不一样的。

1. 推进蜜柚的浅层加工，实现范围经济

农产品的浅层加工，发展思路是实现范围经济。所谓范围经济，就是要用多种产品开发来实现协同效应。从产品的视角来看范围经济，当两种产品联合生产比单独生产成本更低时，就产生范围经济。从区位的视角来看，集聚的专业化分工，不仅满足了市场的个性化和多样化的需求，而且企业可以根据生产需要通过建立网络关系进行交易，利用空间接近降低每次交易的费用，产生协同效应。对井冈蜜柚产业来说，不能仅仅停留在吃鲜果上，可以通过挖掘中医养生文化变废为宝。比如，果皮、柚子花晒干可以作为药材，成为康养产业的原料；柚子树剪下的树枝可以成为插花的材料，当然也许还有其他用途。

蜜柚的食用功能和观赏功能的开发所需要的技术和知识都十分简单，稍作引领农民都能掌握，属于浅层加工。这里说的"浅层加工"是指针对种植出来的蜜柚进行简单的加工处理，或者在种植过程中使用技术对蜜柚进行处理，然后售卖给更高一级的农产品加工企业或是直接到达消费者手中。从内涵来看，浅层加工产业链具有两个特点：一是产

业链链条短，从产业链的开端到结束可能只有一个或两个环节；二是加工工艺相对简单，只是进行最初级的技术处理，加工后的产品以初级的形态保存。此外，浅层加工企业的规模较小，多数的加工企业以家庭作坊的形式存在，家庭成员就是生产成员。因此，要围绕蜜柚原料发挥协同效应，创造范围经济，让柚农在卖蜜柚取得主营收入之外，增加一些其他副产品的获利机会。就井冈蜜柚产业而言，浅层加工可以选择在以下几个方面进行产品开发，以挖掘蜜柚产品的多种功能：（1）蜜柚食用功能的产品开发。除了新鲜水果之外，可以开发柚子果脯等休闲零食产品。（2）蜜柚观赏功能的产品开发。除了以柚园为载体的果园休闲观赏旅游外，蜜柚产品在浅层加工领域，还可以做成柚花盆栽、柚树盆栽、柚苗盆栽等观赏性产品，甚至还有柚子花雕等。（3）蜜柚养生功能的产品开发。如今，中国已经逐渐步入老龄化社会，"加快老龄事业和产业发展"是十九大报告提出的发展要求，蜜柚有诸多药用功能，如果能够结合中医养生文化，就可以开发出许多相应的产品满足人们的需要。比如，柚子花蜜就被认为是具有极佳的美白及养胃功能的健康食品；柚子皮烘干后作为健康养生的材料，可以舒缓小儿肺炎、治疗冻疮等，做成蜜饯具有理气、舒脾、润肺等功效，等等。

以上蜜柚浅层加工产品的开发，不仅产品丰富，形式多样，而且制作工艺及流程简单，农户在自己的家庭作坊中就能够完成。通过开发这些产品，发展庭院经济，可以发挥蜜柚种植的协同效应，实现蜜柚的价值增值，从而成为农民增收的有效途径。

2. 深化蜜柚的中度加工，实现规模经济

农产品的中度加工，发展思路是实现规模经济。规模经济是指在特定时期内，随着一个企业产品绝对量的增加，其单位成本下降，即扩大经营规模以降低平均成本，进而提高利润率，它的本质是追求成本降低。可以看出，要实现规模经济，就需要投入大量原材料，生产出大规模的工业产品。要以大规模的方式来生产标准化的产品，除了需要一定的技术外，最需要的是较大规模的固定资产投资，比如标准化的工业生产流水线。由于投资及技术都超出农民的能力范围，只能由工业企业来承担，因此各地政府首选招商引资的方式发展这类项目。

　　吉水县大力推进蜜柚的深加工，以延长产业链，提高附加值，促进全县井冈蜜柚产业跨越式发展。目前，已经引进金田集团金柚果品公司，在绿色食品产业园规划建设占地 100 亩的 10 万吨井冈蜜柚精深加工项目，对井冈蜜柚产品进行综合开发，为市场提供多元化的蜜柚产品。目前，主要产品包括柚子茶、柚子果汁饮料、风味蜜饯等，预计投产后年产柚子茶及果汁饮料 1 万吨、柚子风味蜜饯食品 5000 吨、果胶 4000 吨，年产值 5 亿元以上，利税 5000 万元，可增加就业岗位 200 余个。但是，这种加工方式能否成功，关键在于规模，因为只有规模上得去，才能降低成本，实现规模经济。

　　不过值得注意的是，尽管实现规模经济的条件是"大批量、少品种、标准化"，但在消费极具个性化的年代，要注意在标准化产品生产过程中加入个性化的元素。对蜜柚中度加工来说，关键是要在同一系列产品中增加不同的种类，加深井冈蜜柚产业的产品线深度，满足顾客多元化需求。所以，蜜柚产业的中度加工，尽管主要以规模经济为方向，但同时，一方面要加强产品系列的开发，以丰富产品线的宽度，实现不同产品系列之间的协同效应，产生范围经济；另一方面要加强每一系列产品的不同产品种类的开发，以强化产品线的深度。比如，柚子茶就有蜂蜜柚子茶、柠檬柚子茶等诸多不同的品种。因此，在蜜柚产品的加工过程中，需要确立"大规模定制"的新理念，以规模降低成本，以个性化满足消费者异质性需求。

　　3. 强化蜜柚的深度加工，实现创新经济

　　农产品的深度加工，发展思路是实现创新经济。现代农业，一方面是知识、科技集约化、高效化的现代化农业，另一方面是内涵日趋扩大与深化的效益农业，农业内涵的扩展与深化，赋予现代农业多重功能，而农产品的多功能挖掘离不开高端技术的支撑。事实上，农产品属于天然之精华，内含无数种用途各不相同的"微量元素"，随着技术发展，可以开发出若干种传统食品之外的高科技产品。如果技术创新能够做到这点，就能够形成创新经济。

　　井冈蜜柚和其他柚子一样，除了可以作为水果食用外，还含有多种植物精华，经过科学方法的提取，可以形成诸多高科技产品。比如，从柚子皮、柚子籽中提炼原料制作成柚子香皂、化妆水、美容液等化妆品，从柚子皮中提取柚皮素、柚皮苷、柚子果粉等。这些柚子身上提取的植物精华，用途广泛，价格昂贵，是发展柚子创新经济可以选择的方向。

井冈蜜柚除了具有食用功能、观赏功能、养生功能外，还具有药用功效。根据其加工的难易程度，又可分为浅层加工、中度加工和深度加工，不同层次的蜜柚加工需要给予不同的加工技术支撑。从产业链的角度看，通过不同层次的技术支持体系，对蜜柚进行不同层次的产品衍生，形成范围经济、规模经济及创新经济，可实现蜜柚的全产业链增值，打造富有活力的蜜柚产业。

三、"互联网+三农"：井冈蜜柚市场营销的新思维

进入 21 世纪后，三大技术条件支撑让农产品销售具有极深的学问。这三个条件就是"多方共享的电商平台""密集分布的高铁系统""方便快捷的物流系统"。在这三个条件的支持下，农业产业发展从仅仅关注"产品创造"转向更加关注"市场创造"。在"互联网+三农"的时代，从市场营销的角度看，农产品销售的技术引领方向无疑应该是"互联网+"。用互联网改造传统农业，就需要有互联网思维，这个思维的核心就是创造"平台经济与流量经济"，跳出"农业"发展农业，促进农业向二三产业融合，实现跨界经济发展。因此，"平台思维""流量思维"与"跨界思维"，应该成为井冈蜜柚市场营销的新思维。

1. 平台思维：以互联网商务平台聚合规模

农产品销售面临的最大困难就是物流成本，降低物流成本需要依靠规模，但如今一家一户的小规模种植很难达到聚合出货的规模效应，因此，依靠传统销售方式成本就难以降低。吉水县生产的井冈蜜柚以农民自营为主，虽然有部分柚农采用网销方式，但是由于人数较少，并且各自独立销售，导致初级农产品形式销售毛重大、运输成本高。特别是在网销渠道，快递物流费有时超过产品本身的价格。调研中了解到，一箱井冈蜜柚大约 4~6 个，5 公斤左右，价值 30~40 元，可是快递费用就要 20 多元，这使网销商家没了利润，进而制约了电商商家对蜜柚销售的积极性。在互联网时代，电子商务平台可以将大量分散的农户所销售

的农产品聚合起来，通过共享平台的集货功能一起发货，以实现规模效应。因此，建立电子商务平台，让柚农学会使用电子商务平台，并发挥电子商务平台的功能将柚农聚在一起，是未来井冈蜜柚销售的主攻方向。为了配合农村电商，柚农不仅要学会简单的互联网技术，还要适应电商平台出货的产品标准、分级分拣、统一包装、标准储藏、运输、保险等要求。因为在电商平台销售农产品的过程中，不仅仅要求蜜柚产品实现标准化，还要求物流流程也实现标准化。

标准化是农产品电商销售的基本条件，但目前吉水县井冈蜜柚产业在这方面尚未真正起步。因此，大多数柚农采用散装销售的办法，或者是等待电商企业或加工企业上门收购。调研发现，吉水县井冈蜜柚不仅没有种植的统一流程与标准，也没有选品的统一标准，品质良莠不齐。都说"好水果是选出来的"，分级分拣在水果销售中的重要性可见一斑，但是，在吉水井冈蜜柚产业中，当地柚农定义产品的好坏大多凭经验，以出产地为评判标准。例如，凭经验感觉白水镇三分厂的蜜柚口感好，定价就高一些。然而，由于缺乏种植标准，即使生长在同一块地上的柚子树产出的柚果，也会因向阳与背阳的生长环境差异，口感有所不同。在缺乏标准的情况下，农民定价随意，企业收购价高峰期时达4~5元/斤，低谷期时只有2~3元/斤，导致市场价格恶性竞争。由于好地段出产的蜜柚数量有限，部分商家为了牟利，竟从其他地区进货以井冈蜜柚的名义出售，以次充好。恶性竞争行为最终导致的结果是：一方面，柚农收益不稳定，甚至没有收益；另一方面，收购企业难以预期收购价格，影响企业对经营成本的把控。没有标准的井冈蜜柚产业，在各种市场乱象中不仅严重损坏蜜柚产品形象，也使得它无法适应电商网络销售。我们知道，在电商平台销售农产品，一个差评就会给商家造成巨大损失。因此，逐步完善井冈蜜柚产业的标准化体系建设，是互联网商务平台聚合规模重要的前奏性工作。

2. 流量思维：以互联网信息平台聚集流量

流量意味着体量，体量意味着分量。也就是说，知道井冈蜜柚的人越多，蜜柚产业就越有盈利空间。因此，井冈蜜柚销售的一个重要的发展方向，就是让更多的人知道井冈蜜柚。随着收入水平的提高，消费者的支付能力也随之提升，这就需要良好的信息传递作支撑。由于信息平台的缺失，信息传递范围狭小，不能通过信息链接生产者和消费者，最终造成"农户卖不出、消费者买不到"的现实困境。在吉水蜜柚产业未来的发展中，要重点打造信息网络平台，发展协同电子商务，实现真正的市场主体协同运作。一个柚子并不贵，只要愿意掏腰包，人人都能买得起，所以卖不卖得好关键要看有多少人知道它。如今的大数据、云计算等，可以将人们的偏好弄得清清楚楚，如何在不同时间、以不同方式，向这些不同偏好的人传递蜜柚信息，让他们能够在适当的时候了解蜜柚、喜欢蜜柚，这是一份技术活。如今，有不少地方利用互联网，运用大数据，使用抖音等新媒体平台，创造出"网红经济"新模式，可谓是聚集流量、创造市场的典范，让"王婆卖瓜"的传统吆喝方式自叹不如。

3. 跨界思维：以蜜柚为基础衍生新型业态

伴随着信息技术的不断升级和产业结构的加速重组，农业产业跨界融合的进程不断推进。农业与加工业、高科技产业、旅游业、服务业出现"融合"的趋势，传统意义上的农业生产和农产品加工、农产品销售"一条龙式"的全产业链，逐渐被网状产业链所替代。伴随着互联网商务平台和信息平台的发展，出现了不同产业的跨界融合，农业产业链与其他产业链在交错中不断出现相互融合的节点，农产品衍生出新的功能，形成产业链网。

可以看到，传统蜜柚产业链经历了从育种、田间管理、加工形成蜜柚鲜果（制品）的线性延伸过程。在这种线性产业链延伸过程中，形成了产业链的诸多节点，随着技术的进步及人们需求的变化，产业链上的每一个节点都可以通过"线连结"的方式和其他产业链形成交汇。[①] 比如，种植蜜柚的果园，可以成为旅游业的景点，可以成为文化创意产业的写生地，可以成为体验农业的采摘点，也可以成为康养产业的休闲地，从而使蜜柚种植与文化创意产业、体验娱乐产业、休闲康养产业、旅游

---

① 程李梅，庄晋财，李楚，等. 产业链空间演化与西部承接产业转移的"陷阱"突破[J]. 中国工业经济，2013（8）：135-147.

服务产业交融在一起。蜜柚园成为一个模块，在不同产业链中即插即用，多次增值，形成"1×2×3＝6"的六次产业效应。① 在这种情况下，蜜柚产业链就不再是简单的线性产业链，而是诸多产业链交汇成的网状产业链了。当然，产业链的跨界延伸需要知识，因此，吉水县蜜柚产业要朝着这个方向发展，最为关键的是要引入知识资本，提升农民人力资本。

科学技术和服务组织：蜜柚产业发展的重要支撑

如前所述，吉水井冈蜜柚产业的发展还处在传统农业的初级产品生产阶段，产品的非标准化及市场渠道的单一是吉水县井冈蜜柚产业发展的主要瓶颈。突破这两个瓶颈，一方面需要引入先进的科学技术，改变蜜柚产业的传统农业方式，实现蜜柚产品的标准化与多样化，以及蜜柚产品销售市场的多元化；另一方面需要引入先进的服务组织体系，改变蜜柚产业的传统思维，提升蜜柚生产经营主体的组织化程度，推动蜜柚产业的产品与市场创新，促使蜜柚产业全产业链及跨产业链发展，通过蜜柚产业与其他产业的跨界融合，实现蜜柚产业的范围经济、规模经济与创新经济，使蜜柚产业成为吉水县农村经济的龙头产业。所以，科学技术与服务组织成为吉水县井冈蜜柚产业发展的重要支撑。

一、吉水县井冈蜜柚产业的科学技术支撑体系

1. 蜜柚生产的科技支持着力点

一是蜜柚品种管理标准化的技术支持。目前，吉水县的蜜柚种植面积大约有3.5万亩，尽管都使用统一的"井冈蜜柚"区域品牌进行对外宣传，但没有对不同品种进行严格的区分，导致消费者难以识别究竟哪一种是正宗的"井冈蜜柚"，甚至容易产生"假冒产品"的误解。事实

---

① 庄晋财，黄曼. 主导力量、组织形式与乡村产业融合的效果差异：跨案例研究［J］. 人文杂志，2020（10）：118-128.

上，"井冈蜜柚"仅仅是一个区域品牌，在这一品牌之下可以有很多不同的蜜柚品种，就如江苏省句容市的"丁庄葡萄"区域品牌之下，有"巨峰""夏黑""阳光玫瑰"等不同品种一样。吉水县蜜柚产业的发展不能以区域品牌直接代替产品品种。因此需要做好以下工作：（1）科技人员对全县蜜柚种植品种进行摸底，弄清楚具体的品种及其地域分布情况；（2）确定不同品种的命名，相同品种在全县范围内使用相同的品名，形成"区域品牌+品种"的销售命名方式，比如"井冈蜜柚-黄金柚"等；（3）针对不同品种编制蜜柚果品介绍说明书，突出品种的特质；（4）根据不同品种编制种植技术指南。

二是蜜柚栽培过程标准化的技术支持。标准化的井冈蜜柚从标准化的栽培开始，如果栽培标准不统一，相同品种的柚子也会出现较大的品相及口感差异，从而影响品牌的知名度和美誉度。栽培过程的标准化包括以下内容：（1）果园选择标准，包括交通条件、水源条件、土层条件、土壤性质、果园环境条件（坡度、排水）等；（2）蜜柚栽植标准，包括行距、定穴、栽植前的环境准备等；（3）肥水管理标准，包括柚苗管理、幼苗的肥水管理、挂果树的肥水管理、不同季节的肥水管理等；（4）果树护理标准，包括幼苗的整形修剪、挂果树的整形修剪、花果护理；（5）病虫害管理标准，包括生态防治标准、化学防治标准、果实套装标准等；（6）果实采摘标准，包括采摘方法、储藏方法、运输方法等；（7）果园维护标准，包括采收后果园管理、采摘后的果树护理等。

2. 蜜柚加工科技支持的着力点

目前，吉水县的井冈蜜柚尚未到丰产期，3.5万亩的蜜柚大多处于幼苗阶段，所以，大多数的蜜柚都以鲜果销售为主，加工比例很低，甚至还没有起步。但是，随着时间的推移，一旦所有果园基地都进入挂果丰产期，单一的鲜果销售就会面临市场容量问题，导致价格下跌，果农受损。因此，应该尽早布局开展蜜柚加工的技术吸纳消化工作，为蜜柚加工产业的发展做好准备。如前所述，蜜柚加工可以有浅层加工、中度加工和深度加工，以推动蜜柚产业的范围经济、规模经济和创新经济的实现，因此在加工领域，需要针对不同的加工层次提供必要的技术支持。

一是蜜柚浅层加工的技术支持。在大多数情况下，蜜柚的浅层加工是由柚农以家庭作坊形式完成的，这种方式的好处在于，比较适合当前农村家庭的资源禀赋状况，比如资金投入小、技术要求低、收益见效快等，有较好的农民增收和缓解贫困效应，因此非常值得推广。但这种方式的缺陷也是明显的，主要表现在两个方面：一是受制于农户的能力，能够加工的产品种类有限，大家以模仿生产为主，容易形成小范围内的竞争；二是不同家庭生产的产品，在品质上存在差异，质量参差不齐的产品以相同的区域品牌销售，会严重影响消费者对区域品牌的忠诚度。所以，就井冈蜜柚的浅层加工而言，在技术层面上需要关注新产品开发与统一市场销售标准这两个问题，应在以下几个方面做好工作：（1）重视蜜柚简单使用加工技术的开发。蜜柚全身都是宝，不仅仅能够作为水果食用，蜜柚的枝、花、皮、果肉都有很多用途，而且加工技术相对简单，适合农民家庭作坊操作。比如，做蜜柚果脯、蜜柚果膏、蜜柚饼、食用柚皮、柚枝插花、柚花枕头等。因此，这些简单实用的蜜柚加工技术的开发与普及，对促进蜜柚产业范围经济的实现，帮助柚农增加收入是十分有益的。（2）重视建立蜜柚浅层加工的区域标准。上述浅层加工技术简单实用，经过规范培训，农户一般都能够掌握，利用家庭的冗余资源就可以实现产品生产。但家庭作坊下的区域加工，如果缺乏统一的技术标准，必然使相同产品出现品质差异，从而影响区域品牌的建立。因此，需要建立统一的产品技术标准，在产品的出口端把好标准关，使分散的生产能够以统一的标准生产出同类的产品。这样，一方面，可以聚合分散的力量形成区域规模，获取规模经济；另一方面，这种聚合的力量消除了区域内的恶性竞争，以聚合的力量构建起有影响的区域品牌。

二是蜜柚中度加工的技术支持。与浅层加工相比，中度加工技术相对复杂，所需要的投资也相对较大，主要的生产组织是工业企业，不是家庭作坊，主要依赖的技术是工业技术，以工业生产的"少品种、大规模、标准化"的方式进行。这是打造蜜柚产业链，形成蜜柚产业群的重要产业组织方式。从全产业链甚至是跨产业链的角度来看，蜜柚中度加工的技术支持的重点关注领域是产品线。所谓产品线，按照迈克尔·波特的说法是指"提供功能相近、满足相同消费群体、使用相同的营销渠道并在一定价格范围内的产品集"，它包括产品线的宽度、长度与深度。

关注井冈蜜柚产业的发展，通过蜜柚的中度加工丰富产品线应该是焦点，在这方面应该做好以下工作：（1）注重蜜柚新产品种类的开发，形成丰富的产品线，拓展井冈蜜柚的产品线宽度。所谓产品线宽度，是指一个产业所拥有的产品线数量，产品线数量越多，产品线就越宽。就井冈蜜柚产业来说，目前的产品线数量很少，只有蜜柚鲜果和蜜柚加工食品两种。因此需要注重蜜柚新产品种类的开发，形成丰富的产品线。根据现代技术发展，以蜜柚为基础的产品种类，除了蜜柚果脯、柚子茶、柚子膏、柚子酒、柚果浆等蜜柚食品之外，还有诸如洗发水、精油等化工类洗护用品和空气净化产品，以及减肥药、心血管药等生物医药产品。因此，未来吉水县井冈蜜柚产业的发展，拓展蜜柚产品线宽度还有很大空间，现在开始需要做好这个领域的技术开发，为将来产业发展做好技术准备。（2）注重蜜柚同类产品的品牌衍生，增加同一产品线内的产品种类，延长产品线长度。所谓产品线的长度，是指一条产品线内的产品种类数。比如宝洁公司的洗发水，就有飘柔、海飞丝、潘婷、沙宣等不同品牌，以满足不同消费者的需求，这就意味着其产品线比较长。井冈蜜柚的产品加工也要考虑延长产品线，在每一条产品线中增加一些产品种类，比如蜜柚茶，就可以开发出不同的品种，满足不同口感需求的消费者，有人喜欢加蜂蜜，就有蜂蜜柚子茶，有人喜欢加柠檬，就有柠檬柚子茶，有人喜欢加枸杞，就有枸杞柚子茶，有人喜欢加燕窝，就有燕窝柚子茶，等等。随着技术的进步，可以做到"大规模定制"，在产品的最后环节，通过技术改变，制造出满足消费者个性化需求的产品，既可以实现规模经济，又可以实现范围经济。（3）注重蜜柚同一产品线的多品种开发，满足消费者的多样化需求，强化产品线的深度。所谓产品线深度，是指在同一产品线中增加产品品种、规格等。如果我们把蜜柚洗护用品当作一条产品线，通过技术开发，增加洗护产品的品种，就是强化产品线的深度。比如，在开发蜜柚洗发水的同时，增加蜜柚香皂、蜜柚沐浴露等产品的开发，同时，对蜜柚洗发水还可以有出差装、套装、家庭装的不同规格，这就使产品线深度增加，可以更好地满足不同消费者的多样化需求。

　　三是蜜柚深度加工的技术支持。这里指的蜜柚深度加工有技术创新的意味，就是在强大科学技术的支持下，开发蜜柚潜在的新用途，形成新价值，实现创新经济。显然，这需要有高新技术的支持才能做到。就吉水井冈蜜柚产业发展而言，目前尚没有发展到这个阶段，在吉水县域范围内实现具有开创性的创新尚有一定难度，但不能排除与区域外形成协同创新的可能性。据报道，在相关科研单位协作攻关下，福建省的平和琯溪蜜柚已经研发出超过100种系列产品，其中就包括蜜柚素等高科技产品。因此，吉水县井冈蜜柚的发展，尽管目前提及高科技创新为时尚早，但不能没有这方面的思考。如今，国内外有运用油溶法、溶剂提取法、超临界二氧化碳流体萃取法、超声波辅助溶剂提取法、微波辅助溶剂提取法等，从蜜柚的柚花、果皮和果肉中提取维生素、色素等，这或许是未来井冈蜜柚向高新技术领域迈进的方向。

3. 蜜柚销售科技支持的着力点

目前，吉水县的井冈蜜柚以作为食用水果为主，蜜柚加工还非常滞后。在调研中发现，柚农普遍担心的问题，就是未来3.5万亩蜜柚挂果丰产之后的销售问题。大多数果农销售蜜柚采用的还是传统的渠道与方式，将蜜柚作为大路货水果，优品与次品搭配着销售，将蜜柚清仓作为销售目标，售价受产量影响很大，柚农收益不稳定。一直以来，传统农民销售农产品的观念是"价廉物美"，但事实上，"价廉"就无法做到"物美"，因此种植蜜柚跟种植大多数农产品一样，始终走不出"蛛网困境"。在调研中发现，有柚农将卖不掉的蜜柚倾倒在果园的情况，蜜柚销售的确存在较大的隐患。事实上，改革开放40多年来，由于鼓励发挥个人主观能动性，消费者早已不再是"整齐划一"没有差异性，而是出现收入水平与消费能力存在极大差异的诸多群体。蜜柚销售应该注意到消费者的这种差异性，创造有差异的产品满足不同消费群体的需求。有些需要"价廉"，不太讲究"物美"；有些只讲"物美"，不太顾及"价廉"；有些关注"物美"与"价廉"的平衡，即所谓的"性价比"，不一而足。因此，吉水县井冈蜜柚产业的发展中，产品供给只有顾及消费者的层次性，才能够取得好的收益回报。蜜柚销售要满足这样的消费层次性，就需要进行相关的销售方式变革，而这种变革需要技术的支持。概括起来说，蜜柚销售技术支持应主要在以下几个方面着力：

一是蜜柚分级分拣的技术支持。让好果卖出好价钱，而不是将好果搭配次果卖，这是完全不同的销售理念，前者看重的是收益，后者看重的是销量。作为产业发展，收益尤其是果农的收益是第一位的，所以，未来的蜜柚销售，必须确立以"优质优价"替代"价廉物美"的思路。因此，需要引进技术对蜜柚产品实行严格的分级分拣，具体包括如下工作：（1）制定科学的蜜柚分级指标体系及分级标准，对不同级别的差异做出科学的说明。比如，针对蜜柚糖度、品相的分级判别标准，需要进行科学的说明。（2）采用蜜柚分级分拣技术，制定科学的蜜柚分级分拣技术与流程标准。比如，如何测定蜜柚的糖度，或者如何识别蜜柚的品相差异，都需要技术的支持。（3）建设相关的蜜柚分级分拣场地，购买相关的先进的分级分拣设备，使蜜柚分级分拣能够做到快速准确。为了减少人工分级分拣的主观性和随意性，需要有集中场所使用先进的机器来替代人工。

二是蜜柚销售包装的技术支持。在调研中发现，吉水县井冈蜜柚在销售过程中尚有使用麻袋将大小不一的蜜柚装在一起邮寄给消费者的做法，这种做法看似节省成本，却因为没有包装，大大降低了消费者对蜜柚的评价，也使蜜柚在完全没有宣传的条件下以大路货形式销售，卖不上价钱就是情理之中的事情了。在现代营销中，包装不仅有保护产品的作用，还具有广告宣传、促进销售、增加利润的作用。一个好的包装能够传递许多商业信息，将商品消费环节的诸多因素联系起来，达到促进消费的最佳实效。因此，井冈蜜柚的销售需要走出传统农产品散货销售的方式，重视包装对销售的促进作用。在蜜柚销售包装方面，技术支持的着力点包括：（1）注重包装设计对果品的保护、储藏、运输的有效性与便利性。（2）注重包装设计与蜜柚等级、销售渠道的适应性。不同等级的蜜柚应该通过包装可以识别；不同销售渠道对包装的要求也不尽相同，比如就地销售需要包装方便提挈，电商销售需要包装方便运输等。（3）注意包装设计的信息传递、广告宣传功能。通过包装能够将井冈蜜柚的区域品牌、产品特质、乡土风情等向外传递，增强消费者对蜜柚产地、产品的认知水平。

三是蜜柚销售平台的技术支持。在互联网时代，农产品销售离开互联网就等于鸟儿折断了翅膀，不能飞得更远，无法扩大市场的边界。因此，"互联网+三农"被认为是当今改造传统农业的最为关键的技术。在这方面主要的技术支持包括：（1）蜜柚产品的展示平台设计技术。线上线下融合是互联网时代农产品销售的重要方向，融合的一个重要内容就是消费者可以在线下见到实物，通过线上实现交易。因此，在蜜柚种植基地建设蜜柚产品的展示平台，不仅是蜜柚产业与其他产业，比如乡村旅游业的链接点，也是消费者眼见为实了解蜜柚产品，增强线上交易动机的重要场所。蜜柚产品的展示平台设计要将其产业演进的历史文化、产品特质、消费者体验等融合在一起，因此需要较为综合的技术。（2）蜜柚产品电商平台的应用技术。如今，阿里巴巴、京东、拼多多等都成为销售农产品的得力助手。柚农要通过电商销售蜜柚，并不是在淘宝完成注册就万事大吉。电商网店的开设、装修、宣传、信息处理、面对顾客的快速反应等都需要技术，而且这些技术决定着蜜柚电商销售的成败。因此，电商平台应用技术的掌握，对蜜柚的电商销售极为关键。（3）蜜柚产品网络销售的其他应用技术。比如微商、抖音、直播、小程序等，已经成为农产品销售的新平台。掌握这些销售方法是需要相关技术的，因此要不断吸收和消化新技术在蜜柚销售过程中的应用。（4）蜜柚产品售后服务的溯源应用技术。如今的消费者越来越注重食品安全，因此有食品安全措施的农产品会更受消费者青睐。井冈蜜柚的销售将来也要朝着这个方向发展，强化基础设施和信息化建设，围绕主要标准种植基地建设批发市场，在主要市场建立检测技术、标识技术、质量管理技术、质量追溯技术，保证产品质量卫生安全。

二、井冈蜜柚产业发展的组织服务支撑体系

1. 服务组织支持体系构建的逻辑思路

如前所述，吉水县井冈蜜柚产业的发展，从蜜柚种植到加工、销售都需要技术支持，以实现蜜柚的生产标准化、产品多样化及市场多元化，推动蜜柚产业向纵深发展。但是，我们应该知道，产业发展的科技服务支持体系是一个较为复杂、动态的系统，其整体性、层次性、普及度高的特点，要求必须有一个完善的运行机制，以确保资源的合理配置，促进科技成果的顺利转化。因此，一个结构合理，运行高效的服务组织体系的建立就显得十分重要。

目前，吉水县尚未建立起相关的组织服务体系，使井冈蜜柚产业所需要的技术支持难以落实到位。吉水县下辖 15 个镇、3 个乡，农业技术推广队伍的工作人员总数为 378 人，分为三类。第一类是乡镇政府农业办公室工作人员，有 91 人，占总人数的比重为 24%；第二类是乡镇农业科技推广中心的推广站工作人员，有 104 人，占总人数的比重为 28%；第三类是村级推广站技术人员，有 183 人，占总人数的比重为 48%。这些农业技术人员并非全部服务于蜜柚产业，基本上属于农业类的"全科医生"，对蜜柚产业发展所需要的专业知识与技能了解的深度与广度，不足以支持蜜柚产业向纵深发展。

吉水县井冈蜜柚产业发展的组织服务支持体系，必须要能提供蜜柚产业发展所需要的专门知识与技能，这仅依靠自身力量显然不够，需要整合区域外部资源，形成蜜柚产品开发与销售支持的完善服务体系。我们认为，吉水县井冈蜜柚产业发展的服务组织支持体系建构的逻辑思路为：在市场引领和政府推动双轨并行的机制下，通过新型农业经营主体，农业科研院所，蜜柚生产、加工、销售主体的多元参与，建立以产品开发与生产技术服务、产品销售的组织与服务、产业人才开发培养服务为主要内容的组织服务体系，使蜜柚产业在专业人才的专业技术支持下，不断创新产品与市场，推动蜜柚产业的可持续发展，如图 5-1 所示。

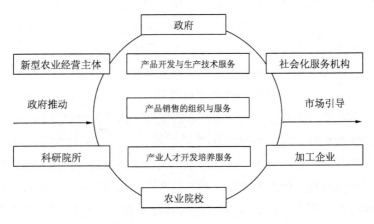

图 5-1 蜜柚产业发展的组织服务支持体系构建

2. 吉水县井冈蜜柚组织服务体系的构建

服务组织支持体系建构的逻辑思路，就是要发挥市场的有力引领和政府的强力推动作用，充分调动政府、科研院所、新型农业经营主体和中介组织等相关参与主体的积极性，切实提高井冈蜜柚产业发展的服务组织支持体系发展的层级和水平。该体系构架主要包括蜜柚种植及产品开发生产的组织服务体系、蜜柚及其加工产品销售的组织服务体系、蜜柚产业人才开发培养的组织服务体系三部分。

（1）建立产学研合作的蜜柚技术供给服务组织。如前所述，吉水县井冈蜜柚产业目前尚处于发展的初始阶段，产业标准尚未建立，产品标准化程度极低，蜜柚加工刚刚起步，深度与广度都非常有限，销售渠道与方式仍然非常传统，严重制约了蜜柚产业向纵深发展。改变这种状况需要注入大量技术，但这些技术的注入依靠吉水县的自身资源是无法解决的，因此需要借助外部力量。

产学研合作被看作是产业发展中协同创新的重要组织形式，蜜柚产业的发展需要建立产学研协同创新组织。通过产学研协同创新组织，可以协同解决以下难题：① 蜜柚种植管理及产品标准化问题；② 产品包装销售过程中遇到的新型技术难题；③ 蜜柚新品种、蜜柚新功能、新产品开发的技术研发难题；④ 蜜柚销售互联网平台建设的技术难题；⑤ 蜜柚产品品牌宣传与保护的技术难题；⑥ 蜜柚产业与其他产业融合的技术难题；⑦ 蜜柚产品销售中的"农超对接"技术支持等。

国内有很多农业院校与科研院所，如江西本地的江西农业大学、赣州柑橘科学研究所，江西之外的中国农业科学院、华中农业大学等都有相应的柑橘类科研机构，可以建立某种产学研合作组织，利用他们的技术成果，为蜜柚产业发展过程中的关键技术和难题攻克提供科技支撑。因此，建立产学研合作的蜜柚产业服务组织，是提升吉水蜜柚产业发展的重要保障。

（2）建立"政+企+社"联合的蜜柚市场服务组织。通过产学研协同创新解决了蜜柚产业发展的技术供给问题，在技术层面上为蜜柚产业发展提供了技术供给的保障。但是，在市场经济条件下，不管是技术供给，还是最终的产品销售，市场都起着决定性作用。吉水蜜柚产业发展的组织方式，以柚农自身力量为主，依靠单个主体的力量应对市场，总是显得力不从心，所以需要建立蜜柚产业的市场服务组织。如何才能将分散的柚农对技术的需求及拥有的蜜柚产品供给聚合起来，一起面对市场呢？目前的"农民专业合作社""家庭农场主""蜜柚行业协会"起到一定的作用，但由于这些主体在组织动员能力上存在一定的缺陷，使组织的功能没有得到很好的发挥。为了克服这一问题，可以尝试"政府+企业+合作社"的"联社"模式，充分发挥"政府的公共资源""企业的生产资源""合作社的要素资源"，聚合力量共同面对市场。

"蜜柚合作联社"的基本架构是"镇党委政府+合作社+家庭农场"，以党建为核心建立"合作联社党委"，形成"镇党委+村党支部+联社专业党支部"的组织构架，以"实现技术服务体系升级，促进蜜柚标准化种植，建立本土蜜柚人才队伍，推动蜜柚线上线下销售，助力蜜柚三产融合发展"为目标，对蜜柚产业发展进行全方位管理，依靠"联社"的组合力量实现柚农与市场的对接，克服蜜柚产业"小农户与大市场"对接的矛盾。

（3）建立"行业专家+蜜柚课堂"的人才服务组织。蜜柚发展靠产品与市场，产品及市场的开发靠人才，不仅包括提供技术的人才，还包括将技术落地的实践人才。不管什么技术，变成操作手册之后，总要有人去落地。这个将技术落地的人，不可能是研究院的研究人员，而一定是柚农和蜜柚加工企业。柚农在整个产业链中处于最前端，蜜柚的品相和口感与柚农的技术使用情况直接相关，因此农业科技创新机构研发的蜜柚新品种和新的田间管理技术，要尽快在蜜柚种植者中普及，这样才能将科技成果转化为实在的高品质高产量的井冈蜜柚。蜜柚加工是蜜柚产品进入市场前的关键环节，起着承上启下的作用。如果科技创新技术不能普及到加工企业，加工企业的生产效率低、科技转化能力不足，会导致高产量的蜜柚没有销售路径，高品质的蜜柚不能挖掘其价值。因此，构建农业科技成果转化体系，将农业科技研究成果落实到农业企业和柚农等经营主体，才能提升农业科技的转化效率。这里，最重要的工作就是让专家的技术变成农民的技术，这个转化需要有一定的媒介。我们认为，建立"行业专家+蜜柚课堂"，形成专家与柚农点对点、面对面的技术培训服务体系，显得尤为重要。"蜜柚课堂"可以设在蜜柚产业园，让前述"产学研协同创新"组织中储备的专家人才，不定期走入田间地头，为柚农传授蜜柚种植技巧；蜜柚课堂也可以设在蜜柚销售中心，让专家走进课堂为柚农讲授销售方法。总之，要让蜜柚产业技术通过这种途径转换成柚农的能力，落实到蜜柚产业发展的各个环节中去，才能确保蜜柚产业的可持续发展。

政府扶持政策转型：吉水县井冈蜜柚产业发展的未来

一、推动蜜柚产业发展的组织创新

1. 建立"蜜柚专家工作中心"，推进蜜柚产业标准化

蜜柚专家工作中心的职能是为吉水县井冈蜜柚产业的生产标准化管理、品牌管理、销售管理、食品安全管理等提供技术指导与支持。近期的主要工作包括：（1）通过科学的方法，筛选出适宜吉水地区种植的产量高、抗性好、商品价值大的优良蜜柚品种。（2）以科技手段指导柚农做好蜜柚的高效、高产、优质、无公害栽培，优化种植结构，提升病虫害防御能力，进行精细化管理。（3）致力于蜜柚采后储藏、保鲜等技术的研发、熟化、集成和应用推广，以及蜜柚在康养保健等领域的新产品研发，进一步挖掘蜜柚生产潜力，促进蜜柚生产从产量到质量再到效益上一个新的台阶。（4）培训柚农熟练使用互联网技术，掌握淘宝等电商技术，促进蜜柚的线上销售，打造淘宝村、淘宝镇。（5）通过专家指导解决蜜柚"农超对接"的技术问题，尽快帮助井冈蜜柚实现"走进超市，走入城市"。

蜜柚专家工作中心的运作方式：（1）设立"吉水县蜜柚专家工作中心"，挂靠县农业农村局。（2）以"专家顾问"形式，在省内外高校、科研院所选拔蜜柚产业发展的高级人才，形成蜜柚产业发展的专家库。（3）在白水、丁江、水南、醪桥等蜜柚种植面积较为集中的乡镇，

各选择1~2个具有代表性的蜜柚果园作为示范点，设立"蜜柚课堂"，每个蜜柚课堂由1~2名专家领衔进行不定期的技术指导，同时对周边的柚农进行技术培训，促进蜜柚种植的标准化管理。（4）在县蜜柚加工企业或者电商产业园设立"专家工作站"，每个工作站由1~2名专家进行不定期的蜜柚加工技术、蜜柚电子商务技术的技术指导，促进蜜柚深加工及电商发展。

2. 建立"蜜柚专业合作联社"，提升蜜柚产业组织化

蜜柚专业合作联社的职能是通过合作联社的组织，克服蜜柚产业发展的原子化现象，把分散的柚农组织起来，以团队的力量及统一化管理，面对市场风险，提高蜜柚产业的组织化水平，降低蜜柚产业的发展风险。其主要职责包括：（1）在联社范围内实现"统一品种育苗、统一生产资料、统一技术服务、统一质量标准、统一品牌销售"的管理模式，推进井冈蜜柚标准化工作，实现"小农户"与"大市场"的对接。（2）通过联社的组织，实现区域内蜜柚产业的"技术服务体系升级，设施栽培推广覆盖，本土人才队伍培养，线上线下销售活跃，蜜柚产业融合深化"的目标，推进井冈蜜柚的电商销售和"农超对接"，促进蜜柚产业的可持续发展。（3）通过联社的组织，与县"蜜柚专家工作中心"对接，利用"蜜柚课堂"对联社内的柚农进行培训，提升柚农的生产和市场管理能力。（4）通过联社的组织，建设蜜柚产品展示区，制定蜜柚宣传方案，推动蜜柚产品展示和宣传，塑造区域蜜柚品牌。

蜜柚专业合作联社的运作方式：（1）在白水和枫江两镇选择蜜柚种植相对集中，并且已经建立蜜柚合作社的村庄，进行"蜜柚专业合作联社"组建试点工作。（2）"蜜柚专业合作联社"的组织架构为由镇党委书记任联社书记，村支书任联社副书记，在联社下设立"管理党支部、技术党支部、生产党支部、营销党支部"，形成以党建带动产业发展的组织架构。（3）"蜜柚专业合作联社"的管理党支部负责蜜柚产业整体规划发展工作，对接县"蜜柚专家工作中心"，与专家及上级机构的技术人员保持密切的沟通与联系，组建联社的"专家指导团队"；技术党支部负责建立柚农、家庭农场的蜜柚产业技术档案，一户一档，组织柚农参加"蜜柚课堂"的技术培训，定期组织蜜柚种植经验交流会，

形成相互支持、相互促进的良好局面；生产党支部负责在专家指导下建立蜜柚质量管理标准体系，引导柚农按照标准化进行生产，做好蜜柚种植、田间管理、柚果采摘、储藏、包装、运输、销售的标准化管理工作，确保蜜柚质量；营销党支部负责制定年度蜜柚销售主题活动，利用网络、媒体等做好蜜柚产业宣传，组织柚农开展蜜柚电商、微商等新型销售渠道的开拓。（4）"蜜柚专业合作联社"强调联社成员行动的统一性，同时注意人才培养，定期选拔优秀的青年人才赴外地参观考察学习，以应对蜜柚产业转型升级的需要。

二、推动蜜柚产业"特色小镇"的示范窗口建设

吉水县井冈蜜柚种植面积已经达到 3.5 万亩，吉安地区的井冈蜜柚种植面积更是达到几十万亩。如此大面积的单一农产品种植，如果没有很好的产业发展规划，以单一鲜果形式去销售蜜柚，必然会遭遇极其惨烈的市场竞争。因此，探索蜜柚产业的融合发展，形成六次产业生态圈，对井冈蜜柚产业发展将是十分重要。如今，整个吉安地区没有蜜柚特色小镇的发展计划，配合国家乡村振兴战略及美丽乡村建设先行示范的工作，在吉水县率先启动"井冈蜜柚小镇"建设，有着十分重要的意义。根据吉水县的蜜柚种植条件与现有发展基础，建议在白水镇蜜柚种植集中区建设"井冈蜜柚小镇"，推进蜜柚产业"特色小镇"的示范窗口建设。

（1）"蜜柚小镇"建设的目标。"蜜柚小镇"的建设，旨在发挥吉水乃至吉安地区井冈蜜柚产业的窗口作用，透过"特色小镇"，传递井冈蜜柚产业的先进性、生态性、融合性、富民性，成为吉水乃至吉安地区井冈蜜柚产业发展的示范。

（2）"蜜柚小镇"的建设内容：① 蜜柚文化展示村。在蜜柚特色小镇建设中注重蜜柚文化的整理，通过布展设计，使之成为蜜柚文化的集中展示中心。② 蜜柚标准示范村。在蜜柚特色小镇建设中，强调蜜柚种植、管理、销售等一系列过程的标准化。在这里，能够看到蜜柚种植管理的标准化、采摘储存的标准化、分级分拣的标准化、包装运输的标准化、品牌塑造的统一化，使之成为蜜柚产业的龙头示范区。③ 蜜柚融合示范村。以蜜柚果园为基础，拓展田园观光、采摘体验、住宿餐

饮、蜜柚加工等蜜柚产业功能，使蜜柚小镇成为以农业为基础的三产融合典范。④ 蜜柚电商淘宝村。如今，农产品淘宝村在江浙一带风起云涌，但在吉安地区尚未出现淘宝村，白水蜜柚小镇的建设，可以以蜜柚电商销售为起点，将周边乡镇的农产品，比如罗田的生姜、大蒜等整合起来，在前述的蜜柚专业合作联社组织下，在白水蜜柚小镇发展农产品电商，通过专家工作中心与蜜柚专业合作联社的共同作用，培育柚农电商，将"白水蜜柚小镇"打造成蜜柚产业淘宝村，为吉水县"互联网+三农"提供一个市场创造的示范。⑤ 蜜柚产业生态村。一方面，鼓励支持农民创业，形成良好的创业生态，使蜜柚小镇成为农民创业推动乡村产业发展的示范；另一方面，强化蜜柚的绿色农业功能，使蜜柚产业发展与美丽乡村建设相协调，成为蜜柚产业生态村。

三、推动政府蜜柚产业扶持政策的转型

1. 调整政府关于蜜柚产业政策的扶持方向

如今的井冈蜜柚产业发展，政府政策支持主要集中在三个方面：一是给钱。免费给柚农提供种苗，直接给柚农提供种植补贴。二是给地。为了支持井冈蜜柚的规模种植，仅 2017—2018 年，县里在林地上种植井冈蜜柚的面积就达 11000 多亩，完成林地流转面积 6500 余亩，调整公益林规划面积 1200 亩，批复采伐林木 15000 余立方米。三是给政策。围绕蜜柚的种植与加工、流通，在资金扶持、税费减免等方面给予扶持。从总体上看，目前的政策扶持主要集中在井冈蜜柚的种植端，主要扶持的是种植规模，而且基本上是对结果的扶持，即扶持种植面积。对蜜柚产业发展的过程扶持相对较弱，比如蜜柚生产、销售过程的标准化、蜜柚新产品的开发、蜜柚人才的培养等，基本上没有政策覆盖。随着蜜柚种植规模的不断扩大，销售问题、加工问题、产业融合问题不断凸显，这些问题不加以解决，蜜柚产业的可持续发展将受到威胁。因此，吉水县井冈蜜柚产业发展的扶持政策需要调整方向。

经过政府多年对蜜柚种植面积的补贴，已经形成了良好的激励效应，调动了农民种植蜜柚的积极性，使吉水县的井冈蜜柚种植面积达到 3.5 万亩，按照亩产 3000 斤计算，全部挂果后，将达到 5 万吨以上的产能。而且，井冈蜜柚不仅仅吉水县在种植，整个吉安市都在大力发展，种植面积达到数十万亩。但由于大多数地区的井冈蜜柚种植尚未达到标准化，蜜柚品种不一、口感不同、加工滞后，在未来将面临巨大的市场风险。因此，从现在起对井冈蜜柚产业的扶持，应该从扶持规模向扶持质量的方向转变，实现蜜柚产业的高质量发展。

一是从扶持面积到扶持品质的转变。蜜柚产业的高品质建立在标准化的基础上，未来政策扶持的关注点，应该是蜜柚生产的标准化建设。（1）支持蜜柚种植品种优化，建立蜜柚生产管理的标准化，鼓励打造精品果园。（2）支持蜜柚销售过程分级分拣，鼓励优质蜜柚的市场化。（3）支持优质蜜柚的市场渠道开拓，鼓励以优质品种塑造区域品牌。

二是从扶持结果到扶持过程的转变。现在的扶持多以结果为导向，比如种植面积、销售量等，但是没有过程的培育，就不会有优秀的结果产生。因此，未来政策扶持的关注点，应该是优化蜜柚产业发展的过程。（1）扶持蜜柚新品种培育、蜜柚产品开发创新、蜜柚新市场开拓活动。（2）扶持蜜柚产业知识与能力储备，支持柚农能力提升。（3）扶持蜜柚产业人才与技术的引进，提升蜜柚产业竞争力。

三是从扶持单一产品向扶持产业融合转变。现在的扶持多以"蜜柚"为对象，对蜜柚种植面积、蜜柚销售量、蜜柚产品加工等进行扶持，但没有关注以蜜柚为基础的新业态衍生。未来的蜜柚产业，不可能是单一直线型的产业链，一定是朝着网状产业链方向发展的。因此，未来扶持政策的关注点应该是蜜柚产业衍生的新业态。（1）扶持与蜜柚产业相关联的新业态衍生，支持相关的创业活动，比如蜜柚观光、蜜柚康养等业态。（2）扶持蜜柚产业融合发展所需的相关服务与平台建设，比如电商平台、展示平台、标准果园、示范果园等。

四是从扶持传统销售向扶持"农超对接"转变。蜜柚整个产业的标准化形成尚需要一个过程，如今又到一年蜜柚采摘季节，对于今年乃至未来2~3年内的蜜柚销售来说，标准化的工作主要放在采摘后的分级分拣和品质检测上，通过这个工作为实现井冈蜜柚的"农超对接"做准备。因此，要强力支持井冈蜜柚分级分拣工作，推动井冈蜜柚尽早实现"农超对接"，让井冈蜜柚能够通过"超市"走进城市消费市场，降低柚农的市场风险。

2. 吉水县井冈蜜柚产业发展的政策扶持体系

为了更好地形成蜜柚产业优势，需要改变传统的线性产业链思维，树立全产业链、跨产业链及产业链网的思维，构建井冈蜜柚产业发展的支撑体系。这个政策支撑体系的建立，需要从产业导向、人才资源导入、信息资源导入、资金资源导入几方面着手，具体见图5-2。

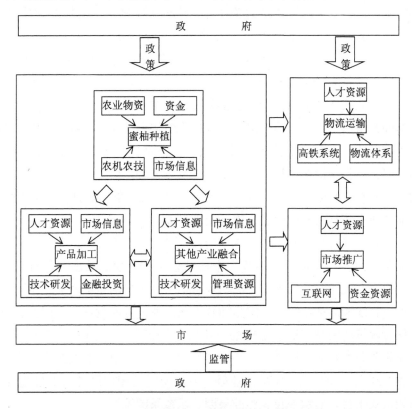

图 5-2　支撑蜜柚产业发展的政策扶持体系

一是产业导向。在县级层面高标准高规格地做好蜜柚产业规划，各级政府建立健全蜜柚产业发展的工作和领导机制，加强对产业发展的组织领导、宏观调控和工作协调。（1）制定吉水县井冈蜜柚产业发展规划，明确产业发展的中长期目标，明确对井冈蜜柚产业发展的重点支持方向。（2）加快出台井冈蜜柚产业发展的激励措施，调整政府对蜜柚产业的扶持方式，建立鼓励民间资本投入的激励机制，通过政府激励措施引导更多的民间资本投向蜜柚产业的关键环节。（3）构建具有综合性、整体性、层次性的科技服务支持体系，保证科技支持体系普及到每个环节，这个体系包含蜜柚产品开发技术体系、产品生产技术体系、功能推广技术体系和产业整合技术体系四个子体系。

二是人才资源导入。井冈蜜柚产业发展，一方面需要科技人才，另一方面需要创业人才，通过科技手段拓展蜜柚产业的规模与质量，通过创业人才将蜜柚产业与其他产业联姻，以此为蜜柚产业融合发展奠定基础。（1）通过引智与培养相结合的方式，积累蜜柚产业发展的知识与技术。一方面，通过设立"蜜柚专家工作中心"，建立蜜柚专家库，将外部人才引入吉水县蜜柚产业；另一方面，选拔培养本土的蜜柚产业发展人才，通过人才培养引领吉水蜜柚产业发展。（2）通过创业培训，积累创业人才，实现蜜柚产业经营主体的能力提升。一方面，政府通过与各类职业技术学院合作，将大学毕业生引入吉水各乡镇，扩大各类蜜柚产业应用型人才的培养规模；另一方面，通过蜜柚产业知识的培训将一些有丰富经验的柚农，或者有较高文化程度的农民转变成蜜柚相关产业的创业者。

三是信息资源导入。蜜柚产业发展，需要导入"互联网+三农"的发展模式，因此，信息平台建设就不可或缺。（1）建设蜜柚产业信息服务网。围绕蜜柚市场行情、科技动态、国家惠农强农政策等方面的信息服务，为柚农提供全方位的综合信息服务，帮助农民按市场规律"以需定产"，指导蜜柚加工企业"以求定供"。（2）打造蜜柚电子商务平台。支持蜜柚电子商务发展，鼓励蜜柚家庭农场、蜜柚加工企业、蜜柚经销商、经纪人、合作社等经营主体，通过发展蜜柚电商，带动蜜柚标准化和品牌化发展。（3）借助外力发展蜜柚电商。利用井冈山电商产业园的力量，从江西省内大学引进大学生到电商产业园从事井冈蜜柚电商创业，促进井冈蜜柚的电商销售。

四是资金资源导入。蜜柚产业发展需要鼓励创业，目前，资金困难成为产业发展和农民创业的主要瓶颈。因此，需要政府采取措施优化产业融资渠道，建立"井冈蜜柚产业发展基金"。（1）成立农村专业合作社，将农户家庭的分散资金集中起来，用于蜜柚种植产业的发展，将柚农资金积少成多，将消费资金转换成生产资金，解决产业发展的资金短缺问题。（2）发挥农村信用合作社等地方金融机构作用，由政府提供担保支持，给各个生产主体以资金支持。（3）降低创业门槛，引进"村镇银行"等民营金融机构，通过对农户提供小额贷款等方式，帮助更多的农户参与创业。

（执笔人：庄晋财，黄曼）

贵州茅台镇

产业集群助推白酒特色小镇走天下

酱香白酒：茅台小镇的宣传名片

茅台镇是贵州省遵义市仁怀市下辖镇，位于贵州高原西北部，大娄山脉西段北侧，北靠遵义，南临川南。茅台镇是连接川黔的重要枢纽，也是连接历史名城遵义和国家级风景区赤水的通道，又因国酒茅台驰名中外。源远流长的赤水河既是英雄河、生态河，又是美酒河，孕育了世界上最大的酱香白酒生产基地，形成了以茅台、习酒、国台、珍酒、汉酱、酒中酒、钓鱼台国宾酒等为代表的酱香型白酒品牌、以董酒为代表的董香型品牌、以湄窖鸭溪窖酒为代表的浓香型品牌。

从茅台镇白酒的产能情况来看，白酒产业是茅台镇的第一支柱产业、遵义市工业的第一大产业。茅台镇所在的遵义市白酒企业达 1400 余家，规模以上企业 117 家，白酒总产能近 70 万千升。2017 年，实现产量 49 万千升（折 65 度商品量为 42.7 千升），增速达 11%，占贵州省白酒产量的 80% 以上；全市规模以上白酒企业销售收入超过 850 亿元，工业增加值达 620 亿元，增速达 14.4%，占全市规模以上工业增加值的近 56%，占贵州省规模以上工业增加值的 14.4%；上缴税收超过 260 亿元，占全市税收总额的 48% 以上。白酒产业直接就业达 11 万余人，间接就业达 40 万人以上。白酒产业对茅台镇、遵义市乃至贵州省经济社会发展和富民工程建设起到至关重要的作用。在茅台集团与"国酒茅台"名牌带动下，地方品牌酒企多方发力，产业发展动能持续增强，已呈现产销两旺的良好局面。

从茅台镇白酒的市场情况来看，在上下联动、合力推进下，遵义白酒逐渐形成了以酱香为龙头的酿造体系。特别是改革开放以来，以"国酒茅台"为引领的遵义白酒产业规模快速增长，产品结构不断优化，品牌影响日益扩大，市场竞争力明显提升，产业效益持续向好，出现了举世瞩目的中国白酒界"3933"现象，即遵义白酒以占全国3.6%的产量，创造了全国白酒9%的产值和33%的利润。"3933"现象既体现了遵义白酒的综合实力，更凸显了遵义白酒的独特魅力。以茅台酒为引领的遵义白酒已成为中国白酒界工艺独特、品质上乘、绿色健康的代名词，产品远销全球60多个国家和地区，成为遵义最亮丽的世界名片。

在遵义白酒当中，目前茅台品牌价值高达115.48亿美元，超过国际酒业巨头保乐力加，成为"世界蒸馏酒第一品牌"；习酒、国台、董酒品牌价值分别达260.75亿元、102.55亿元、53.37亿元，呈稳定增长态势。此外，茅台、董酒等品牌被评为"中华老字号"。在遵义聚集着一大批以茅台酒为代表的酱香白酒，在众多白酒企业中有代代相传具备忠厚匠心和执着精神，视白酒酿造为生命的酿酒人，以及掌握在酿酒人手中心中的独特酿造工艺。

遵义得天独厚的土壤气候环境，独一无二的微生物资源，回味甘甜的赤水河，源远流长的酿酒工艺，"酿造"了芬芳的玉液琼浆。汉武帝"甘美之"的赞誉传承千载，如今，茅台镇白酒界的后起之秀争奇斗艳、名传神州。在"好山好水酿好酒"的茅台镇，除了茅台酒，还有以习酒、国台、酒中酒、钓鱼台、珍酒、董酒、汉酱、金酱、百年糊涂、小糊涂仙酒为代表的遵义十大名酒，群星璀璨、星光闪烁。2017年，中国酒业协会颁发的"世界第一烈酒产区——遵义"的金字招牌，更让茅台镇的白酒香飘神州大地。

技术制约：茅台镇白酒产业发展的瓶颈

一、白酒产业品牌塑造的技术瓶颈

现代营销学中，品牌是一个错综复杂的概念，它同时包含消费者"购买的经验"和"购买后的印象"。要打造以茅台镇为地理标志的茅台镇区域白酒品牌，在区域白酒生产方面就要同时兼顾消费者"购买的经验"和"购买后的印象"。购买的经验往往由产品品牌的形象决定[①]，这不仅要求企业做好区域白酒产品的营销，更需要维持区域白酒产品各项标准的稳定性。比如，同一等级白酒产品的包装、口感等要尽量保持一致，做到不同价位与不同等级明确对照，提升消费者对区域品牌的信任感，并且可以追溯产品的生产批次、原产地等信息，让消费者买得放心，提升其产品忠诚度，这就需要推动区域白酒生产的标准化和溯源技术。购买后的印象主要由消费者使用产品所获得的效用来决定，[②] 对于白酒产品来说，酒品质量尤为重要，酒品质量的提升可以通过利用现代技术改良传统的生产工艺实现。打造好一个区域品牌要有"准入制度"，不符合茅台镇白酒产品生产标准的产品就不能打茅台镇白酒或当地知名酒企的旗号售卖，这就需要区域品牌做好产品防伪。

1. 白酒生产传统工艺改良的技术瓶颈

茅台镇的酱香型白酒生产对窖池、原料和生产工艺要求颇高，因此十分注重对传统工艺的保护，如茅台酒厂的几口老窖池，在厂房设备老化具有安全隐患的情况下依旧保持运营，正是出于对传统生产工艺的继承。这种传统生产工艺技术强调"三高两长"，即高温制曲、高温堆积发酵、高温馏酒；生产周期长，同一批原料要经九次蒸煮、八次发酵、七次取酒，一轮周期约为一年；贮存时间长，如茅台酒的基酒需经五年以上的存放陈化来提高酒质。但继承传统工艺并不代表完全仿古，传统的踩曲过程需要由少女光脚完成，现在在茅台镇的国台酒厂依旧能够看到工人光脚踩曲的环节，但由于人工踩曲力度很难掌握均匀，可能导致不同曲块的均匀程度参差不齐，因此踩曲环节的自动化与机械化是传统工艺改良的技术瓶颈之一。除此之外，还有拌料、加曲、摊晾等环节，人沾物料、物料沾地，产品卫生难保障。因此，各物料的堆放容器设计及使用是传统工艺改良的技术瓶颈之二。

① 李琪，王璐瑶. 基于ABC态度模型的消费者重复购买意愿研究 [J]. 商业研究，2016（11）：17-23, 52.

② 杨大蓉. 乡村振兴战略视野下苏州区域公共品牌重构策略研究——以苏州为例 [J]. 中国农业资源与区划，2019, 40（3）：198-204.

2. 白酒建立标准生产体系的技术瓶颈

茅台镇拥有以茅台为代表的酱香型、以习酒为代表的浓香型、以董酒为代表的董香型三大香型白酒，并且在制酒的微生物环境与自然环境方面有得天独厚的优势，建立了一套完整的白酒生产技术标准体系，对于提高区域内白酒产品的质量，提升区域品牌在全国乃至国际市场的影响力和竞争力，延续先天优势都具有重要意义。① 第一个瓶颈是如何建立技术标准体系的基础——白酒生产共性技术，通过共性技术可以帮助建立原辅料标准、生产技术标准、产品标准、检验检测标准及包装、标识、贮存标准等，不同香型的白酒生产对技术标准的要求也不同，因此技术标准体系的建立应当按照酱香、浓香、董香三种主要香型区分。共性技术被研发出来之后，就可以依照以此建立的技术标准体系进行产品的等级划分工作了。由于技术标准体系的建立是为了塑造好白酒区域品牌，区域内的白酒生产商应当严格按照这套技术标准体系进行生产。相关资料表明，贵州省在 2014 年就曾召开"贵州酱香型白酒技术标准体系"发布会，公布由贵州大学与省质检院共同编制的标准技术，但至2019 年，茅台镇依旧只有少数几家知名酒厂严格按标准生产酱香型白酒，其余的小酒厂生产过程的随意性较大。第二个技术瓶颈就是如何推动白酒生产标准技术体系的宣传与落实。生产标准体系应当通过哪些技术途径进行宣传，通过哪些技术途径对经营者进行培训，如何利用现代技术监督生产标准体系的实施等，都是现下建立白酒生产标准体系需要重点考虑的事情。第三个技术瓶颈是如何依据标准生产技术体系建立标准化价格体系。由于白酒品牌效应巨大，同等质量酒的价格可能只因营销手段的差异而相差甚远。如国台酒旗下的"醅客"酒，主打粉丝经济，知名度相对较高，价位在同等质量的白酒产品中相对较高。为防止市场混乱，同时要塑造好让人放心购买的区域品牌，标准化价格体系的建立就尤为重要。

① 詹瑜. 贵州仁怀白酒产业集群的形成路径、发展机制及启示 [J]. 酿酒科技，2019 (3)：131-136，142.

3. 白酒产品追溯、品牌防伪的技术瓶颈

产品的追溯技术可以使消费者清楚了解产品的生产过程与由来，增加消费者的信任度。茅台镇区域内已有部分知名企业品牌使用了产品追溯技术，如茅台酒、习酒等。茅台镇塑造区域品牌在产品溯源防伪方面的技术瓶颈主要在小酒厂的产品溯源这一块。酒产品信息溯源系统由溯源信息管理中心、原材料采集子系统、生产子系统、窖藏子系统、运输子系统、销售子系统、销售者信息查询子系统、企业生产销售管理子系统组成。溯源信息管理中心存储白酒产品从原材料采集到白酒销售等各个环节的溯源信息数据，同时负责数据的传递及处理。一方面，溯源信息管理中心负责接收并处理来自原材料采集子系统、生产子系统、窖藏子系统、运输子系统、销售子系统的各种数据；另一方面，溯源信息管理中心为销售者信息查询子系统和企业生产销售管理子系统提供产品溯源信息及生产销售信息。茅台镇小酒厂众多，建立好小酒厂的产品溯源有利于塑造区域品牌的食品安全形象。在产品防伪方面的技术瓶颈主要在于如何实现知名企业品牌的有效防伪，由于知名企业品牌利润空间较大，虽然现有防伪技术已非常先进，但依旧无法杜绝制假售假的现象。一旦有劣等品进入，就会使区域品牌市场成为"柠檬市场"，造成劣币驱逐良币的后果。

二、白酒产业链整合的技术瓶颈

1. 白酒产区功能打造的技术瓶颈

对于茅台镇酒产业的区域品牌集群来说，未来国内白酒市场之间的竞争很可能从单个企业品牌之间的竞争转化为以产区为单位的竞争，尤其是白酒企业相对集中的地区，打造一个功能明确、高度专业化的白酒产区将会带动整个区域白酒品牌的发展。因此，不仅仅要强调生态产业的发展，还要注重白酒产区的产业生态。茅台白酒产区应当以白酒为核心，发展生产、营销、旅游、度假、文化、培训、地产、金融和会展等多元化功能，提升茅台镇产区的市场竞争力。如今，茅台镇虽然有规模较大、利润较高的以"国酒"著称的茅台酒及中型酒厂国台、仁怀酱香酒等，但总体以小酒厂居多，其中各项证书齐全、能够自产自销的企业有200多家。虽然茅台酒始终处于供不应求的状态，国台酒拓宽线上线下多种营销方式，仁怀酱香酒依托政府拓宽销售渠道都有较好的成效，但对于小酒厂来说，最难解决的还是销路问题。因此，面向众多小企业的营销服务功能薄弱是白酒产区功能打造的技术瓶颈之一。

由于白酒生产资产专用性高、生产规模大、库存成本高等特点，不少小企业主急于售卖生产的白酒产品，将五年陈酿的酒作为基酒销售给大型生产商、直接贴标茅台镇散酒对外销售是两个主要渠道。由于品牌知名度过低，小企业主的管理意识与市场意识又不足，找不到更为合适的销售渠道，小型酒厂单个产品的利润空间与当地知名白酒品牌相去较远。因此，白酒产区面向小企业的培训与咨询功能薄弱是产区功能打造的技术瓶颈之二。

作为白酒产业集群地区，酒企数量不下200家，汇集各家白酒企业打造一个白酒批发市场或者白酒品牌展览馆是非常重要的，这有利于提升茅台镇地区白酒的知名度，降低酒企生产与订购商或消费者之间的信息不对称，并且定期举办会展招揽全国各地名酒前来参展还能带动当地白酒文旅发展，为当地小酒企拓宽销售渠道。但茅台镇虽然有200多家酒企，却还没有打造出一个汇集各家白酒企业的会展中心或批发市场，导致消费者或订购商即使慕名而来，在选择合适的合作企业时也要耗费较高的交易成本。因此，白酒产区整体会展功能的缺失是产区功能打造的技术瓶颈之三。

2. 白酒产业链企业交易的技术瓶颈

继明令禁止"三公消费"后，白酒市场销量骤减。茅台酒自身实力较强，其市场在调整过后已由寒转暖。但众多小酒企由于市场销售不畅，投资战线过长等原因导致效益下降，甚至出现亏损或资金链断裂。面对突如其来的调整，这些企业在销售渠道、经销商服务、市场营销等方面难以及时应对。近几年市场消费量回升，小酒企如果能够度过资金周转困难期，营销渠道将会在未来的运营与积累中逐渐拓宽。虽然在供应链中并非出于核心企业的强势地位和苛刻要求导致上下游企业的资金周转困难，但债务难以及时清还也很容易造成企业资金链紧张，产生产业链"断链"的风险。因此，供应链金融服务的缺失是企业交易的技术瓶颈之一。

　　上下游节点中的企业众多，如何选择最合适的合作商建立交易信任以节约交易成本，是亟待企业考虑的问题。如仁怀酱香酒在选择销售商时会选择曾经与茅台酒集团合作过的企业，以节省考察供销商的时间与成本。但"曾经与茅台合作"这一条件并不能完全涵盖所有信用较好的企业，并且曾经与茅台集团合作也并不一定代表其交易信用绝对可靠。在市场鱼目混珠、产品质量参差不齐的情况下，有必要对上下游各个企业的交易信息和信用情况进行全面记录。交易信用数据库的搭建是白酒产业链企业交易的技术瓶颈之二。

　　交易平台如淘宝、美团、去哪儿等使企业之间的、消费者与商户之间的交易处于市场监管之下，一旦出现信用问题，能够及时通过监管平台追责，而交易评价系统更使得企业之间的信用透明化，以减少企业在选择合作伙伴时由于信息不对导致的交易风险。对于茅台镇诸多酒企和白酒上下游配套企业来说，这样一个交易透明的平台还未搭建起来，企业在选择合作伙伴时依旧需要挨个考察。信用交易平台的搭建是白酒产业链企业交易的技术瓶颈之三。

　　3. 白酒产业链信息化的技术瓶颈

　　茅台镇区域内规模企业少，产业化组合程度低，除茅台集团外，其他生产企业"散、小、乱"现象突出，总产能低，生产仍然处于高投入、高消耗、低产出的粗放式、低层次阶段，技术装备落后，很大程度上属于经验型的劳动密集型生产方式。虽然，国台酒已率先采用双层贮藏、自动化输送设备，节约了不少生产与储藏成本。但对于茅台镇其他诸多小酒厂而言，在白酒贮存方面，酒坛占用空间大，储存时间长，且人工维护管理费用较高的问题普遍存在；在白酒品鉴方面，小酒厂大多还采用传统的感官品评法，不仅生产成本高，而且不同批次产品口感很难保持一致。[①] 由于自动化生产设备市场信息不全面，即使小酒厂想采用自动化生产设备来节约成本，也难以找到购买途径和市场信息。生产设备的信息化缺失是白酒产业链信息化的瓶颈之一。

---

　　① 程劲松，李春扬. 白酒质量控制技术的研究进展 [J]. 食品安全质量检测学报，2014（7）：2248-2262.

在禁止"三公消费"的政策背景下，有的酒企转行，有的关起门来等待市场复苏。出现如此明显的分化，其实正是白酒行业快速发展的十年间，在行业高额利润的鼓舞之下，一些企业大肆扩张产能，投资新建窖坑、厂房等基础设施占用了大量资金。突如其来的政策调整，让这些企业始料未及，一时难以应对。政策牵动市场的急剧转变使得已经扩大产能的企业难以及时调整规模，导致资金周转困难，进而影响整个产业链的畅通。因此，市场信息与政策信息的获取不及时是白酒产业链信息化的技术瓶颈之二。

除了生产设备信息、市场信息与政策信息外，对茅台镇白酒产业发展来说，最重要的信息就是酿酒专业技术信息。虽然茅台集团被称为"酿酒人才"的输出中心，但贵州酿酒企业科技型人才不足，产业扩能技改的技术掌握和人才储备不足也是事实。技术创新能力较弱，直接导致高质量、高附加值高档白酒发展缓慢且产能低，众多低端白酒产品市场竞争力弱，难以形成更多的具有足够影响力的白酒品牌实力。专业技术的获取与创新不足是白酒产业链信息化的技术瓶颈之三。

三、打造白酒特色小镇的技术瓶颈

1. 白酒核心文化打造的技术瓶颈

特色小镇的核心在于特色产业[1]，茅台镇以白酒为核心形成的产业集群有茅台酒（酱香型）、习酒（浓香型）、董酒（董香型）等，特色产业核心明确，但仍需要打造起核心文化支撑特色小镇的旅游产业与白酒工业融合发展。众所周知，茅台酒以1915年巴拿马万国博览会金奖闻名。事实上，真正的茅台酒厂在新中国成立后才建厂，但前去参加万国博览会的酒产品确实出于茅台镇。这是一个重要契机，如果茅台镇能够将自身的酒产品与茅台酒的核心文化挂上钩，就能够依托茅台酒的知名度提升区域产业集群的知名度，从而使得旅游文化内涵更为丰富。与茅台酒文化联系不紧密是打造核心文化的技术瓶颈之一。

1935年，中国工农红军长征途中曾在贵州遵义地区四渡赤水，从

---

[1]　张吉福. 特色小镇建设路径与模式——以山西省大同市为例 [J]. 中国农业资源与区划，2017，38（1）：145-151.

茅台三渡赤水的故事更是全国闻名，留有红军在茅台镇用白酒疗伤、携带白酒暖身的历史记录。将红色文化与白酒产业相融合，不仅能够利用实实在在的历史优势赋予茅台镇酒以文化底蕴，还能借此打响茅台镇酒的名气。然而，至少现在的白酒市场中，茅台镇地区白酒文化的红色因素还并不出名。与红色文化的结合与宣传不到位是打造白酒核心文化的技术瓶颈之二。

在赤水地区有赤水丹霞这一自然遗产。茅台镇四周环山，特殊的河谷地质结构含有红层中的有益成分且利于水分渗透，土壤酸碱度适中，富含钙、镁等多种微量元素，气候方面"一日之中，乍寒乍暖；十日之内，此热彼凉"。赤水河边，山峰对峙，形成特殊的小气候，常年平均气温在18℃左右，空气湿度较大，适宜酿酒微生物的生存与繁殖。正是这样独特的地质与气候形成了独有的无法复制的生物圈。虽然这是酿造的酱香型酒具有特殊的芳香，但在宣传方面，地区的自然景观在打造白酒产品的独特性方面还未起到应有的作用。如何与自然景观融合是打造白酒核心文化的技术瓶颈之三。

2. 文化旅游模块打造的技术瓶颈

一个完善的旅游景区应当是规划明确、功能齐全的，它要求景区各项基础设施尤其是道路、商业服务（餐饮、住宿、购物、娱乐等）齐全，每条街的功能分工明确（旅游产品售卖、商业购物、餐饮住宿、文化体验、历史古迹、博物馆等）。从茅台镇的景区规划来看，每条街区的功能并不十分明晰，酒产品店与餐饮店交错，专业化程度低，并且整个景区以白酒专卖店、散酒售卖店居多，虽然有许多门店已挂上餐饮、住宿的牌号，却并没有开张营业，总体来看，商业服务的功能并不十分齐全。且大多数街区功能不明晰，批发店与旅游产品专卖店、餐饮店、展览中心夹杂，导致大多数街区的特色不明显。旅游景区的规划技术水平不高是文旅模块打造的技术瓶颈之一。

遵义地区的白酒集群地不止茅台镇一个，其他旅游资源也很丰富，包括遵义会议会址旅游区、千年宋窖遗址、四渡赤水的古镇土城、中国酒都酱酒文化城等众多景区。消费者既不会为了单个红色旅游纪念馆，也不会为了单个茅台镇前往遵义市旅游，但如果将所有景点串联起来，形成形态众多、特色各异的旅游集群地，对消费者来说就更具吸引力了。但目前来看，遵义市各个景点之间的连接还是传统的旅游团模式，开发了4条旅游线路，都是景点既定的。随着消费群体的年轻化和个性化，旅游规划讲究全域旅游的概念，消费者要求旅游景点可以自由选择，这就需要景区做好旅游景点的"菜单化"。各景区之间的连接不紧密是文旅模块打造的技术瓶颈之二。

光做到景区之间的连接还不够，还需要将所有的景区信息推送给消费者，让消费者有自由选择、个性搭配的机会，提升旅游服务的定制化程度。茅台镇和习水等白酒聚集地区都是较为成熟的白酒工业旅游景点，虽然已有微信公众平台运营号，但在旅游景点的信息推送、旅游线路的定制化服务方面还做得不到位。如果能够通过线上平台向消费者推送每日景区客流量（拥挤程度），接待量排名靠前的餐馆、旅店、旅游产品店，最适宜的旅游线路，当前位置的最佳出行路线等个性化服务，那么白酒文旅服务将会提升到一个更高的档次上。景区信息的推送技术不过关是文旅模块打造的技术瓶颈之三。

3. 产区生态环境保护的技术瓶颈

近年来，白酒市场回暖，茅台镇地区白酒企业数量增加，已有的白酒企业也在扩大产能。与此同时，废水、废弃物的排放量增加，虽然茅台集团的水循环技术做得比较出色，但其他众多小酒企还没有条件采用昂贵的污水处理设备处理生产废水。赤水两岸的白酒企业增多，将进一步增加对赤水河的用水量，同时可能对赤水河的水质产生更大影响。无论是出于对赤水河承载力还是环境承载力的考虑，政府都应当做好污水处理的准备，如建设污水排放管道系统、污水集中处理中心等。水循环技术是产区生态环境保护的技术瓶颈之一。

制酒企业除了产生污水之外，酒糟酒粕若处理不当也会对生态环境有所影响。目前，茅台镇常见的酒糟酒粕处理方式为风干、粉碎、畜牧养殖等。酒糟酒粕在化妆品开发（如SK-Ⅱ等知名护肤品的酒粕成分广受好评，大多卸妆产品中也含有酒粕成分）、食品开发（酒粕的营养成分对人体健康十分有益，可以增加人体对酵素的摄取量，补充膳食纤维，如姜黄解酒引、酒粕咖啡等食品）方面还大有提升空间，并且比直

接处理收益要高很多。酒糟酒粕的商品开发是产区生态环境保护的技术
瓶颈之二。

白酒产能扩大后，产区高粱种植基地提高产量是急需解决的问题。
酒糟酒粕中保留了丰富的曲菌和各种营养元素，对环境和土壤的改善具
有高效的调节作用，因此将酒糟酒粕开发成生物饲料不仅能够保护环
境，还能帮助改善原料种植基地的生态条件。生物技术开发是生态环境
保护的技术瓶颈之三。

产业集群理念：白酒产业发展的新思路

茅台镇白酒产业在未来的发展中，将以白酒生产酿造为核心，以特
色小镇的方式打造白酒酿造工业、白酒文化旅游和白酒生态农业的轴轮
式产业集群。未来茅台镇产业发展的技术引领方向也应当以白酒的生产
酿造为核心，再向上下游产业链的产品与企业整合拓展，最后向文化塑
造、三产融合、生态环保的产业集聚延伸，支撑每一层次上的产业
发展。

一、白酒产品品牌塑造的技术引领方向

作为茅台镇白酒产业集聚的核心，白酒产品的生产与销售是链接区
域产业与消费者的重要纽带，而产品的品牌效应直接影响消费者的产品
忠诚度和信任度，从而影响支撑产业发展的市场规模。因此，对于白酒
的生产酿造来说，最重要的是通过技术支持规范生产流程与产品质量，
做好品牌塑造。茅台酒作为茅台镇的企业品牌之一，已经在全国市场中
打造了较高的知名度和美誉度，这是塑造地区品牌可以依托的品牌优
势。但要依托茅台酒的企业品牌优势提高白酒的地区品牌知名度，还会
面临两点风险：一是在地区产业中一旦存在生产伪劣"酒精酒""勾兑
酒"等现象，茅台镇的区域品牌就会面临因产品质量问题而大打折扣的
风险；二是其他企业生产的产品质量过关但"以次充好""挂羊头卖狗

肉"的行为（如打着茅台的旗号贩卖低等酒的行为），会影响被模仿企业的市场声誉，从而影响企业品牌优势对区域品牌的带动作用。因此，在白酒的生产酿造环节，除了工艺流程的技术引领，更需要关注白酒产品质量的检测与防伪、分类与定级等技术，以实现区域品牌与区域内企业品牌的共同繁荣。在为企业的产品等级做出标准化规定的同时，还要搭建好技术与知识共享平台，使生产低等级产品的企业有生产高等级产品的机会与渠道。综合来讲，在生产酿造环节，白酒产业的技术方向引领应当做到以下几点：

1. 严格防伪检测，杜绝假酒生产制造

据相关文献统计，截至2016年贵州省白酒企业总数有1053户，其中大型企业1户、中型企业24户。由此可知，茅台镇白酒产业的小型制酒企业众多，在白酒的质量监管方面就会存在一定难度，而产业集聚所带来的高度专业化和交易成本降低，使得制假贩假和冒牌生产的行为更容易在产业内部滋生。[①] 要塑造好茅台镇白酒的地区品牌，最基本的要求是从本地走向市场的白酒产品质量不存在危害健康等问题。所以，对于白酒产业中的生产酿造这一环节来说，利用技术鉴别假酒、发现制假售假的生产商、增强知名酒企防伪技术能力就特别重要。利用技术鉴别假酒是严格白酒生产管理的第一道把关口。当地生产的白酒在进入物流系统之前应当对产品的质量进行检测，各项指标皆合格，确认不存在食品安全问题之后可进入市场销售。利用技术发现制假售假生产商是严格白酒生产管理的第二道把关口。即使要求白酒产品在进入市场前做好产品质量检测，但制假售假的生产商销售方式多变，未必选择通过正规渠道销售产品，如采用供销分离模式进行线上交易，货物伪装后再通过物流流转以规避正常的质量检测。这种情况可以通过物联网与云计算的数据处理及时发现异常，协助执法部门进行排查，从而降低制假售假的可能性。不断提高本地酒企的防伪技术能力是严格白酒生产管理的第三道把关口。即使通过鉴别假酒和打击制假售假生产商的方式降低了本地

---

① 唐松. 产业集聚对区域产业品牌影响的实证研究［J］. 武汉大学学报（哲学社会科学版），2014（4）：37-43.

生产假酒的可能性，却不能阻止区域外的不法生产商冒牌生产的情况。如果不对防伪技术进行持续性的更新与改进，区域品牌和区域内企业品牌共同形成的市场就会因劣等品的进入成为"柠檬市场"——因消费者难以区分优等品与劣等品而最终导致品牌价值的下降。

2. 严格分类定级，建立标准生产模式

事实上，仅仅以不生产假酒为最低标准，对于塑造区域品牌效应，促进产业的可持续发展来说还远远不够。中国的酒文化历史悠久，甚至可以追溯到猿猴时代通过采集果实自然发酵形成的果酒，因而有"猿猴善采一百花酿酒""尝于石岩深处得猿酒"等传说。可以说，白酒的历史与粮食等农产品的历史同宗同源，并且在现代市场中，白酒的销售也与农产品的销售存在同种现象：不同品牌的产品乃至不同形式销售的产品价格悬殊，如金沛的猕猴桃价格远高于散称猕猴桃价格、百果园的水果价格远高于路边摊贩售卖的水果价格等。表面上看是不同质的产品对应不同价格，本质上这是由产品分类定级，建立标准化生产所打造的品牌效应。以目前茅台镇白酒产业的情况来看，只有茅台等少数知名企业建立了产品的标准化生产体系，大多中小型酒厂还未对白酒生产做出标准化的规范。因此，对于塑造更多更好的茅台镇本地企业品牌来说，采用技术对白酒产品进行分类定级和标准化生产尤为重要。第一步是通过技术鉴定基酒品质进行产品定级。基酒的生产有三种，分别是固态法、液态法和固液态法。液态法一般以可食用酒精勾兑，因此可以进行口味分类，但不适用于产品定级。而固态法和固液态法含有固体发酵蒸馏的原酒，并且基酒的酿造手法、窖池发酵、陈放时间等程序的不同也会使酒质产生巨大差异，因此应当对这两种方法生产的基酒进行品质鉴定，严格分级定价。第二步是通过勾调技术统一白酒风味。一般来说，基酒的原始风味主要有浓香、清香、酱香、米香、凤香、兼香、豉香、特香、老白干香、芝麻香及药香 11 种香型。即使基酒香型相同，不同酿造场所提供的基酒口味也有些许差异，因此必须要有过硬的勾调技术才能保证不同风味的产品口味统一。最后是建立标准生产模式，压缩分类定级成本。在对基酒酒质进行检测、对基酒口味进行勾调后，还需要进一步分析酿造手法、窖池的使用年限、陈放时间等因素对基酒口感的具体影响，从而建立起标准化的生产方式按需生产，尽量减少生产过剩，降低分类定级的成本。

3. 促进信息共享，提供产品升级渠道

一般来说，白酒的调制配方对于知名企业而言是竞争优势的一部分，作为商业机密不会轻易与其他企业进行信息共享。但由于融资门槛和技术门槛高，大多数小型酒厂生产出来的白酒产品等级较低，质量不高，这也是茅台镇出于产品质量的担忧不太支持小酒厂过多发展的原因。但换个角度来说，正是因为有众多生产白酒的酒厂的聚集，才为白酒产业上下游企业的聚集和白酒工业旅游业的融合提供了前提条件。所以，针对融资门槛和技术门槛这种客观条件导致的小酒厂生产产品等级低的问题，应当制定合理的解决方案，为生产低级产品的生产商提供产品升级的渠道，这就需要搭建好信息共享平台，并促进信息共享发挥好两个作用：一是同类品牌不同分厂之间的信息共享，以便统一酒质和口味；二是不同等级产品生产共性技术的共享，在保护品牌调制配方的前提下，向产品等级较低的生产商提供提升产品质量和口味的基础技术信息，使其获得产品升级的机会。

二、白酒产业链整合的技术引领方向

随着茅台镇区域白酒企业群与协作分工的发展，白酒产品的生产不再拘于单个企业内，而是形成了效率明显的产业链。产业链是以产业中具有竞争力的企业为核心，以用户最终需求为目标，由企业的产品、技术、信息和资本等构成的具有价值增值的关系链。在产业链中，产品生产企业为核心企业，处于产品生产前端的企业称为上游企业，处于产品生产后端的企业称为下游企业。企业之间在物料流通方面构成了相互连接的供应链，在中间品交易增值方面实现了相互协作的价值链，在信息知识的传递共享方面构成了相互作用的知识链。产业链强调商品的价值增值及企业间的关联两方面，而不强调产业链企业的地理位置分布。[①]白酒是一种食品，食品产业链于一般产业链而言又有其特殊性，由于食

---

① 王胜，丁忠兵. 农产品电商生态系统：一个理论分析框架［J］. 中国农村观察，2015（4）：39-48，70，96.

品涉及消费者的安全与健康，在物料的流通与产品生产过程中，不仅注重产品的增值，而且注重产品在每一生产环节上的安全性保障。一般来说，白酒产业链的主要环节包括上游的原料育种、原料种植、配料生产，中游的生产设备生产、基酒生产、成品酒勾调，下游的酒包装、宣传、营销等。前文已表明，产业链主要包括物流的供应链、交易的价值链、信息的知识链。因此，从这三个方面探求白酒产业链的技术引领方向，对于产业链整合来说更为确切具体。白酒产业链由于品质要求的特殊性，在供应链技术方面更加侧重于每一生产环节的产品质量保障；价值链技术方面与一般供应链所强调的大致无二，主要就是保证交易的顺畅，降低价值链断链的风险等；而知识链技术则需要保证组织对于行业信息和专业知识的获得、选择、生成与转化。因此，技术的支撑引领作用应当以下三个方面为主要方向：

1. 保证白酒产业的供应链食品安全

白酒供应链中，核心企业为白酒生产企业，供应链核心企业的上游以白酒原料的培育与种植为主，下游是市场营销对应的消费者。对于上游企业来说，保障食品安全最重要的就是做好原料质量监测；对于核心的白酒生产企业，最重要的是做到生产过程监控，全面掌握生产设备管理、基酒生产和成品酒勾调方面的流程与信息。通过对上游企业和核心企业的采购与生产过程进行监控实现食品安全的"事前防范"。而对于供应链下游的消费者来说，最重要的是了解产品质量信息，避免因供应链上下游的信息不对称而影响消费体验。一旦出现产品质量问题还需要有相关技术可以追溯每一环节的生产与管理过程，从而发现质量监管在哪一个环节出现了问题，做到"事后追责"。物流作为从原料到产成品之间的环节链接，实际上也需要做好监控管理，但如果能够对上中下游每一个环节的产品质量做好监控，就能够准确发现哪一个环节前的物流可能存在问题。总体来说，在供应链食品安全保障方面的技术引领方向，主要为白酒原料质量监测、白酒生产过程监控、白酒产品信息追溯。

2. 保证白酒产业的价值链交易顺畅

从原料采购到白酒生产勾调，再到包装与营销，产品在到达消费者手中之前的每一环节，都会创造新价值，进而形成产品的增值。每一次增值都是通过企业之间的合作交易实现的，并且要使这一价值增值过程得以保持，最重要的是保证每一个环节的企业合作收益，使得中间产品的交易顺利进行，而不出现价值链断链的风险。研究表明，食品供应链上的企业诚信度和诚信氛围能够提高合作收益。因此，在价值链方面技术引领的主要目的是在产业链中形成诚信氛围，提高企业的信用。① 这就需要用技术搭建交易信用体系，其一是建立起涵盖产业链上下各类生产经营者的交易信用数据库，主要数据应当包括各生产经营者的产品质量评价、交易次数、违约次数等涉及企业信用的项目；其二是搭建产业链内部企业的交易信用体系平台，实现各生产经营者的信用数据公开，使企业可以从平台上根据分类、信用等级筛选等选择合作商，进一步营造产业链中的诚信氛围。

3. 保证白酒产业的知识链信息畅通

知识链的主要活动功能包括知识获得、知识生成、知识内化和知识外化。知识获得，即知识与信息获取；知识生成，即从现有知识与信息中分化或生成新知识；知识内化，即知识整理，将新知识与信息纳入产业知识数据库；知识外化，即将知识转化到产业产品中。② 在白酒产业知识链中，产业技术应当做到市场信息、政策信息和内部产业技术信息的及时获取和归纳，并对所获取的信息进行分析，发现新的政策发展方向、市场需求和产业发展需求，将生成的新知识纳入产业知识数据库，并通过平台或网络向各经营主体传达。在这里，培训机构、企业联盟、咨询公司等信息载体要发挥好信息的传递作用，如培训机构做好行业技术信息的获取、筛选和传递，企业联盟做好行业内企业信誉信息和行业市场信息的收集、整理与共享，咨询公司做好政策信息的整理与推送等。

三、打造白酒特色小镇的技术引领方向

波特曾指出，一个国家或地区在国际上具有竞争优势的关键是产业

---

① 胡珂. 基于信任关系的食品供应链合作收益研究 [D]. 上海：上海海洋大学，2017.

② 丁志慧，刘伟，黄紫微. 面向用户创新社区的企业知识创新价值链模型研究 [J]. 科技进步与对策，2015，32（12）：129-133.

的竞争优势，而产业的竞争优势来源于彼此相关的产业集群。产业集群与产业链的内涵大致相似，但产业链强调相关企业之间的价值联系，而产业集群更加强调相关企业之间地理位置的一致性。白酒的酿造工艺与区域的自然环境（气候、土壤、水质等）联系紧密，具有地域依赖性，因此，随着白酒产业链的成熟与发展，必将催化以白酒产业链为中心的产业集聚的形成。事实上，在茅台镇已经形成了以茅台为核心的赤水河流域白酒产业集聚区，区域品牌的打造和不断发展的产业链协作为产业集聚的发展奠定了良好基础，而产业集聚又为白酒产业链的发展带来了规模经济和市场效应，同时也促进了茅台镇区域品牌的塑造。因此，了解茅台镇产业集聚的未来发展方向，就能够进一步了解支撑区域白酒产业发展的技术引领方向，而特色小镇就是行政管理、产业发展和城镇化演进三重规制下的区域产业集聚自然转型升级的结果。特色小镇是集产业特色、城镇规划、人文底蕴和生态禀赋四位一体有机结合的重要功能平台，围绕特色产业形成的轴轮式产业聚集打造集生产、生活、生态于一体的产业发展空间形式。在特色小镇的建设中，特色文化是关键、旅游支撑是手段、产业发展是核心、绿色发展是要求。① 综上所述，在产业集聚发展的新形态——特色小镇的打造上，技术支撑的发展也应当以打造特色文化、拓展人文旅游、支撑产业发展和保证生态环境为主要方向。

1. 特色小镇建设的文化融入

在特色小镇建设的文化底蕴打造方面，茅台镇具有得天独厚的优势，一是拥有以"国酒文化"著名的茅台企业品牌，二是其独特的白酒酿造地理优势很容易与其他区域区别开来，有助于特色白酒文化的打造。但仅仅关注白酒文化还不够，因为茅台镇区域内不是只有茅台一个以酒为核心的产业集群，若每个集群都只以酒为特色小镇的文化底蕴，同质性过强便失去了"特色"这一功能。因此，区域内的每个特色小镇还应当结合自身的历史与景致，再与酒文化相结合，形成自身的文化

---

① 李国英. 乡村振兴战略视角下现代乡村产业体系构建路径［J］. 当代经济管理，2019, 41（10）：34-40.

内核，这就需要通过技术手段挖掘特色小镇独特的文化内涵。如通过对当地居民的生活习惯与历史文化分析、建筑与景致设计等凝练出具有鲜明特色的文化内涵，通过适当的创新形式将这些特色文化放大，并提炼特色文化符号再与酒文化相结合，生成与其他以白酒生产为核心的特色小镇不同的文化特质。最后，特色小镇的特色文化还需要依靠技术进行宣传，以扩大本地文化的影响力。例如，以特色小镇为载体发扬特色文化艺术、制作特色文化宣传片等，而当代传播媒介如微博、抖音、知乎等互联网平台应当被充分利用起来以提升小镇的知名度和美誉度。

2. 特色小镇建设的旅游开发

2016 年，全国旅游会议将全域旅游确立为我国旅游业发展的重要理念，而特色小镇又是全域旅游实施的重要空间载体。全域旅游一是强调全空间延展，其旅游体验范围已不再局限在传统的景点景区，而是在整个区域内随意体验当地生活。二是强调全资源利用，自然风光、民俗文化、历史记忆等都可以作为旅游资源进行开发利用。三是强调全主体参与，即使当地居民也能参与到旅游产业当中，使旅游体验变得更为真实。四是强调全过程体验，注重游客走进去、住下来，参与到当地真实的生活当中，得到旅游全过程的真切体验。对此，以白酒为核心的特色旅游开发就要尽量满足游客的个性化需求，避免"上车睡觉、下车拍照"的线路式旅游。而技术在这里除了以特色文化打造特色旅游资源（如特色小镇风情街、博物馆、特色菜馆等），建立好每一个旅游模块外，还需要实现全区域内的旅游资源向游客的透明化展示，并且为游客提供个性化定制服务，使区域内随意一个景点都可以与其他景点相互拼接形成个性化旅游路线。而随意景点之间可以相互拼接的前提是做好区域内旅游景点的整体规划，做好基础设施和公共服务建设，使任意景点之间的拼接具有可实施性和可操作性。

3. 特色小镇建设的循环发展

绿色发展是打造特色小镇的要求之一，而白酒工业所产生的环境污染问题也是近年来当地政府重点关注的问题。如果在产业集聚向特色小镇的转型发展中不能处理好污染问题，白酒特色小镇的打造也必然受阻。在白酒生产中，容易产生的污染主要有蒸馏锅底水、冷却水、发酵液等形成的工业废水，以及酒糟、酒粕、废渣等形成的固体废弃物。通过技术支撑发展循环经济，既能实现废弃物的价值再实现，也能保证特色小镇的绿色发展要求。在白酒的废水处理方面，现有技术可以支撑白酒工业废水的循环利用。在固体废弃物处理方面，可以实现酒糟酒粕的产品开发，如化妆品、食品和保健品的开发，还可以实现生态农业方面的生物开发，如发展酒糟酒粕的生物养殖、土壤培肥、土质调节等作用，提升农产品口感。

特色小镇：茅台镇白酒产业的未来

根据区域经济增长理论中经济发展的内涵，有意义的经济进步应当包括生产增长、技术进步、资本积累、产业结构改进和与外界经济关系改善五个方面。[①] 具体到茅台镇白酒产业，生产增长、技术进步和资本积累需要聚焦于白酒产业本身，使白酒产业发展具有可持续性；产业结构改进需要依靠白酒产业的创新发展，与其他产业实现有机融合；而与外界经济关系的改善需要发挥白酒产业的正外部性，让白酒产业的发展不以牺牲其他企业的发展环境或居民的生活环境为代价，同时又能惠及其他经济主体。因此，茅台镇白酒产业的未来发展目标可以确定为以白酒产业为核心，通过延伸绿色产业链塑造白酒产业集群，促进白酒文化融入社区居民生活，带动白酒产业与当地特色产业的融合发展，培育健康的产业生态系统，将茅台镇白酒产区打造成具有浓郁特色的白酒小镇，实现"产、城、人、文"的深度融合和"生产、生活、生态"协同发展。

具体而言，包含以下四个方面：一是以循环经济促进白酒产业的绿

---

① LIN Y F. Development strategy, viability and economic convergence [J]. Economic Development and Cultural Change, 2003, 53（2）: 277-308.

色发展。茅台镇白酒产业链条较长，涉及上下游环节较多，关联企业众多，当地居民对白酒产业的参与度较高。在"绿水青山就是金山银山"的理念倡导下，茅台镇需要以循环经济思想发展白酒产业链闭环，减少白酒产业对外部环境的污染，不断改善与外界环境的经济关系。二是以产业集群提升白酒产业的内生发展。作为区域经济发展的重要产业空间组织形式，产业集群是指在一个适当大的区域范围内，生产某种产品的若干个不同类企业，以及为这些企业配套的上下游企业、相关服务业高度密集地聚集在一起。产业集群既包括处于同一产业链上的不同企业的聚集，也包括不同产业链的聚合、产业链与各服务组织的聚合等。如今，茅台镇被称为"中国第一酒镇"、被评为"世界第一烈酒产区"，仁怀市被称为"中国酒都"，当地已经形成了具有相当规模和世界影响力的白酒生产制造企业集群。未来，茅台镇白酒产业发展需要以技术创新和标准体系提升白酒品质，以做市行商和文化塑造壮大白酒品牌，以链条延伸促进产业进一步集聚，提升产业的内生发展能力，实现产业链的不断延伸。三是以康养理念引领白酒产业的人文发展。十九大以来，随着《健康中国 2030 规划》的颁布，康养产业上升为国家战略，将成为国民经济的重要支柱。茅台镇属亚热带季风气候，终年温凉湿润，冬无严寒，夏无酷暑，雨量充沛，日照充足，山水秀丽。同时，茅台镇作为民族聚居区，民族文化丰富多样。再者，酱香型白酒因其工艺独特，成为中国白酒界绿色健康的代名词，因此茅台镇具有发展康养产业的优势资源，应以康养理念引领白酒产业的发展，让白酒文化更好地融入当地社区生活。四是以系统观念促进白酒产业的融合发展。将茅台镇产业发展看作一个生态系统，不同产业处于不同的生态位，彼此之间通过物质流、能量流、信息流产生相互影响、相互作用的内在联系。因此，茅台镇白酒产业的发展要跨越产业边界，与当地其他特色产业如红色旅游产业、辣椒产业、康养产业等进行融合，并带动其他产业之间的融合发展，形成一个完善的产业生态系统，具备自我演进、持续衍生的能力。

（执笔人：李玥，黄启发）

贵州遵义

红色旅游业搭起农民致富桥

红色旅游：遵义乡村的脱贫致富幸福路

　　遵义市位于云贵高原东北部，南临省城贵阳，北靠重庆，西接四川，东接本省铜仁地区，东南邻黔南、黔东南两自治州，属国家规划的长江中上游综合开发和黔中产业带建设的主要区域。遵义是首批国家历史文化名城，拥有世界文化遗产海龙屯、世界自然遗产赤水丹霞，享有"中国长寿之乡""中国厚朴之乡""中国金银花之乡""中国名茶之乡"等称号，曾获得全国文明城市、国家森林城市、中国优秀旅游城市等多项殊荣。同时也是中国三大名酒"茅五剑"之一的茅台酒的故乡。初步统计，遵义市共有自然生态、人文景观和社会资源 3 个大类、40个品种、100 多个景区（点），其中，有国家级资源 14 处、省级资源 75处。遵义山川秀丽，风光独特，尤以山、水、林、洞为主要特色。

　　发展红色旅游，遵义始终坚持规划引领，先后制定了涉及红色旅游资源的规划 23 个，其中关于红色旅游景区（点）专项规划、控制性规划及修建性规划 21 个。在规划的指导下，遵义市实施重点红色旅游项目 13 个，重点打造了"四区一城三镇两村"红色旅游精品景区（点）。"四区"，即遵义会议会址旅游区、娄山关战斗遗址旅游区、四渡赤水旅游区、突破乌江旅游区；"一城"，即将遵义老城打造成中国红色旅游休闲城；"三镇"，即土城镇、茅台镇、丙安镇；"两村"，即苟坝村、刀靶水村。同时，遵义市还保护和开发了七大红色旅游经典景区（点），即遵义会议纪念馆、红花岗红军烈士陵园、娄山关战斗遗址、四渡赤水纪念地、红一军团纪念馆、乌江景区、苟坝会议旧址等一批红色资源。目前，遵义共有红色旅游资源单体 299 个，红色旅游景区 16个，占贵州省红色旅游景区的三分之一，主要有红色会议会址、战役遗址、烈士墓群、名人旧址四种资源类型。遵义的红色旅游在产品设计上较为丰富，增加了体验式的旅游项目；在市场营销上定位精准，进行了差异化宣传；在路线打造上有机整合，形成了一些具有特色的旅游线路。同时强化基础设施建设，完善红色旅游景区配套功能，推动红色旅游景区设施升级。遵义充分利用川黔渝丰富的红色旅游资源、历史人文遗址、丹霞地貌奇观和秀美的山水自然风光等旅游资源优势，建立旅游合作机制、推动深层合作，建设精品线路、打造旅游精品，加强旅游联合宣传、提升整体影响。此外，遵义市充分依托各类平台，策划了一系列旅游形象广告片、宣传营销活动来加大遵义红色旅游市场营销力。2015 年，遵义红色旅游共接待游客 1946.6 万人次，实现旅游综合收入147.7 亿元，分别是"十一五"期末的 2.69 倍和 2.51 倍。2016 年，遵义市红色旅游共接待游客 2697.8 万人次，实现旅游综合收入 201.3 亿元，同比分别增长 38.6%和 36.3%。2017 年，遵义市旅游共接待红色旅游游客 3728.3 万人次，实现综合旅游收入 276.3 亿元，分别同比增长 38.2%和 37.3%。

山高路远：传统旅游模式成羁绊

红色旅游主要是基于中国共产党在革命和战争时期所形成的故居、旧址和地表，以革命历史、革命事迹和革命精神为内涵，组织游客开展学习、参观、游览等主题活动。一方面，开展红色旅游是加强革命传统教育的重要手段，能加强广大党员干部的党性和党风廉政建设，对包括青少年在内的广大人民群众的爱国情感、民族精神的弘扬和培育起到宣传作用。另一方面，因特殊历史原因，革命老区往往处于地理位置偏僻、欠发达地区，发展红色旅游能有效带动革命老区经济社会发展。因此，发展红色旅游既有深远的历史意义，同时也有重要的现实意义。

红色旅游是遵义旅游业发展的特色支撑品牌。近年来，在国家相关政策的支持下，遵义市的红色旅游取得了一定的发展成效，尤其是景区、景点基础设施建设的不断完善，为全市红色旅游业的发展升级打下了坚实的基础。但是，目前红色旅游总体开发层次较低、相关旅游资源缺乏空间整合、红色文化内涵挖掘不够等成为制约遵义红色旅游发展的短板。此外，随着人们生活水平的提高，旅游消费者越来越重视参与式的体验过程，旅游消费需求逐渐从以往的线路游转变为多样化与个性化的"菜单式旅游"，体验是旅游经济的硬核，旅游经济是典型的体验经济，缺乏体验的旅游无法实现人们对旅游"自由与快乐"的追求。① 因此，如果遵义市红色旅游产业的发展不能够很好地应对以上问题，采取积极地改善措施，那么遵义红色旅游产业的发展将会在未来的旅游市场竞争中逐渐失去优势。从这个视角看，遵义红色旅游产业的发展面临三方面的困境。

一、旅游产品模块化开发的技术瓶颈

1. 红色旅游系统分解为模块的技术瓶颈

一是缺乏强大的核心主体。遵义红色旅游景区分布较广，缺乏模块化结构对核心主体所要求的协调控制力。例如，习水县土城土镇拥有女红军纪念馆、四渡赤水纪念馆、十八帮文化体验馆；茅台镇是三渡赤水的地点，拥有红军长征过茅台陈列馆；遵义会址坐落在遵义市城区等。二是模块界定不明晰。长期以来，遵义区域内旅游企业对自己的经营发展未有明确定位，虽然习水县利用互联网平台开创了"互联网+旅游+电商"的发展模式，力图将习水、餐馆、景区等资源整合起来，但是目前这种模式仍处于建设期，整体化、系统化发展意识在全遵义地区需要加强。因缺乏系统、全局的观念，遵义红色旅游产业的企业间分工合作关系不明确，所以也不可能存在相对独立的模块发展和清晰的模块化产业结构。三是同质化较严重。模块化要求在各模块内开展淘汰赛竞争，对企业间的差异化发展提出了更多要求，以利于良性竞争的形成。由于遵义属西南地区，旅游企业创新意识不强，再加上旅游产业创新难有知识产权保护，因此，区域内红色旅游发展跟风现象较为严重，旅游业各

① 施紫姣. 试论我国旅游业态的创新与发展 [J]. 旅游研究，2011（1）：20-23.

环节均存在不同程度的同质化发展，旅游业收益低，且单一化。目前，红色旅游景区的收入来源也只是讲解员的讲解费。

2. 红色旅游产业模块化设计的技术瓶颈

一是消费者需求的多样化。在传统线性产业链思维下，遵义旅游业的"吃、住、行、游、购、娱"六要素独立运行，消费者按照旅游经营企业提供的旅游线路，以组团方式进行旅游消费，行程路线、活动内容、吃住行购等都由旅游公司事先规划，消费者处于价值链的最末端，只能被动接受，受其制约，多样化与个性化的消费需求无法得到满足。在设计好的旅游线路中进行的旅游消费，一旦线路确定，不管你喜欢与否，必须按照约定走完全程，选择同一条线路的消费者在旅游过程中被简单地同质化，缺乏对消费者个人差异的关注。但是，每个消费者都有不同的兴趣爱好，线路景点的同质化忽略了这种差异性，致使每个消费者在旅游消费中都会产生冗余，从而增加消费成本。随着人们生活水平的提高，消费者的旅游诉求逐步从原来简单的"到此一游"的观光，转变成"菜单式"的消费需求，消费者越来越重视参与式体验过程，体验式旅游是硬核。旅游经济是典型的体验经济，缺乏体验的旅游无法实现人们对旅游"自由和快乐"的追求。所谓体验，就是使每一个人以个性化方式参与到具体实践当中，使其在情绪、体力、智力，甚至精神上达到某种境界，从而在意识中产生美好感觉。这种美好感觉的获取才是旅游休闲所要达到的真正目的。消费者在旅游过程中对体验的个性化追求，使异质性旅游产品的需求不断攀升，对旅游业形成了严峻挑战。

二是旅游模块设计的复杂化。第一，旅游业具有更强的综合性和整体性，它是由"吃、行、住、游、购、娱"六大要素组成的行业整体。对旅游者来说，他们需要购买和消费的是在一次旅游活动中所得到的整体感受，因此，在旅游全过程中任何一个环节上供给不足、服务不好，或不能满足旅游者的需求，都会被认为旅游服务质量不高，从而影响整个旅游业的声誉，因此要求"舵手"具有很强的行业整合能力。第二，旅游业中的模块具有相对独立性，是一个相对完整的半自律系统。制造业中的产品模块半自律性质，决定了各模块只有通过"舵手"的模块化集中操作才能成为完整的产品，进而实现其价值。① 但是，旅游业是服务业，服务劳动的实现具有生产过程与消费过程在时空上的同一性，消费者需要的模块组合可以由旅游企业来提供，也可以由消费者自己来实现。而且，与制造业中的模块是一个半自律系统不同，旅游业中的模块，具有自己完整的功能，是一个相对独立的系统，离开旅游公司可以自行运转，无需依赖旅游公司的模块化集中，就可以完成价值实现，游客选择自助游就是如此。第三，旅游业中的模块对周边环境有强烈的依赖性，容易出现负外部性。制造业模块的规模经济体现在对模块的大批量生产上，而旅游业模块的规模经济则体现在对单一模块的重复使用上。而且，旅游业的模块化消费体现出"游客移动而模块不移动"的特征，这就决定了模块在重复利用过程中对周边环境的强烈依赖性，如果在模块独立运行中不加以规制，容易出现负外部性问题。比如，广西某地是著名的世界长寿之乡，这些年该地区养生旅游声名鹊起，吸引了大量重视养生的人群从四面八方云集于此，对"吃、住、行、游、购、娱"等旅游需求快速攀升。但这些旅游业模块没有"显性规则"的约束，导致小产权房激增、环境污染、原住民生活被干扰等一系列负外部性问题，严重影响了该地旅游业发展的可持续性。

3. 红色旅游模块标准化设计技术瓶颈

一是红色旅游产品多、分散广。就旅游产业六要素而言，每个行业及每个行业的子模块都需要确定标准。此外，不同的产品定位、不同的客户对象模块化标准不同。比如，想要通过环境管理来提高旅游产品的竞争力，就需要针对"环境友好型"旅游产品和服务设立标准。对于涉外旅游产品也需要进行划分和评定，根据自身情况制定出相应的标准来支持标准认定。二是牵涉利益主体众多。旅游产业标准化设计涉及的最关键的两类主体就是设计主体和设计对象，谁来设计模块化标准，谁来做好监督工作，怎样才能推进政府、企业、非政府组织、公众之间的信任及利益关系，都是要平衡的问题。尤其是，在确定模块化标准之

① 李靖. 新型产业分工、功能专业化与区域治理：基于京津冀地区的实证研究 [J]. 中国软科学，2015 (3)：80-92.

后，对于未达到标准的经营主体该怎么处理。

二、旅游产品模块化整合的技术瓶颈

我们都知道，模块化理论首先在制造业中得以运用。制造业模块化理论认为，具有独立功能的价值模块，按照一定的规则，通过一定的平台集成在一起，创造了大规模定制和改进企业贸易能力的奇迹。在模块化生产方式下，开发出具有独立价值功能的模块固然重要，但所有模块的功能和互换性都是依靠产品平台的功能和配置变化而存在的，如果没有产品平台，模块的存在就没有意义。模块化生产方式是在原本属于不同产业的价值模块之间寻找共同的产业联系，模糊产业边界，使独立价值模块可以在多条产业链中"即插即用"，从而增加交易频率，提升价值创造能力，繁荣区域经济。[①] 显然，这些原本分属于不同产业的价值模块要聚集在一起，就需要有价值模块集成的载体——联系平台，没有联系平台，价值模块就只能停留在原有产业链中，无法构架起产业之间的联系，发挥协同价值创造功能。

旅游产业链网经济的价值创新需要在不同产业链的模块与模块之间、模块与互补品之间、模块产品与消费者之间实现协同才能实现，而且，这种协同不是在一体化组织中通过权威规制来实现的，而是需要让模块生产企业、互补品生产企业和消费者自愿在某一规则下参与协同价值创造行为。我们把提供这种规则让众多模块生产企业、互补品生产企业和消费者联系起来的载体称为"联系平台"。从概念上说，旅游产业链网的联系平台就是描述产业的模块化结构及模块的功能、模块间的几何链接接口和输入输出接口。联系平台是模块划分的基础，平台和模块是相辅相成、相互依存的，不能将平台和模块割裂开来。与单一产业内（如制造业）的模块化生产平台所不同的是，在一个产业内部的模块化生产依托的平台是产品（如汽车），而在产业链网经济中，不同产业独立价值模块的跨产业链接依托的平台是产业。

---

① 程李梅，庄晋财，李楚，等. 产业链空间演化与西部承接产业转移的"陷阱"突破[J]. 中国工业经济，2013（8）：135-147.

1. "联系平台"模块划分的技术瓶颈

旅游产业模块间整合是在模块分解的基础上进行的，对分解模块进行重新组合的主要目的就是充分挖掘旅游资源，对其进行合理配置与重新组合，使其形成众多的多样化、个性化的旅游产品，以满足旅游消费者的需求。在"联系平台"模块划分过程中，最为关键的问题就是平台系统的构成要素确定。这是模块划分的基本前提，因为只有充分了解、掌握现有资源，才能做出科学合理的划分，简单来说，就是要弄清楚在这个平台系统中有哪些东西可以被划分，对这个问题应当有一个非常清晰的认识。对遵义的红色旅游产业发展来说，其模块划分的核心问题就是充分挖掘遵义现有的红色旅游资源，以及能够与红色旅游相联系的其他资源，而这正是目前遵义红色旅游产业发展比较薄弱的环节。

2. "联系平台"规则设计的技术瓶颈

在充分挖掘与掌握资源的基础上，进行模块整合前还需要进行相关规则的设计，只有在统一的、科学的规则指导下，模块与模块之间才能进行自由组合。而根据模块化理论，其规则设计包括设计者"看得见的设计规则（显性规则）"和"看不见的设计规则（隐性规则）"。所谓"显性规则"，是指所有的模块设计者都必须遵守的规则，以确保所有模块在统一规则下进行联系，从而使模块之间能够恰当地整合起来，它也是模块间整合的重要依据。① 另外，显性规则还是影响下一步设计决策的决策，需要在开始设计阶段就能确定，而且向参加设计者广泛宣传。显性规则设计要明确三个问题：结构——确定哪些模块是系统的构成要素，它们如何发挥作用；界面——规定模块如何相互作用，模块相互之间的位置如何安排、联系，如何交换信息（也称为接口）；标准——如何将模块组合成系统，如何检验模块是否符合设计规则，如何测定模块的性能。"隐性规则"则是一种仅限在一个模块之内，对其他模块的设计没有影响的决策，这种模块内的决策具有可替代性，也可以事后选择，无需跟模块设计队伍之外的人进行商量。这种"显性规则"

---

① 郝斌，任浩. 组织模块化及其挑战：组织形态演进的思考 [J]. 商业经济与管理，2007（9）：26-31.

与"隐性规则"的设计是模块整合的依据，也是遵义红色旅游产业模块整合的技术难点。

3. "联系平台"模块对接的技术瓶颈

在充分挖掘和掌握现有资源、制定模块开发规则之后，最关键的环节就是模块与模块之间的对接，也就是考虑将哪些模块组合在一起。在模块对接的环节中，比较困难的地方是对旅游者消费需求的分析。根据前文分析可知，模块分解与组合的主要目的就是通过这些模块化的操作，开发出新的旅游产品，以满足旅游消费者多样化与个性化的消费需求。只有对旅游消费者的消费需求有了充分的了解，才能通过不同模块之间的组合，形成畅销的旅游产品，而这正是遵义红色旅游产业发展相对薄弱的环节。从当前发展来看，在遵义虽然也建立了一些旅游信息平台，比如习水县智慧旅游指挥中心，然而，相关部门对收集来的数据与信息还不能够很好地加以分析与利用。只有对这些数据与信息进行充分的挖掘利用，掌握消费者的需求，才能通过模块组合创造更多的、符合消费者需求的旅游产品，进而带来持续的旅游收益。

三、模块化旅游产品与消费者衔接的技术瓶颈

1. 识别潜在新型旅游消费者的技术瓶颈

从营销学视角来看，传统的需求发现技术包括如下几种类型。一是"酒香不怕巷子深"式的被动等待模式，这主要包括不需要发现潜在消费者的垄断行业，以及没有能力去发现潜在消费者的弱质企业。二是通过户外海报、报纸杂志、电视广播、主流网站等传统媒体投放广告，在广告中塑造和强化空档定位、专业聚焦等方式，引起潜在消费者注意、形成良好公共形象、得到潜在消费者认可与青睐，刺激潜在消费者上门购买。当前，绝大部分企业都使用这种方式进行市场营销和发展潜在消费者。三是通过电话、电子邮件和社交软件等集中定向对广大消费者进行轰炸式推广，这一模式的优点是成本低、速度快，但同时整体效率也比较低，并且还有可能引起消费者的反感与抵触，甚至有可能会触及法律底线。目前，绝大部分旅游产业都使用以上几种传统的发现潜在需求的技术，当然，这对团队游和观光游等传统旅游需求的挖掘来说确实是有效的。现在，以年轻游客为主的散客游和体验游已经超越传统团队观

光游，占据了旅游需求的一半以上体量，而传统的需求发现技术对新型的旅游需求发现来说是低效甚至无效的。[①] 那么，模块化后的旅游产业如何与消费者的新型需求对接？毫无疑问，需要新的需求发现技术来支撑。有部分地区也开始尝试运作旅游产业的模块化供给侧改革，但是受限于发现潜在消费者的技术瓶颈，因而无法建立模块化后的旅游产业与消费者新型需求的良好对接。

2. 与新型游客有效交互的技术瓶颈

发现并锁定红色旅游潜在的消费者之后，如何进一步与其建立联系，是模块化旅游产品与消费者衔接面临的第二个技术瓶颈，即交互平台的重要性。当前，不外乎包含各种类型的实体旅行社（中旅、国旅、青旅、康辉等）、各大旅游网站（携程、去哪儿、飞猪、途牛等），以及各地区开发的旅游小程序。其中，实体旅行社毫无疑问是对接传统的团队观光型旅游消费者的较好选择，具有规模大、标准化和便利性等特点，成本低还省心。但是这显然不是个性化游客的选择，相比之下旅游网站更能满足新型游客的需求。但旅游网站信息量大、内容庞杂，衔接度存在很大的问题，往往需要游客在出行前花很多时间（看各种攻略等）才能做出一个相对好的旅游计划，时间成本高且效果还不见得好。各旅游地也陆续开发出一些小程序或 APP，如遵义、习水就已经开发了部分类似的小程序，但是目前功能还仅限于信息推送、景点和旅游产品介绍。对于红色旅游的新型游客而言，以上三种平台都无法满足其对散客式、体验式和个性化的新需求。那么，模块化后的旅游产业应该在什么样的平台上与消费者的新型需求进行对接呢？这也需要新的交互平台来支撑。遵义部分地区开发的本地旅游指南小程序，是很好的尝试，但是距离突破建立新型红色游客交互平台的技术瓶颈这一目标，还有很大的差距。

3. 实现模块化红色旅游计划的技术瓶颈

如何实现模块化红色旅游计划，是模块化旅游产品与消费者衔接面临的第三个技术瓶颈，这是新旅游模式带来的新问题。这对传统的团队

---

① 吴海燕. 以智慧旅游视野发展全域旅游的理论和实践 [J]. 经济问题探索, 2018 (8)：60-66.

游和观光游来说不是问题，因为线路是固定的，旅游计划预先就制订好了。其优点是省心、省力，但可能带来热门旅游景点人流过度集中，人山人海、排队到天黑等大大损害旅游体验的问题。对于模块化的旅游计划来说，在旅游计划制订和具体实施两个方面都将面临很大的挑战。一方面，旅游计划制订要考虑动态问题，即当消费者提出其想要去的景点，平台必须能马上根据空间距离、拥挤程度或相关景点给出相应的建议，这需要非常强的实时技术支撑。另一方面，计划的具体实施面临巨大的挑战。假如，消费者的模块化旅游计划已经制订完成，交通、门票和吃住等配套服务该如何实现呢？是否有拼车的需要和可能？何种条件下能最大程度享受团队门票优惠？这都是模块化红色旅游模式需要面对和解决的供需衔接技术瓶颈。当前，遵义依靠第三方旅游平台解决以上问题的可行性很小，地方 APP 远远未能达到这些功能要求。虽然习水县设计建造的现代化游客集散中心，实现了上述部分功能，但是还没完全发挥其供需衔接、线上线下对接的核心作用。

模块化改造：红色乡村旅游发展的新思维

近年来，遵义市红色旅游产业蓬勃发展，接待游客规模和实现旅游综合收入均呈持续快速增长。但是，游客的旅游层次不深、过夜率不高，人均消费水平也偏低。2017 年，遵义市红色旅游人均消费 741 元，该额度虽然比全国红色旅游人均消费高出较多，但比遵义市总体旅游人均消费还是少了 261 元，比全国总体旅游人均消费也少了 173 元。因此，遵义市在继续推进接待游客规模增长的同时，要着重解决红色旅游产业综合收益率偏低的问题。从需求层面来看，当前的旅游需求出现了明显的个性化、散客化和立体化发展趋势。数据显示，以 80 后为主的年轻一代已经成为红色旅游的主力军，这些以年轻人为主的旅游需求带有明显的个性化和多样化等特征。他们经济独立、崇尚自由，更倾向于选择自驾出行的旅游方式，由此启动了一波散客化的旅游新趋势。同时，新兴的游客们已经不满足于某种单一类型的旅游方式，他们往往在红色旅游、生态旅游和文化旅游等多样化旅游资源中选择立体式和自助化的旅游新模式，全方位感受不同类型旅游资源组合带来的不同体验。从供给层面来看，当前遵义市红色旅游产业仍然是以固定路线、团队接待、观光游览为主的供给模式，显然无法满足当前游客需求的新变化。例如，在遵义红旅集团的"一心一圈三线"发展规划中，主要强调的还是三大固定路线的打造，参观路线中的景点时，游客只能跟着讲解员走完全程，整个过程平淡乏味，缺乏灵活性与创新性。这种传统团队游时期的标准产品、固定线路游览已不能充分满足旅游主力的个性化旅游需求。因此，以科技为支撑对红色旅游产业进行供给侧改革，使其能与个性化、散客化和立体化的旅游需求进行快速、精准的对接，是遵义市红色旅游产业深化改革的基本导向。具体地说，就是要基于工业 4.0 模块化理论，对红色旅游产业的整个运营过程与方式进行模块化改造。

一、旅游产品模块化开发的技术引领方向

1. 系统分解为模块的技术引领方向

模块化开发首先着眼于产品族系统分解，由上而下建立通用模块体系，最后由模块组合成产品。模块是具有特定功能的独立单元，功能是构成模块的依据，因此，遵义红色旅游产业的模块化过程中，将整个红色旅游产业系统分解为模块要以功能为核心、结合整合结构进行分解。比如，红色旅游产业具有文化、休闲、教育、经济、生态等功能，在进行产业系统分解过程中可以将通用要素进行提取和分离，将相似要素进行简化、归并、统一，经典型化处理，从而形成模块。遵循模块的"结构原则"，又称"划分规则"，确定构成红色旅游产业的模块的轮廓（界限），即红色旅游产业是由哪些模块组成的，它们是怎样发挥作用的。

具体的红色旅游产业系统分解步骤如下：（1）要根据需求、经验和技术趋势，提出初步结构描述和布局。（2）结构分解与功能分析应该按层次同步进行，并相互呼应。例如，旅游产业中的六大要素"吃、行、住、游、购、娱"都具有明确的功能特色。（3）结构分解与功能分析相较，以结构分解为主。功能分析不能解决结构形式和布局问题，只有把功能融入相应构件，才能构成产品实体。以企业的差旅管理为例，针对企业的会议、展销、商务、学习等出差需要，与红色旅游紧密结合起来，提供全程化服务，可以进行专业化咨询、针对性设计、系统化管理和实施。把传统的旅行社业务融入所有企业整体运作中，把它设计成独立的模块，具体业务再设计成子模块、子子模块等。

2. 模块化设计的技术引领方向

面对目前传统的旅行线路设计忽略游客的主观需求的情况，未来在设计旅游产品的时候要考虑的不仅仅是红色文化产品的消费活动，更多的是关注旅客自身的心情、愉悦度、参与度、体验感。为了满足这一需求，需要在传统的旅行线路设计上融入现代化的模块化理论，优化升级线路设计，提高遵义红色旅游模式的可观度，满足大众日益多样化、多元化的红色文化体验需求，与红色文化主题相契合，加深红色文化的体验活动。红色旅游模块化设计的对象是红色文化产品和红色模块，针对两个设计对象需要形成两个专业化的设计、制造体系，即以设计制造产品为主和以设计制造模块为主。红色旅游模块化产品有三个相互独立又相互关联的模块系列：硬件模块系列，能够通用于产品族的功能单元（如红色景区、博物馆、辣椒基地、白酒产区）；结构模块系列，具有互换性的通用结构单元；软件模块系列，能够通用于产品族的功能程序段（如餐饮、住宿、购物、交通等）。

模块设计有三种方式，即系统分解组合法、基本派生法、系统分解组合法+基本派生法。系统分解组合法通过对产品族的分析，把其中相同或相似的功能单元或要素分离出来，经归并、集成，统一为一系列的标准单元（模块），用不同模块的组合构成多样化产品。简单来说，即新产品＝不变部分（主体模块）＋标准通用部分（改型模块）＋专用部分（新功能模块）（如红色景区+红色文化深入体验+红辣椒基地参观）。基本派生法是研制一种基本型，通过变型（某些部件的附加、替换、再加工）形成派生型产品，以满足不同需求（如红色旅游体验产品根据消费对象的不同年龄层次，兼顾他们的特点设计不同的体验活动）。模块化设计以餐饮为例，旅游产业中餐饮产品的模块化要求以产品标准化和产品体系为基础。这就要求对生产原料、生产工艺、生产流程进行系统设计和划分，通过标准化、模块化达到批量定制生产和服务的要求。生产原料的模块化又可以划分为主体模块和辅助模块。如麻婆豆腐中豆腐为主体模块，其他原料为辅助模块，它与家常豆腐、海鲜豆腐、盖浇豆腐、天天豆腐、张公豆腐、八公山豆腐、乾坤豆腐等菜肴通用或公用主体模块，占主导地位。所有以豆腐为主导的菜肴都可以耦合"豆腐"这个主体模块。辅助模块体现菜肴制作和设计的特色，即个性化和人性化。菜点多样化一方面要关注顾客、市场、制作者、专业人士的信息反馈，另一方面要着眼于模块和模块接口、不同的温度要求、不同的烹饪时间设定，以满足多样化和个性化需求。

3. 模块标准化设计技术引领方向

模块的标准化是为了在一定的范围内获得最佳秩序和效益，经协商一致并由公认机构批准，共同使用的或重复使用的一种规范性文件。其目的是建立模块系统和模块化的对象（产品族）系统。遵义红色旅游产业的模块标准化设计是模块衔接、整合的前提。遵义红色旅游产品标准化的过程是"通用化"与"系列化"的综合运用。"通用化"，即在相互独立的系统中，选择和确定具有功能互换性的子系统或功能单元；"系列化"，即对同一类产品中的一组产品同时进行标准化。遵义红色旅游产业的模块标准化设计需要经过两步：（1）"简化"，削减目前遵义旅游产业中多余的、可替代的、低功能的对象。为达到产业结构的"精炼"和"合理"需要把握两个界限：简化的必要性界限，红色旅游相关产品、规模超出了必要的范围；简化的合理性界限，简化应达到"总体功能最佳"的目标，即品种、数量从全局看效果最佳。（2）"统一"，对标准化对象的形式、功能或其他技术特性所确立的一致性，应与被取代的产品或事物的功能等效。

遵义红色旅游产业的标准化设计具体步骤如下：（1）充分利用已有的标准化成果和资源。第一，已经建立的标准具有先进性和实用性，是一种成熟的、公开的先进资源，可以拿来就用。第二，通行的共同技术语言对遵义红色旅游产业发展来说是一笔可以共享的巨大财富。（2）全面实施系列化、通用化设计。第一，产品层次结构的规范化和系列化。分析、明确并规范红色旅游产品的层次（功能、结构模式的层

次），通过建立层次结构体系为产品的系列化、通用化设计提供线索和
思路，避免红色旅游景点开发、博物馆建设等的盲目性，既有助于遵义
旅游产业各相关部门的思想统一，也有助于组织管理。第二，产品构成
要素的通用化。对产品的多种基本要素（如旅游产业的六大要素）进
行通用化设计，可以降低专用性要素的建设和管理成本。

4. 遵义旅游业模块化中的"双层舵手"设计

根据模块化的含义，不同企业在模块化市场结构中担当不同的角
色，一种是为模块产品提供"显性规则"，称之为"模块设计师"，一
种是作为某个模块的供应者来参与竞争，称之为"模块供应商"。前者
为模块化过程的"舵手"，为后者的"模块"组合提供接口。随着人们
生活水平的提高，个性化的旅游需求不断攀升，"菜单式消费"使旅游
越来越脱离旅游公司的约束。目前的旅游市场已经出现了某种分化：一
部分人沿袭着传统的旅游方式，以方便为主要诉求，希望旅游线路、吃
住安排等由专门的旅游公司安排，这部分游客是目前旅游公司的主要服
务对象；另一部分人在厌倦了一窝蜂赶潮似的到某地看风景的旅游方式
后，带着强烈的体验诉求参加旅游活动。他们不仅仅满足于到此一游，
而是更强调旅游过程的随性，他们想走就走，没有具体目的地，一路体
验风土人情。"无目的地旅游"是社会发展和旅游业发展的一种正常趋
势，尤其是在压力增大、日渐繁忙的都市，人们在内心深处渴望从自身
的各种角色中抽离出来，开始向往舒适、悠闲的田园生活，从而找回心
灵的平静及生活的原始乐趣。

旅游业模块化的特殊性和旅游消费的发展趋势表明，依靠旅游公司
组织的传统团队式旅游方式正面临巨大的挑战，旅游产业的发展为适应
各种变化，会出现越来越多新颖的旅游模块组合方式。而且，旅游业的
整体综合性及旅游模块的独立性和对环境的依赖性，使旅游企业难以担
当旅游业模块化发展中的"舵手"角色。从遵义旅游业的发展情况来
看，"红色旅游"是其主要特色，截至 2016 年，遵义市有世界自然遗产
1 个，国家级风景名胜区 1 个，省级风景名胜区 6 个，国家级自然保护
区 3 个，国家 AAAA 级旅游景区 21 个，成为"无目的地"出行的游客
的理想选择。据统计，2017 年遵义市共接待红色旅游游客 3728.25 万人

次，实现旅游综合收入276.27亿元，收入同比增长37.24%。在游客数量不断攀升的同时，游客组成结构发生了巨大变化，游客以自驾车散客为主。如何保证这些自助游的品质？如何确保各旅游模块正常有序地满足游客的需求？如何保证各旅游模块在自运行过程中不会造成负外部性问题？根据模块化理论，"显性规则"的确定和实施具有十分重要的意义。结合旅游业模块化的特征，我们设计了遵义旅游业模块化过程中的"双层舵手"模式，即由市旅游管理局为"舵手"，各旅游公司为"副舵手"。

在"双层舵手"模式中，各旅游模块共同遵守的"显性规则"由充当"舵手"的市旅游管理局和充当"副舵手"的旅游公司共同完成。作为"舵手"的市旅游管理局需要完成以下任务：（1）通过对全市旅游资源的普查，确定区域旅游产业的发展特色，并根据特色决定需要开发哪些模块组件，这些模块涵盖旅游业的"吃、住、行、游、购、娱"各环节。（2）通过收集市场信息和专家咨询意见，制定每个旅游模块设计时需要遵守的规则，以确保模块符合市场需求和不产生负外部性。（3）负责对所制定规则的宣传和执行过程中的监督检查，确保规则在模块生产过程中得到贯彻执行，或者使不遵守规则的模块被替换。（4）通过整理各模块反馈信息以及市场需求的变化，对模块生产遵守的规则进行调整与修改，以确保模块能适应市场需求的变化。（5）通过把握旅游市场需求的变化，制定模块之间的联系规则，以确保模块操作简洁便利，提高模块利用率，获得模块规模经济和模块整合的范围经济。（6）通过对旅游模块运行状况的调查，发现并改进存在的问题，进而形成模块设计标准，推进旅游模块的标准化工作。

在这个"双层舵手"结构中，存在多个"副舵手"，即不同的旅游公司，它们在旅游业模块化过程中承担以下职能：（1）通过模块操作为消费者提供个性化服务。目前，已经出现由旅游公司为消费者设计出一个个有主题特色的"行程"，每个"行程"包含若干天的行程计划，可以将每一个"行程"看作一个最基本的模块。消费者只需要把自己喜欢的模块（也就是"行程"）挑选出来，告诉旅游公司，旅游公司负责将这些模块拼接在一起，即通过"模块1+模块2+模块3+…=模块化定制"的方式，为消费者提供一条真正符合需求的旅行线路，增加了游客的旅游参与度。旅游公司为消费者提供的个性化服务，是通过模块化操作来实现的，模块化操作包括：

——模块分离与替代。前者是指将模块继续细分，后者是指用一些模块来替代另一些模块。比如，旅游业中的"游"这一模块，就可以进一步细分为"山水风光""民族风情""历史文化"等，这就是模块分离。而随着新景点的开发，将原有旅游行程中的某些模块用新的模块替代，形成新的行程，这就是模块替代。

——模块去除与增加。前者是指将已经丧失原有功能或者是被新模块替代的旧模块从系统中分离出去，后者是指在原来系统中增加一个新的模块。随着旅游模块的不断开发，通过模块的去除和增加，可以形成更多的模块组合，构成更多的顾客定制产品。

——模块归纳与改变。即从多个模块中归纳出共同的要素，形成特色更为鲜明的旅游服务产品。

图 7-1 是目前旅游公司提供给消费者的遵义市旅游线路，从中可以看出，原来的旅游行程安排更多的是以空间距离为依据，以便利性为原则，将多种异质性模块结合在一起，每条线路既有红色文化，又有山水风光，旅游品质体现在产品综合性和宽度上，但深度不够，不能满足部分喜欢深度游的消费者的需求。比如，如果消费者想要深入考察遵义地区的多民族风情，就存在一定的困难。通过模块的分离与替代、去除与增加、归纳与改变，可以形成更多的个性化模块组合，增加服务产品的宽度与深度，满足客户的多样化需求，这也是旅游企业作为"副舵手"最主要的职责和任务。

➤ 1. 遵义一日游：赤水大瀑布——佛光岩——白马溪
➤ 2. 遵义一日游：息烽集中营——遵义会议会址
➤ 3. 遵义一日游：茅台镇——茅台国酒文化城——1915 广场、红军桥、四渡赤水纪念馆
➤ 4. 遵义两日游：燕子岩——赤水大瀑布——四洞沟——白马溪——红石野谷
➤ 5. 遵义两日游：土城古镇——赤水竹海——丹霞大瀑布
➤ 6. 遵义五日游：遵义会议会址——息烽集中营——四渡赤水纪念馆——赤水大瀑布——茅台国酒文化城

图 7-1 遵义市常规旅游线路图

（2）收集市场信息和模块反馈信息，协助"舵手"完善系统"显性规则"，使模块之间联系更紧密并符合市场需求。

（3）遵守"舵手"提供的显性规则，构建模块组合所需的"联系界面与接口"。

（4）向模块制造商宣传系统"显性规则"，并监督规则的执行，反馈模块运行信息。

通过以上任务分解，解决旅游业中各模块运行过程中形成的负外部性问题，同时确保模块整合灵活有序，满足消费者多样化的消费需求，这在遵义市旅游业模块化发展过程中有特别重要的意义。因为就目前情况来说，遵义市旅游业的关键任务有三个：一是吸引更多的游客前来，做大遵义旅游市场。二是旅游业的发展要能惠及更多的人，尤其是农村居民。旅游业发展要能带动更多的产业实现网络联动效应，就需要根据市场变化，培养更多的模块制造商。三是在模块化过程中，要确保减少负外部性问题，实现人与环境的协调持续发展，达到经济、社会、自然的和谐统一。这些任务仅依靠旅游公司难以完成，必须有政府权力的一定程度介入，这是因为旅游过程中的环境维护活动具有准公共品性质，属于市场失灵的领域。

二、旅游产品模块间整合的技术引领方向

1. 基于产业链网的遵义市红色旅游产业"分层模块"体系

产业链是基于分工经济的一种产业组织形式，迂回生产理论、技术进步增强了产品生产工艺之间的可分割性，使社会生产的迂回程度提高，形成大量的中间品生产。当这些中间品生产分属于不同的企业时，上下游企业之间就产生大量的纵向关系，形成产业链。从理论上说，产业链具有所有权属性和空间属性，所有权属性是指纵向链条的各生产环节分别由哪个企业所有，空间属性是指纵向链条的各生产环节的地理位置分布。产业链的空间演化既包括同一产业链内部企业的空间分布，也包括相关产业链的地理空间分布，演化结果是产业链内涵不断丰富、活动空间范围不断扩大。随着产业链的不断发展，通过纵向延伸和横向拓展，产业链将呈现出"点—线—网"的形态变化，其内涵不断丰富，逐渐形成产业链网经济。产业链网的形成可以推动地区生产要素的重组，引起区域产业结构和空间布局的变动，提高区域生产要素的配置效率，获得多重产业互动效益。正因如此，我们将"产业链网经济"看作带动区域经济发展的新模式。

在模块化理论中，企业被划分为两大类，一类是模块设计师，一类是模块供应商。模块设计师负责模块的设计和模块间联系的安排，即确定模块链接的规则。在遵循系统设计规则下，模块供应商提供独立的模块功能。① 由此，在统一规则下，模块供应商之间可以展开竞争，不同的价值模块之间是互补性的合作关系，这样就形成了产业内企业之间的竞争与合作关系。显然，模块生产在产业链网经济中有十分重要的意义。所谓分层模块，就是由多个层次的基础模块和模块组合构成的完整体系，基础模块是以促进专业化为导向的，模块组合则提高供给弹性，实现客户定制化服务。

从目前遵义市的旅游常规线路来看，旅游产品功能的开发相对比较单一，主要集中在满足游客观光游览的需求上，并没有体现出旅游是一种综合性产业的特征，未能使遵义当地丰富的红色资源与旅游业联通嫁接，进而促进当地经济的发展。要充分利用遵义现有丰富的红色旅游资源，以红色旅游产业为平台推进遵义实现产业链网经济的战略转型。我们认为，应该将遵义市特色产业"染红"，将特色产业如白酒产业、辣椒产业等，打造成红色旅游价值功能模块，通过模块化操作，实现特色产业与红色旅游产业的模块整合链接。

产业链网经济的主体是企业，他们参与各种活动，利用网络知识实现资源的有效连接，同时不断创造新知识，提升产业链网的整体知识水平。因此，产业链网经济的发展，依赖于大量基于模块化分工而从事不同功能模块生产的模块企业，在网络系统统一的显性规则指导下，参与模块设计与生产，不断丰富模块组合，形成更多可供选择的产品和服务。遵义市红色旅游业发展并没有很好地体现旅游业本身的综合性产业的特征，一个主要原因就是模块供给短缺，使产业链缺乏节点，因此，

---

① 张海华，王雅林. 产业集聚模块化演化过程分析［J］. 学习与探索，2009（1）：166-168.

促进功能模块的生产，是当前遵义实现产业链网经济的一个主要任务。

如前所述，由于旅游产业的特殊性，在以旅游业为平台的产业链网经济中，旅游管理部门和旅游公司形成了"双层舵手"体系下的模块供应体系。在"双层舵手"联合制定的"显性规则"指导下，围绕旅游产业链的"吃、住、行、游、购、娱"环节，通过分层模块设计，形成六大模块簇，不同价值功能模块通过多样的模块化组合，形成纵横交错的价值网络，而不同的价值模块可能属于不同的产业。因此，从产业层面看，这种价值网络就表现为产业链网结构，区域经济发展就体现为产业链网经济特征。

每一个模块簇中的模块可以区分为综合模块和专业模块，综合模块的功能具有多样性，处于模块层次的较高层次。在综合性模块之下可以有许多专业模块，这些专业模块围绕综合性模块中的某一功能展开各自的职能活动，既可以服从综合模块的统一安排，提供信息并及时将活动产出移交给综合模块，通过综合模块的整合能力实现自身的价值，也可以作为综合模块的一种补充独立发挥作用。

2. 遵义市旅游业"分层模块体系"的建设思路

（1）以遵义市创建"国家全域旅游示范区"为契机，由遵义市旅游局牵头，各县旅游局与旅游公司协助，在普查全市旅游资源的基础上，制定遵义市旅游模块化标准，为各旅游模块设计"显性规则"。遵义市自 2017 年印发《遵义市推进国家全域旅游示范区创建工作实施方案》以来，已经按照旅游标准化的要求，规范景区建设，完善服务体系，全面推进全域旅游建设工作，努力在遵义市的吃、住、行、游、购、娱等旅游行业与各产业链节点实现标准全覆盖，建立起具有遵义特色，既能满足遵义旅游业长远发展，又符合行业监督与服务实际需要的旅游标准化体系。这些标准体系为遵义旅游模块化发展奠定了良好的基础。但是，目前的工作大多还停留在已经开展的旅游项目上，像辣椒、白酒等特色生态农业和特色工业如何与红色旅游业相链接，尚未纳入标准化建设的范围。因此，应该以全域旅游示范区建设为契机，按照上述旅游模块簇分层体系的设想，完善旅游模块建设标准，做到标准先行，为模块供应商衍生提供标准界面。

(2) 适应产业链网经济发展要求,启动具有多产业属性的综合性模块建设工作。遵义红色旅游产业模块化发展的目的在于,通过红色旅游产业的模块化,将遵义特色产业纳入红色旅游业的发展平台,"染红"遵义的特色产业,带动相关产业发展以获取范围经济和规模经济,推动遵义市经济结构的调整,缓解农村居民的贫困问题。因此,在红色旅游产业模块化过程中,要特别注意激发特色生态农业、特色工业与遵义红色旅游业的衔接。一个重要的任务,就是将有特色、有条件的农业基地打造成旅游业综合模块,即围绕茶叶、辣椒、竹、中药材、生态畜禽五大已有产业,重点打造白酒、辣椒、生态旅游三大模块。

一是特色工业——白酒模块。遵义属亚热带季风气候,终年温凉湿润,冬无严寒,夏无酷暑,雨量充沛,日照充足。这种得天独厚的自然气候与土壤环境造就了独一无二的微生物资源,加上回味甘甜的赤水河,源远流长的酿酒工艺,"酿造"出芬芳的玉液琼浆,才有汉武帝"甘美之"的赞誉传承千载。如今,遵义白酒界的后起之秀争奇斗艳、名传神州。在"好山好水酿好酒"的遵义,除了"国酒茅台"之外,还有以习酒、国台、酒中酒、钓鱼台、珍酒、董酒、汉酱、金酱、百年糊涂、小糊涂仙酒为代表的遵义十大名酒,群星璀璨、星光闪烁。2017年被中国酒业协会授予"世界第一烈酒产区——遵义"的金字招牌,让遵义白酒香飘神州大地。可以说,在白酒市场上,遵义白酒已经成为中国白酒界工艺独特、品质上乘、绿色健康的代名词。特别是在遵义聚集着一大批以"国酒茅台"为代表的酱香型白酒,有忠厚匠心和执着精神、视白酒酿造为生命的酿酒人,以及掌握在酿酒人手中心中的独特酿造工艺,都可以看作宝贵的非物质文化遗产,是发展旅游业得天独厚的天然优势。此外,在革命战争年代,遵义地区的红军常常用当地酿造的白酒清洗、消毒伤口,这些故事在当地广为流传,也可以说是一种宝贵的非物质文化资源,若能加以利用,一定会带来很大的收益。因此,可以将遵义的特色白酒工业与红色旅游产业深度融合,打造特色工业——白酒模块,如酿酒工艺展示、酿酒体验、推广酒瓶故事等,从而带动相关产业发展的规模经济与范围经济。

二是特色农业——辣椒模块。中国辣椒看西南,西南辣椒看贵州,贵州辣椒看遵义。伴随着农业高新技术的发展，遵义市农科院在科研领域联合四川农业大学、华南农业大学、华大基因、墨西哥生物多样性基因组学国家重点实验室等 13 家科研院所（校），以本地朝天椒"遵辣1号"为样本，完成了辣椒全基因组序列测定。同时还制定了 39 个地方标准，收集了 3000 余个地方品种资源素材，选（培）育优良朝天椒品种 50 余个，如黔辣系列、黔椒系列、遵辣 1~12 号、遵椒 1~4 号、朝阳 1~2 号、绥阳锥形椒 1~2 号、绥阳小米辣、绥阳篡椒、湄江明珠、香辣湄江等。其中，优良杂交品种有 16 个，如黔辣 7~8 号、黔椒 10~11 号、遵辣 9~12 号等。2018 年，全市引进国内外新优品种 480 余个，在绥阳县风华镇金承村进行展示，其他县（区）进行了新品种的引进试验示范，加速了全市辣椒新优品种的更新换代。目前，遵义市推广应用的新优品种有 60 余个，品种推广种植面积在数万亩以上，大大提高了全市辣椒的产量。从地理位置来看，遵义地处贵州省北部，这里群山环绕，环境优美，是国家全域旅游示范区。另外，遵义是我国著名的红色历史文化名城，是"四渡赤水""遵义会议"和"娄山大捷"的发生地，遵义也因这些历史事件而闻名中外。而辣椒红事实上与红色革命是有很大联系的。首先，从表象上可以看出，两者都有"红色"因素；其次，革命领袖毛主席酷爱辣椒，这些都是可以将遵义红色旅游与辣椒产业联系起来的纽带。因此，可以将遵义的辣椒产业与红色旅游深度融合，打造特色农业——辣椒模块，如辣椒旅游小食、辣椒种植生态观光农业、辣椒红军餐等。

三是特色品专业市场模块。遵义红色旅游年接待量超过 3000 万人次，以红色革命事件为基础的"四渡赤水""遵义会议""娄山大捷"和"突破乌江"等历史文化，以及以特色工业和特色农业为基础的茅台酒、董酒、习酒等酒类产品和朝天椒等生态农产品的开发与销售，是遵义市通过旅游业平台实现产业链网经济发展的重要一环。从旅游发达地区的经验看，旅游商品能否开发成功，取决于销售是否成功，而专业的市场建设起到不可替代的作用。因此，在遵义旅游业发展过程中，通过"专业市场+生产基地"的模块分层设计，打造遵义市旅游业中具有特色的"购物模块簇"，能够有力促进遵义市红色旅游资源优势转化为产业优势。

（3）根据"双层舵手"提供的"显性规则"及综合模块的相关要求，引导模块供应商参与专业模块设计与竞争，形成模块供应网络体系。如前所述，旅游管理部门与旅游公司形成"双层舵手"，根据旅游标准化发展和市场需求变化的要求，对旅游产业链节点模块提出整体设计规则，即"显性规则"，并在这个规则指导下，进行旅游产业链节点中综合模块的生产。这些综合模块内部的设计与研发，可以按照自己的专门知识来进行，只需要保持与显性规则规定的联系接口相同就可以。在综合模块中，有些专门性功能可以独立出来，以分包方式向下形成专门模块。因此，可以将模块供应商的模块化产品分为两大类：一类是综合模块，像一般的旅游景点，可以随意安插在任何一条旅游线路上；一类是专用模块，需要配合其他模块才能得到有效利用。由此，在显性规则的指导下，综合模块生产商之间、专业模块生产商之间展开竞争与合作，形成分层的模块体系，不同价值模块通过模块集成商多样化的模块组合，形成纵横交错的价值网络，而不同的价值模块可能分属于不同的产业，进而形成模块供应商网络体系。由此形成的产业融合，就是我们定义的产业链网经济。

三、模块化旅游产品与消费者衔接的技术引领方向

1. 基于大数据技术的潜在消费者识别机制

如前文所述，旅游市场新兴主力游客的年轻化、散客化、个性化等特征，决定了这些游客的内在需求更难以被识别、捕捉和锁定。因此，红色旅游潜在游客的识别是模块化旅游产品与消费者衔接过程中面临的第一个技术瓶颈和挑战。因此，我们需要使用新的技术来完成在传统营销学看来不可能完成的任务，这就是当前应用越来越广泛的大数据技术。通过挖掘潜在消费者日常生活行为的海量数据，判断消费者对红色旅游是否感兴趣，并重点向对红色旅游有兴趣的潜在消费者提供相应的平台接口。[①] 例如，通过对各大新闻 AAP（头条新闻、腾讯新闻、百度

---

① 王录仓，严翠霞，李巍. 基于新浪微博大数据的旅游流时空特征研究——以兰州市为例［J］. 旅游学刊，2017，32（5）：94-105.

新闻等）浏览数据的挖掘，识别出那些订阅并经常浏览如红色、革命、旅游、出行等相关主题新闻的用户，进一步在适当的位置、适当的时间向他们推送红色旅游平台的入口。另外，还可以通过采集与挖掘各大搜索引擎 AAP（百度、谷歌等）的搜索数据，识别、捕捉和锁定对红色旅游感兴趣的潜在游客。当然，使用大数据挖掘识别潜在红色旅游消费者是一个大的技术引领方向，具体怎么实现还有较多的问题需要解决。例如，是同各大搜索引擎或新闻 APP 合作、投放广告（平台入口），还是直接向这些第三方服务供应商购买数据，再自行识别和锁定潜在消费者，这些具体的技术问题需要结合遵义实际情况，以及与第三方服务供应商的具体合作谈判情况综合选择。

2. 基于旅游公共服务平台的供需连接枢纽

旅游业的模块化发展，使得各个模块仅仅成为旅游产业链节点中的一个组成部分，这种专业化的过程，又使得各个节点模块距离需求更加遥远，因而难以响应市场需求的变化，因此，需要建立一个公共服务平台。旅游公共服务平台需要承担两项基本职能，即供需对接枢纽和消费引导枢纽。通过正式和非正式的合作平台及信息沟通机制，将红色旅游消费需求变化与旅游产品模块供给相对接，据此组织旅游产品的生产与供给。因此，有效实现旅游产品的生产与需求的对接，最重要的就是要加强信息的沟通。目前，遵义市的旅游信息化建设相对滞后，使得丰富的旅游资源没有得到高效率的利用。虽然习水县在遵义院士工作站的支持下开发了"游在习水"小程序，但主要功能仍然局限在景点介绍、特产购买等传统功能，在与游客实时交互、一站式对接游客需求方面还有很大距离。对遵义市红色旅游业发展来说，需要通过建立统一的旅游公共服务平台，采用政府主导、市场化运作的模式，引进第三方电子商务，搭建起旅游企业、游客、政府之间无缝对接的高效信息桥梁。通过旅游信息化建设，与旅游管理机构、旅游企业展开合作，通过建设多功能虚拟展馆、产品交易系统、供需项目对接等功能，整合各地旅游产品与信息资源，促进企业上网交流与在线交易，实现广阔、快捷、低成本的营销推广。不仅可以打破时空限制，为广大旅游企业提供随时可在线交易的平台，而且可以为海内外游客提供旅游信息、旅游交易、旅游监管的高质服务，构建一个全新的虚拟旅游商城。此外，人性化设计的平台与诚信旅行社商户和旅游监管部门相对接，能有效确保消费者权益，让游客真正畅享方便、实惠、放心的旅游服务。这对提高遵义红色旅游业核心竞争力，促进红色旅游业转型升级，提升红色旅游公共服务水平具有重要意义。

3. 基于旅游公共服务中心的旅游需求实现机制

"满足消费"与"引导消费"仅仅相差两个字，但两者的内涵差异却极大，两者对于现实厂商营销运作的指导意义也截然不同。所谓满足消费，即厂商按照消费者的现实需求，生产销售产品，以满足消费者所需。根据"满足消费"理念，消费者占据主动地位，厂商处于被动地位，厂商的营销核心即根据消费者的需求来提供产品。尽管相对于推式生产方式来说，已经有了很大的进步，但是，在模块化专业分工条件下，生产者和消费者之间存在的信息不对称问题越来越凸显，许多消费需求不是先由消费者提出，而是要依靠生产者引导才能形成。所谓引导消费，即厂商引导消费者消费。厂商生产销售创新产品要实现价值，必须想方设法引导消费、创造需求，将消费者脑海中未有的或者潜在的需求转化为现实需求。根据"引导消费"理念，厂商占据主动地位，消费者处于被动地位。比如，许多高科技产品，以及一些嗜好品，并不是消费者有了需求以后才由厂商进行生产的。如果这样，可能许多新的产品和技术根本就不会产生，因为相对于消费者来说，厂商对产品信息的了解更为全面。以此，大多数情况下，这些创新产品的消费需求都是由厂商主动引导消费，从而激发需求的结果。旅游业的发展也是如此。一方面，旅游模块化时代的到来，促使旅游产品服务提供商寻找新的理念以重组营销构架，创造竞争优势；另一方面，随着生活水平的提高，人们的旅游观念也在发生显著变化，体验式旅游逐渐成为人们旅游休闲的主要方式。但是，基于模块组合形成的新型体验旅游产品，其功能、内涵、作用等，并不是一个普通消费者所能知晓的，再加上旅游服务提供者与消费者对产品信息知晓程度的严重不对称，造成旅游产品服务提供者必须经有效的引导消费营销战略，才有可能激发消费者的潜在需求。由于旅游业的六要素牵涉的行业较多，旅游模块的衔接尤为复杂，因此单一旅游企业难以完成这样的任务。前面提到，在模块分工下，旅游公共服务中心担当着"舵手"的职能，对各个模块的信息集成有较为便利的条件，对消费者的需求趋向有更为深入的把握，因此，由旅游服务公共平台主导，联合各旅游模块供应单位开发新型旅游产品，并通过信息化平台的宣传来引导消费者需求，可以极大地提高旅游模块的重复利用率，充分挖掘旅游资源的潜力。

全域旅游：遵义红色旅游产业发展的目标

从遵义目前开发的红色旅游产品来看，绝大多数都是观光式的。例如，参观青杠坡战斗遗址、四渡赤水纪念馆、遵义会议旧址等。像这种奔走式的游览方式，旅游者一般不会停留很长时间，参观时间也就是半小时或一两个小时。近年来国家对西部地区交通基础设施的投资，使得西部交通条件得到了极大地改善，旅游的可进入性明显提高，缩短了旅游者在景点的停留时间。另外，像遵义会议旧址这样的革命圣地和纪念地作为爱国主义教育基地，带有明显的社会公益性质，大多都是免收门票的，这就导致遵义的红色旅游带来的收益非常微薄。然而，红色旅游虽是遵义旅游业发展的重点，但不是遵义旅游的全部，要实现遵义旅游业持续健康发展，必须加快红色旅游与生态旅游、乡村旅游、康养旅游等有机结合，使遵义红色旅游拥有综合性、多样性和持久不衰的魅力。要大力实施"红色旅游+"战略，让红色文化与遵义自然风光、历史人文、民族风情、乡村休闲、都市生活等深度融合，积极发展"红色+绿色生态""红色+国酒文化""红色+多彩民俗"等旅游业态，整体打造知名旅游品牌，让游客在遵义既有思想上的升华又有身心上的净化，既有精神上的感悟又有健康上的享受，使遵义成为山水风情映衬下的红色旅游胜地。在未来，遵义应当通过上述方式，推进红色旅游与全域旅游的深度融合，从根本上突破遵义红色旅游增收缓慢的瓶颈，努力实现遵义红色旅游收入翻一番的目标，具体要达到以下六点目标：

一是全空间延展。传统的旅游体验空间只是局限在景点景区，然而景点景区并不是旅游体验的全部。全空间延展就是要将旅游体验范围向整个旅游目的地延伸。在遵义，有很多的绿水青山、特色村落都没有被纳入遵义的旅游目的地。如果能够将这些绿水青山和特色村落纳入遵义旅游范畴，把遵义的红色旅游体验空间延伸到遵义全境。那么，游客到遵义旅游，将不再是仅仅参观特定的革命遗址、纪念馆，而是全域性的旅游体验，游客的活动空间得到极大的延展。让游客在遵义既有思想上的升华又有身心上的净化，既有精神上的感悟又有健康上的享受，使遵义成为山水风情映衬下的红色旅游胜地。

二是全资源利用。对遵义来说，绿水青山、红色历史、民俗文化、风土人情、特色工业等，都是独具一格的旅游资源，都是发展旅游业的优势。对这些资源的合理开发利用，都可以成为吸引游客的卖点，而不必将遵义旅游局限在革命战争遗址、纪念馆等地。不同的资源组合，可以开发出丰富的旅游产品，以满足多元化、个性化的旅游需求。

三是全主体参与。遵义传统的红色旅游景点景区，主要的旅游供给者是当地政府，他们通过投资景区建设，招揽游客，宣传革命历史、弘扬中国精神。然而，很多红色旅游景点虽然在农村地区，却与农村居民关系甚微，农村居民无法参与其中。这样的后果就是，一方面使旅游的所见所闻失去许多生活本真；另一方面使旅游产业的发展不能惠及更多的农村居民，产业功能得不到恰当的释放。推进全域旅游的发展，使农村居民参与到旅游产业当中来，或提供产品，或提供服务，不仅发挥着旅游产业对农民增收的功效，同时也使旅游体验更真实。

四是全产业介入。红色旅游虽是遵义旅游产业发展的重点，但它不是遵义旅游的全部，要实现遵义全域旅游的发展，必须促使其他产业积极融入其中，如红色旅游与特色工业——白酒产业的融合，红色旅游与特色农业——辣椒产业的融合等。此外，生态旅游、乡村旅游和康养旅游也都可以与红色旅游进行有机结合，使遵义红色旅游拥有综合性、多样性和持久不衰的魅力，促进遵义红色旅游真正走出景点景区的点状产业链，向多产业融合的网状产业链发展，以"红色旅游+"的方式推动农村一二三产业融合发展。

五是全价值挖掘。红色旅游是一种特殊的旅游产业，它的发展往往都带有公益性质，主要目的是宣传革命历史，弘扬革命精神。当前，遵义红色旅游发展的着力点在于景点景区的打造，在有限的空间内把一些特殊的资源盘活，实现社会效益最大化，因此关注的往往是红色景点的社会价值。然而，仅仅关注遵义红色旅游发展的社会价值是不可持续的。从系统的观点来看，任何一个旅游目的地都是由经济、社会、生态等子系统拟合而成的复合系统，仅关注红色旅游的社会价值就不能获得更高的旅游收入，而如果仅关注经济价值，则会出现超负荷承载游客，导致景区生态环境恶化的情况。因此，遵义全域旅游的发展，既要挖掘现有旅游资源的社会价值，也要挖掘其经济价值和生态价值，做到三者相辅相成、有序推进。

六是全过程体验。从遵义目前开发的红色旅游产品来看，绝大多数都是观光式的。例如，参观青杠坡战斗遗址、四渡赤水纪念馆、遵义会议旧址等。像这种奔走式的游览方式，旅游者一般不会停留很长时间，事实上，真正的旅游体验需要参与到过程当中。全域旅游注重游客走进去、住下来，融入当地真实的生活，理解旅游地的乡土人情、民俗文化的真谛，使旅游体验深入心扉。

参考文献

［1］陈国磊，张春燕，罗静，等．中国红色旅游经典景区空间分布格局［J］.干旱区资源与环境，2018，32（9）：196-202.

［2］于兰兰，戴志敏．高新技术产业效率时空演变：以江西省为例［J］.企业经济，2018，37（6）：142-148.

［3］刘逸，陈欣诺，保继刚，等．游客对自然和人文旅游资源的情感画像差异研究［J］.旅游学刊，2019，34（10）：21-31.

［4］黄和平，乔学忠，张瑾，等．绿色发展背景下区域旅游业碳排放时空分异与影响因素研究——以长江经济带为例［J］.经济地理，2019，39（11）：214-224.

［5］昝廷全．系统经济：新经济的本质——兼论模块化理论［J］.中国工业经济，2003（9）：23-29.

［6］王凤彬，王骁鹏，张驰．超模块平台组织结构与客制化创业支持——基于

海尔向平台组织转型的嵌入式案例研究［J］.管理世界，2019，35（2）：121-150，199-200.

［7］庄晋财，陈聪.工程化高效农业下的农业产业链演化［J］.华南农业大学学报（社会科学版），2017，16（2）：28-36.

［8］柯颖.模块化三维框架：经济全球化背景下产业价值网形成与发展的战略选择［J］.中国科技论坛，2014（2）：27-32.

［9］钱平凡.基于产业集群的我国科技创新战略研究［J］.经济纵横，2004（3）：20-24.

［10］胡晓鹏.模块化：经济分析新视角［M］.北京：人民出版社，2009.

［11］葛法权，张玉利，张腾.组织相互依赖关系对公司创业能力的影响机制：基于海尔集团的案例研究［J］.管理学报，2017，14（4）：475-484.

［12］王芳，赵兰香.重大科技项目模块化创新管理方法研究：对美国国防采办管理方法的探析［J］.科研管理，2009，30（1）：1-7.

［13］余东华，芮明杰.论模块化分工［J］.山西财经大学学报，2008（10）：7-15.

［14］陈小勇.产业集群的虚拟转型［J］.中国工业经济，2017（12）：78-94.

［15］余东华，芮明杰.基于模块化网络组织的知识流动研究［J］.南开管理评论，2007（4）：11-16，28.

［16］张鹏，陈芳菲.链网双重架构下的中国企业升级［J］.工业技术经济，2013（2）：19-26.

［17］程李梅，庄晋财，李楚，等.产业链空间演化与西部承接产业转移的"陷阱"突破［J］.中国工业经济，2013（8）：135-147.

［18］李钒，侯远志，张燕君.产业链构建与统筹城乡发展研究［J］.山东社会科学，2013（8）：169-173.

［19］张海华，王雅林.产业集聚模块化演化过程分析［J］.学习与探索，2009（1）：166-168.

［20］程玉桂，黄蕾.模块化视角下的江西农产品加工产业集群分析［J］.求实，2010（11）：53-56.

［21］谢晓燕，刘洪银.平台经济推进制造业创新发展机制及其建设路径：基于全国先进制造研发基地建设的实践［J］.广西社会科学，2018（9）：78-82.

（执笔人：贾鹏，梁卉，徐志耀）

广西三江

产业融合促进侗乡谋发展

两茶一竹：三江侗乡的富饶与贫困

广西三江侗族自治县是广西柳州市下辖的一个少数民族自治县，总人口 36.77 万人，是全国五个侗族自治县中侗族人口最多的县。同时，三江又是一个多民族聚居的少数民族县，除侗族以外，有汉、苗、瑶、壮等民族。三江属于丘陵地带，山多平地少，森林覆盖率为 77.44%。境内有 74 条大小河流纵横交错，"三江"得名于境内的三条大江，即榕江、浔江、融江。一年四季分明，山地气候为主，春多寒潮阴雨，夏有暴雨高温，伏秋易旱，冬有寒霜。三江县始建于宋朝，有 1000 余年历史，崇宁四年（1105 年）于融水县三口寨置怀远军，后改为平州置怀远县，行政中心设在现丹洲镇。后几经兴废，自明洪武十三年（1380年）十一月二十六日复县直至民国 2 年（1913 年）均称怀远县，民国 3 年（1914 年）易名为三江县。1949 年 11 月 18 日解放，12 月 18 日成立县人民政府。1952 年 12 月 3 日成立县级侗族自治区，1955 年 9 月改为三江侗族自治县。

1. 贫困的三江

三江侗族自治县是国家级贫困县。所谓国家级贫困县，是国家为扶持贫困地区设立的一种标准。改革开放之后，中国部分地区已经达到了小康水平，但还有不少地区的经济水平相当落后，国家为了扶持这些地区，设立了一个国家级贫困县标准，其资格需经过中华人民共和国国务院扶贫开发领导小组办公室认定，审批工作在 1986 年、1994 年、2006年共进行过三次，三江县均名列其中，是国家扶贫开发工作重点县和广西深度贫困县。

三江县的贫困源于这里的农田基本条件差。地处广西北部山区丘陵地带的三江县山多地少，人均耕地面积 0.55 亩，是一个典型的"九山半水半分田"的山区农业县。三江境内山高坡陡，潜育型、淹育型水稻田多、面积大。全县有水田面积 12.84 万亩，其中潜育型和淹育型水稻田面积分别为 3.1 万亩和 5.6 万亩，分别占水田面积的 24% 和 43.6%。潜育型水稻田多分布在山冲和低洼处，由于地下水位高或地表长期积水，土壤寒冷，亚铁含量高，水稻生长差、产量低。淹育型水稻田多分布在山坡、阶地和位置较高的梯田，水耕条件差，土壤熟化程度低，土壤肥力低，这些低产田一般亩产只有 250～300 公斤。依靠粮食种植，不要说致富，温饱问题都难以解决。2019 年，全县实现地区生产总值 73.92 亿元，同比增长 5.2%；固定资产投资 48.60 亿元，同比增长 16.3%；财政收入 6.30 亿元，同比增长 39.1%；规模以上工业增加值 1.71 亿元，同比增长 14.5%；社会消费品零售总额 27.79 亿元，同比增长 6.0%；城镇居民人均可支配收入 31110 元，同比增长 8.0%；农村居民人均可支配收入 13572 元，同比增长 10.1%。三江的社会经济状况处在广西的后列，而广西本身在全国就处于下游水平。

由于县域经济发展水平的限制，三江县的基础设施建设也相当滞后。2013 年我们前往调研的时候，县域境内虽有 209、321 两条国道过境，但三江境内的国道高等级改造尚未完成，许多地段仍然是等外公路，全县公路网密度低、等级差。枝柳铁路南北纵穿三江县，但县内没有中心车站，也不过县城，部分火车站没有与公路网相连，交通落后瓶颈严重制约三江经济的发展。

2. 富饶的三江

三江县地处北纬 23.5° 的桂北山区，属中亚热带气候区，气候温和，雨量充沛，全县年均降水量为 1730.2 毫米，水资源总量 24.7 亿立方米，人均水资源占有量为 7005 立方米。土壤属红壤地带性土壤，随着山地海拔高度的变化分为红壤地带和黄壤地带。全县垂直分布规律大体是：海拔在 500 米以下的丘陵为红壤地带性土壤，500～850 米为黄红壤地带性土壤，850 米以上为黄壤地带性土壤。据统计，红壤占总面积的 75.66%，黄红壤占 19.97%，黄壤占 4.37%，在各种土壤类中，厚层砂页岩红壤最多。三江县土层深厚，土壤肥沃，非常适宜林木特别是经济林木、果树、茶叶的生长。全县土地总面积 2454 平方公里，其中农用地 21.08 万公顷，占土地总面积的 85.90%。在农用地中，耕地 1.304 万公顷，占农用地的 6.19%；园地 0.7698 万公顷，占农用地的 3.65%；林地 17.68 万公顷，占农用地的 83.87%；牧草地 1.327 万公顷，占农用地的 6.29%。三江拥有十分丰富的森林资源，森林覆盖率达到 77.44%。不适合粮食生产的三江，却有非常好的茶叶、油茶、毛竹、杉树等经济林木，以及罗汉果、蚕桑、百合、中草药的种植生长条件。长期以来，由于市场和技术的双重制约，这些宝贵的资源没有转换成经济价值，农村居民守着资源过穷日子，陷入"富饶贫困"的陷阱，难以走出"贫穷落后"的阴霾。2013 年，当地县委县政府提出"提一、接二、连三"的"产业链网经济"发展战略，打破传统的农村产业发展边界，通过资源整合实现产业融合，使三江的文化、生态和农业资源在保护过程中充分发挥经济效益，形成区域产业发展优势，在三江县农村居民收入倍增计划中起到越来越明显的作用。据了解，2019 年全县茶园面积达 18.8 万亩，干茶产量 1.46 万吨，产值 16 亿元，侗天湖茶产业、布代茗乡扶贫产业核心示范区分别被评为广西现代特色农业四星级、三星级核心示范区；2019 年完成高效油茶备耕 6.6 万亩，种植 4.5 万亩，完成茶苗种植 413.9 万株，全县油茶籽总产量 1.91 万吨、总产油 3824 吨、总产值 4.52 亿元，有着"中国油茶之乡""广西油海"之称；毛竹种植面积达到 16.5 万亩。这些特色产业的发展，不仅使三江山更青，水更秀，生态环境更宜人，农民收入也得到了稳步增长。①

中国西部的边远山区，是中国少数民族的主要聚集地，少数民族文化保护传承与当地农村居民贫困缓解之间的矛盾异常突出。那么，如何才能找到一条有效路径解决这一矛盾？三江侗族自治县发展"产业链网经济"的设想，或许能够提供一些启发。尽管今天的三江尚未摆脱贫困的局面②，但近年来"产业链网经济"发展让三江实现民族文化、生态环境、农业资源的多彩交织，已经获得了初步的成效。基于这样的背景，课题组对三江侗族自治县保护生态环境、整合农业资源，以实现农

---

① 说明：以上数据来自百度百科。
② 说明：笔者撰文时为 2013 年。

村居民收入增长和贫困缓解，开创"产业链网"新型县域经济发展模式的探索过程进行分析与总结，希望为我国其他地区农村尤其是少数民族贫困地区农村的经济发展和新农村建设提供一个具有前瞻性的借鉴意义。

接二连三：三江侗乡产业结构促转型

一、山区生态特色农业发展的前期探索

1. 茶叶种植与产业开发的探索

三江县的茶叶种植和生产有着悠久的历史，唐代以前就开始了人工栽培茶树，至今已有 2000 多年历史，并形成了自己独特的饮茶文化。据史料记载，民国 22 年（1933 年）《广西年鉴》（第一回）统计，当年全县茶叶产量 180 担。20 世纪 40 年代和 50 年代初期，茶叶销路甚好，年产量超过万斤。20 世纪 50 年代，当地茶叶品种"牙己茶"和"高露茶"被列入国家级优良茶叶种质资源。如今，三江县的富禄乡高安村、洋溪乡高露村、同乐乡归亚村、林溪乡牙己村等都还存留有 100 年以上、围径 60 厘米以上的老茶树，还有梅林乡车寨村的山林和独峒乡大塘坳的高山上也发现有野生茶树，全县境内藤茶漫山遍野。

三江县早期种植茶叶主要是自产自销，20 世纪 80 年代末，三江县委、县人民政府根据三江的实际情况，将茶叶产业发展确定为全县人民脱贫致富的民生项目。1989 年春天，三江县在八江乡布央村引种了"福云 6 号"茶树品种 220 亩，从此翻开了三江茶叶生产的新篇章。1992 年，三江县第一家茶叶加工厂在八江乡布央村建成投产，1996 年三江县委、县人民政府将茶叶产业作为农业综合项目来抓，号召党政机关参与茶叶开发，并将茶叶种植作为扶贫开发项目予以扶持。为了加强对茶叶产业的指导，政府还成立了茶叶管理中心，使三江县茶叶生产进入较快的发展阶段，这个时期涌现出独峒村、七团村、思欧村宇往屯、

同乐黄家能茶场、程阳有机茶场、马湾异地安置茶场等一批茶叶示范村（场），年均新增种植面积 3000 亩。2002 年，三江县茶叶种植更是进入快车道，县人民政府把茶叶列为"四个一"工程之一，利用国家退耕还林政策，鼓励农民发展茶叶生产，这一时期，茶树种植达到年新增面积 7000 亩。

2004 年以后，县委、县政府进一步加大力度开发茶叶产业，成立三江县茶叶产业化开发办公室，并批准成立三江县茶叶生产技术指导站，统一领导和指导全县茶叶生产。2004 年，第一个茶业有限公司"天池茶业有限责任公司"成立。由于县人民政府高度重视茶叶产业开发工作，2004 年至 2006 年三年时间，全县茶园面积以每年 1 万亩的速度递增，其中 2004 年发展 1.25 万亩、2005 年发展 0.85 万亩、2006 年发展 1.5 万亩，使全县茶园面积发展到了 9.1 万亩，成为广西第二个种茶大县。该年全县开采茶园面积 5.3 万亩，干茶产量 2560 吨，产值 12288 万元，突破亿元大关，三江县人民尝到了初步探索茶叶发展的甜头。2017 年 1 月，中国三江茶城（一期）建成使用，茶叶日成交量达 30 吨，日交易额达 240 万元，年成交额达 7.8 亿元以上，成为桂湘黔交界处规模最大、最专业的茶叶交易市场。目前，三江早春茶产量 4190 吨，产值 5.6 亿元。

2. 油茶种植与产业开发的探索

油茶，是三江县又一历史悠久的特色农业，早在明朝时就有种植油茶的记载。三江县油茶种植面积位居广西第一、全国第三，素有"广西油海"之称。2001 年，国家林业局授予其"中国油茶之乡"美誉。在三江县，很早就有农民怀着靠油茶致富的想法，早在 1989 年，当地农民杨香玉便建起了第一块优质油茶高产示范基地。当地政府对此也十分重视，当年 12 月，在自治区林科院和县林业局的大力帮助下，杨香玉一家四口起早贪黑，带饭装水，开辟荒山，挖坑造林，建成了 8 亩岑溪软枝 2、3 号系列油茶示范基地，培育了高产量的油茶树种，增收效果大大提升。这对三江县农民起到了很好的示范效应，当地很多农民都加入油茶种植行列，油茶为当地农民提供了利用资源优势发家致富的新思路。一时间，三江县漫山遍野开始种植油茶，但是，在种植面积不断增大的繁荣现象背后，不能忽视的是茶林老化、产量不高、低端加工、产销不畅、农民收益低下等问题，这成为这一时期探索三江油茶特色产业发展的重大瓶颈。

3. 毛竹种植与产业开发的探索

三江县的另一大特色农业是毛竹，县内的和平、斗江和高基三个乡镇是毛竹的主产区。三江县经营毛竹也有一定的历史，"浔江竹"在解放前于县内外就享有盛名，20世纪80年代前三江就是广西毛竹生产基地县之一。如三江县著名的毛竹大村——大寨村，该村人口仅801人，却拥有毛竹4000亩。虽然三江县内毛竹资源丰富，但是由于地处偏远，交通闭塞，这里的毛竹每根仅卖几元钱。靠山难以致富，全村70%的村民外出务工。为走出这种"地富人穷"的困境，三江县政府开始了对毛竹产业发展的探索。

县政府一方面致力于改善基础交通设施，为三江丰富的毛竹资源走出深山开辟道路，另一方面深入实地考察毛竹生长情况。考察发现，虽然三江县毛竹生长面积大，但大部分处于自生自灭的状态，因长期缺乏管理而导致生长状况不良，毛竹资源产量低下。毛竹产业广阔的发展前景让三江地方政府决定充分利用山区资源优势，试图通过对现有的毛竹林进行低产改造来提升其市场竞争力。经过两年多的努力，毛竹低改的效果显著，每亩竹林年增收可达900元到1000元，这一可观收益吸引了不少外出打工的农民回家种竹。毛竹产业发展的初步探索给三江人民带来了在家乡致富的希望。

二、"两茶一竹"山区生态特色农业发展战略的确立

经过初期探索，三江县认识到必须把握机会，根据自身资源优势和市场状况走出一条富有特色的发展路线。县政府于2006年果断确立以"两茶一竹"为农业主导产业，并相应出台了关于加快茶叶、油茶和竹子产业发展等"五个决定"，为促进茶叶、油茶、竹木为主的特色生态农业产业化进程提供了动力，并在农业基地建设、农产品加工和市场培育等方面取得了新的成效。如全县新种茶叶1.5万亩，油茶低改品改示范3900亩，毛竹低改示范2000亩。小型加工企业发展迅猛，茶叶、竹木市场交易活跃，茶叶、竹木生产成为三江县农民收入的主要来源之

一。三江县政府不仅关注特色农业的建设，更将农产品质量安全列为工作重点。通过实施农产品质量安全绿色行动，农业标准化建设得到推进。全县26.5万亩无公害农产品基地得到巩固，13.5万吨农产品通过国家无公害产品认证，0.18万亩茶园通过国家有机茶生产基地认证。在这样良好的发展势头下，中共三江侗族自治县委员会、三江侗族自治县人民政府趁热打铁，于2007年又正式出台《关于加快茶叶产业发展的决定》《关于加快油茶产业发展的决定》和《关于加快毛竹生产发展的决定》三个文件以加快推进"两茶一竹"农业产业化进程。2020年，三江县政府矢志不渝地把"特色产业"作为推动发展的根本途径，坚持以习近平总书记绿色发展理念为立足点，着力优体系、调结构、增效益、促增收，积极推进乡村振兴战略工作，促进全县农业农村经济社会持续健康发展。

（1）在茶叶产业方面，通过整合各部门资金扶持茶叶产业，使全县茶叶产业发展迅猛。年均新增茶园面积1万亩以上，并且名优茶新品种得到了有效发展，引进乌牛早、龙井系列、浙农系列、乌龙茶系列、安吉白茶等30个名优茶树品种，成功地建立榕江河茶叶种植新区，涌现出像梅林乡相思名优茶场、富禄乡三月三茶叶专业合作社有机茶场、洋溪乡坡里名优茶场、良口乡生态园名优茶场、老堡乡东竹千亩名优茶村和富禄乡陆志章种茶大户等茶叶专业化、规模化生产的自然村、茶场和农户。同时，加强招商引资工作力度，引进外资创建像源源茶叶有限公司和生态园茶厂这样大的茶叶生产企业，在斗江镇和良口乡建立生产基地，拉动当地茶叶产业快速发展。同年，第一家茶叶专业合作社"良口乡和里村茶叶专业合作社"挂牌成立。2009年，三江县茶业协会挂牌成立；2010年，三江茶叶交易市场建成投入使用，推动了三江县茶叶走向商品化、市场化的发展道路。

此外，三江县开始注重品牌效益，为打造"三江春"品牌，三江每年安排专项资金，先后邀请中国茶科所、浙江大学、安徽大学的茶叶专家前来传授茶叶生产、加工技术，研制名优茶叶产品。组织茶叶企业参加中国（上海）国际茶叶博览会、北京国际茶业展、广州茶博会等活动，引进外资创办茶叶生产企业，不断加大科技投入，加强茶叶公共品牌建设与管理，强化品牌效应，申报地理标志。举办春茶文化节、开采仪式，并加大宣传推介力度。2012 年，三江县成功举办"中国早春第一茶——广西三江春茶开采仪式"，"三江茶"通过了国家地理标志产品保护技术审查，三江县获得了"中国名茶之乡"称号，被自治区财政厅列为"广西农业综合开发试点县"。三江茶叶产业正走在规模化、标准化、产业化的发展道路上。当前，三江正全力创建"中国有机茶之乡"，力争到 2020 年全县茶叶种植面积达 20 万亩，产量达 1 万吨以上，打造"中国大陆早春第一茶"和"广西红茶在三江"品牌。

（2）油茶产业方面，三江县不断加大人力物力财力投入，分别在斗江乡、良口乡建立了广西最大的油茶苗圃繁育基地。基地繁育面积约 23 公顷，一年可培育苗木 10000 株以上，可种植油茶林约 4669 公顷，主要服务于县内的油茶低改所需求的苗木。由于"岑溪软枝""湘林系列"等新品种挂果早、盛产期长、茶籽出油率高，因此，政府大力引导农民种植这些优质良种，以促进油茶林的"升级换代"。三江的优质油茶种植得到不断推广，提升了油茶品质，提高了油茶产量，激活了侗乡的油茶产业，促进了农民增产增收。2008 年统计数据显示，保存的 4.98 万公顷油茶林中，未挂果林 193 公顷，占 0.38%；初果期林 1.92 万公顷，占 38.44%；盛果期林 2.93 万公顷，占 58.86%；衰果林 0.11 万公顷，仅占 2.32%。全县全年可提供商品油茶 2000~2500 吨，最好年份可达 4140 吨。按全县农村人口计算，人均有油茶林 0.16 公顷，油茶收入占全县林业收入的 40%，占农业总产值的 12%。2010 年，自治县党委办公室和自治县人民政府办公室印发《三江县 2011 年油茶产业建设实施方案》，对油茶地产林继续实施抚育改造，提高油茶产业化水平，推动县域经济发展，促进农民增收。

另外，三江县通过招商引资成立广西三椿生物科技有限公司，拉开了侗乡油茶产业科技支撑、龙头引领的序幕。该公司集油茶科研、种植、生产、加工、销售于一体，采用"公司+基地+合作社+农户"的经营方式，带动不少茶农走上靠油茶致富的道路。目前，油茶总面积达 61 万亩，年产茶油 350 万公斤，居全国县级的第三位，油茶总产量、产值均居广西首位，是广西最大的优质油茶苗木繁育基地，获得"中国油茶之乡"称号，列入全国 100 个油茶重点县。目前，三江已引进投资千万元以上的油茶种植加工企业两家，走出了产、供、销一条龙服务的产业发展之路，并以"市场+公司+合作社+基地+农户"的经营模式，辐射全县 61 万亩油茶种植区，带动种植农户 6.8 万户，形成了"毛油不出县，精品天下飞"的良好局面，油茶的经济效益日显。当前，三江县的油茶产业已经覆盖全县所有行政村、33 万农村人口，农业人口人均油茶林面积 1.8 亩，人均增收 2500 元以上，其中 86 个贫困村种植油茶 34 万亩，贫困户覆盖率达 61.36% 以上，成为贫困户增收脱贫的保障。

（3）毛竹产业发展方面，在加大毛竹种植面积的同时，三江侗族自治县将毛竹低改作为农民增收的新路子，当作产业来抓，当作农民增收的重要途径来抓。毛竹产业已经成为三江县斗江镇、和平乡、高基乡等乡镇的支柱产业。2006 年底，全县毛竹种植面积已达 9 万多亩，斗江、和平、高基、老堡等乡镇建立了毛竹示范基地。目前，全县低改面积达 4600 亩。据调查统计，2010 年三江县毛竹面积 1.073 万公顷，占全县竹林面积的 97.5%，占广西毛竹林面积（9.51 万公顷）的 11.3%，立竹量约 1280 万株，年生产采伐毛竹约 128 万根，其中加工竹材 48 万根，总产值 2580 万元。

为了发展毛竹产业，三江县每年斥资鼓励农民实施杉竹混交种植。农民利用荒山每种一亩竹子可获得政府补助 90 元，毛竹低产林抚育改造示范每亩可获得补助肥料 25 公斤。因政策到位，毛竹主产区和平、斗江、高基、丹洲 4 个乡镇种植竹子均超万亩。为了通过延长毛竹产业链促进经济繁荣，三江县还出台优惠政策，鼓励民间资本投资办厂，推动竹产业向精深加工方向发展，形成"山上建基地、山下接加工"的发展格局。目前，县里已投产比较有规模的竹材企业达 55 个，年消耗竹子 50 多万根，40% 以上的竹农加入竹制品加工的行列，生产竹筷、竹席。近年来，三江正逐步由毛竹产业原料生产基地向加工基地转变。

产业链网：三江侗乡农村特色产业的战略方向

一、"产业链网"：对三江未来的憧憬与思考

县域经济是以县级行政区划为地理空间边界，以县级政权为调控主体，具有地域特色的区域经济。从行政区划上看，"县"处在城市之尾、农村之首的特殊位置，是中国"城乡二元结构"的交汇区域，县域经济也因此具有典型的城乡二元属性。产业是经济的载体，因此，县域经济发展的关键在于县域产业发展。长期以来，在"城市—工业"导向的惯性思维下，不同县域之间的经济差距主要归因于二三产业发展的差距，县域产业发展也因此被赋予实现农村工业化的内涵。苏南模式、温州模式、珠江模式等县域经济发展经典模式均以推动乡镇工业发展为基本方向。在这样的背景下，扶持民营企业、推进招商引资、设立工业园区等，成为发展县域经济的基本方略。在分工日益深化的今天，任何一件最终产品的生产及其价值实现，都不可能全部由一个企业完成，产业链成为理解产业竞争力的基本概念。不过，在目前的大多数研究文献中，产业链都被看作是产业内部上下游企业间的纵向关系，即产业链是线性的。线性产业链思维下的县域经济发展，将城乡产业孤立分离，农业、工业、服务业等不同产业有着各自清晰的边界，城镇与乡村、市民与农民、农业与工业之间缺乏有机联系，结果造成县域经济总量增长不能惠及占县域居民绝大多数的农民，形成典型的"无发展增长"后果。从现实来看，不同产业之间劳动者的收入存在明显差距，是农村居民收入偏低的原因，也是造成城乡收入差距的原因，长期如此，将会带来一系列的社会经济问题。问题的解决有赖于形成产业间的良性互动，推动产业融合发展，使从事不同产业的劳动者在产业互动中平等受益。随着产业组织的演进，产业链的"交互关联性"不仅体现为同

一产业单向的纵向特征，还体现为多个产业之间的横向关系。在网络经济时代，产业价值不再是单一组织或线性价值链的价值，而是众多关联产业共同营造的价值网的价值。价值网将许多不同的产业联系在一起，使产业边界模糊化，各产业在互动中分享共生收益。从链式思考到网状思维，是对区域产业发展认识的深化，由此，我们提出"产业链网经济"的新概念，揭示县域经济中不同产业互动及其溢出效应，探索县域经济发展新路径。

三江县通过前期的发展探索，在旅游业和"两茶一竹"特色生态农业发展中取得了宝贵的经验，也使农村居民生活得到大幅度改善。但是，毕竟这是一个少数民族自治县，工业化、城镇化水平较低，农民人均纯收入和城市居民可支配收入均处于较低水平，属于国家级的贫困县，在城镇化、工业化、农业现代化和信息化的"四化"协同发展过程中，增加居民收入、缩小城乡差距的任务十分紧迫。收入增长需要依赖产业的发展，并且要求产业发展能够惠及大多数人，然而，三江县的旅游业和特色生态农业的发展呈现出零星分散特征，覆盖面不够宽，尚不能惠及大多数三江人民。由此，三江县委县政府开始思考通过资源整合，提升三江整体经济发展能力的问题，并初步提出"链网经济"的设想。产业链网经济将众多产业连接互动，是实现不同产业的从业者收益增长机会均等化的可行路径。通过发展产业链网经济，实现大多数居民收入持续增长，就成为三江县未来县域经济发展的新方向。

二、理论探索："产业链网经济"的内涵

1. 产业链的空间演化及产业链网形成

产业链是指从最初的原材料一直到最终产品到达消费者手中所包含的各个环节构成的整个生产链条。产业链是基于分工经济的一种产业组织形式，迂回生产理论认为，技术进步增强了产品生产工艺之间的可分割性，使社会生产的迂回程度提高，形成大量的中间品生产，当这些中间品生产分属于不同的企业时，上下游企业之间就产生大量的纵向关系，形成产业链。从理论上说，产业链具有所有权属性和空间属性，所有权属性是指纵向链条的各生产环节分别由哪个企业所有，空间属性是指纵向链条的各生产环节的地理位置分布（李晓华，2005）。产业链的空间演化既包括同一产业链内部企业的空间分布，也包括相关产业链的地理空间分布，演化结果是产业链内涵不断丰富和活动空间范围不断扩大。

在产业发展的初始阶段，商品生产在一个企业内部进行，产业链分工表现为企业内部分工，在地理空间上表现为一个"点"。[①] 家庭手工作坊是这一阶段最主要的产业组织形式。从家庭手工作坊进入工场手工业后，规模经济驱动了专业化分工，商品生产被分割成若干连续的过程，生产链条的节点不断清晰化。机器大工业取代手工生产，导致分工不断深化，商品生产从研发、设计、制造、销售到售后服务均由专业部门完成，商品价值表现为若干专业化生产环节共同合作创造的结晶，形成完整的价值链。不过从所有权属性上说，这些节点仍然控制在一个企业内，节点间的联系依赖于企业各层权威协调，本质上是行政关系而不是市场关系。分工细化使企业内部协调众多的价值链节点需要花费大量成本，在卖方市场向买方市场转变的背景下，企业竞争也从规模优势转向核心能力培养，传统的科层企业开始将一些非核心业务外包实行纵向分解，逐渐使产业链从一个企业内部转向企业之间，产业链节点由原来的部门变成独立的企业，形成企业链，产业链由"点"演化为"线"。出于节约交易成本的考量，企业间的分工首先在区域内部进行，因此产业链的纵向延伸首先发生在区域内部。所谓产业链纵向延伸，是指一条已存在的产业链在一定区域空间中尽可能地向上下游延伸，向上游进入基础产业环节和技术研发环节，向下游则进入市场环节。从理论上说，产业链在特定区域空间中的纵向延伸既受到生产工艺技术可分割程度的限制，也受到区域市场规模和要素禀赋条件的限制。由于区域条件的差异，会形成产业链在不同区域的"片断化"和"区段化"现象，形成产业链多区段分置的区域分工格局。[②] 因此，接通散落在不同区域的产业链区段，使产业链纵向延伸的空间范围由区域内部延伸到区域之间，

---

① 唐浩，蒋永穆. 基于转变经济发展方式的产业链动态演进 [J]. 中国工业经济，2008（5）：14-24.

② 郑凯捷. 制造业产业链区域间分工与服务业不平衡增长 [J]. 世界经济研究，2008（2）：60-66，88.

成为产业链跨区域延伸的重要方式。由于受到工艺技术的可分割程度限制，产业链的纵向延伸达到一定程度就会相对稳定。然而，出于对聚集外溢效应的追求，产业链节点的企业数量却会不断增加，导致企业竞争加剧，收益水平降低，但对某一特定企业来说，从产业链中退出又会面临大量的沉没成本，在这种情况下，一些有能力的企业便率先朝着产业边缘化的"长尾"方向发展，并跨越产业边界进入"蓝海"领域（胡晓鹏，2008），从而成为不同产业"共生"的交叉点，给产业链横向拓展提供了可能。所谓产业链横向拓展，是指在一定的区域空间内，将具有某种内在关联的不同产业，借助某种产业融合方式形成新的产业链条，推动产业链由"线"向"面"演进。产业链的横向拓展以产业链中出现具有产业交叉功能的节点企业为条件，它决定了产业链由"线"到"面"演化的宽度。在初始阶段，产业链横向拓展带有一定的偶然性，不是很普遍的现象。随着产业链中占据特定价值段的节点企业不断聚集，会在产业链的某一节点形成新的产业配套关系，进而形成新的产业链，并最终衍生出一个新产业（子产业），我们称之为"产业链蘖生"现象。随着子产业的日益成熟，它对传统上下游价值段节点企业的依赖减弱，最终成为具有某种独立性的价值模块。模块化理论认为，价值模块是具有某种独立功能的半自律子系统，因此，当子产业演变为独立的价值模块后，原来产业链中的中间产品变成了相对独立的产品，成为具有兼容性、可重复性特征的价值模块，可以成为多条产业链中"即插即用"的链接点。随着母产业链中越来越多节点变成独立的价值模块，不同产业的产业链就有可能出现交错与融合，形成产业链网结构，使原本清晰的产业链边界日益模糊化。[①] 综上所述，产业链通过纵向延伸和横向拓展，呈现出"点—线—面—网"的空间演化轨迹，揭示了产业链内涵深化和空间拓展的一般规律。

2. "产业链网经济" 的内涵

从以上分析来看，产业链的空间演化包括三方面内容：一是通过纵

---

① 青木昌彦，安藤晴彦. 模块时代：新产业结构的本质 [M]. 周国荣译. 上海：上海远东出版社，2003.

向延伸和横向拓展，产业链呈现出"点—线—面—网"的形态变化，内涵不断丰富；二是产业链的纵向延伸和横向拓展从区域内跨越到区域外，空间范围不断扩大；三是产业链网状结构的形成，使不同产业相互融合，边界日益模糊。从区域经济发展的角度看，产业链网结构的形成有着极其重要的意义：一是使产业链的价值创新方式得以改进，即从产品创新到产业组织创新。产业链网的节点是具有独立功能的价值模块，它的"即插即用"特性，能够形成多重组合，从而创造多重价值；二是产业链网改变了传统产业链的长度和宽度，增加了交易频率，进而起到促进区域经济繁荣的作用；三是产业链网改变了原有区域产业链节点的位置，使价值和利润在产业链上向效率和高端转移。总之，产业链网结构的形成，推动着区域生产要素重组，引起区域产业结构和空间布局变动，可提高区域生产要素的配置效率，获得多重产业互动效益。正因如此，我们将"产业链网经济"看作是区域经济发展的新模式。

"产业链网经济"，是指在一定区域空间中，借助一定的联系界面与规则，通过不同产业链的网状交织融合，增加产业链节点，延长产业链条，促进企业聚集与知识共享，推动产品增值，市场繁荣，结构优化，并使不同产业劳动者能够共同受益的一种区域经济发展模式。从内涵上看，这一区域经济发展模式包含以下内容：

一是专业化分工是产业链网经济的前提基础。尽管基于能力的分工最初只表现在一个企业内部，即企业纵向一体化，但在迂回生产方式下，最终产品的生产会超越单个企业的资源和能力，从而使分工从企业内部走向企业之间，形成产业链。从产业链的具体载体来看，如果一个企业什么都能生产，就不会出现产业链，当然也就更无所谓产业链网，专业化分工和协作是理解"产业链网经济"的基础。

二是模块化生产是产业链网经济的组织方式。产业链从线性形态演变成网状形态，产业链节点企业聚集导致子产业形成，并最终获得独立价值功能成为独立价值模块的结果。所谓产业链网络其实就是这些价值模块间的联系方式，正是由于价值模块具有"即插即用"的可兼容性、可重复性特征，才使原本边界清晰的产业链通过价值模块的兼容性相互交织，交汇融合，形成产业链网经济。

三是知识共享是产业链网经济的本质核心。产业链网经济的模块化生产方式中，每一个模块都具有一个或者多个功能，不同功能需要不同的专门知识，而这些隐含不同知识的模块要通过一定规则确立的界面与其他模块相联系，知识的共享就成为这种联系建立的核心。因此，只有实现不同模块的知识共享，才能在所确立的界面下进行知识整合，从而实现不同产业链的交汇与融合，完成传统的一体化线性产业链不可能完成的满足顾客个性化需求的任务，推动价值和利润向价值高端移动。

四是联系界面与规则是产业链网经济的发展平台。从不同产业（行业）中独立出来的功能价值模块之间是通过一定的联系界面（平台）和规则（即标准）实现知识共享的，离开联系界面和规则这一重要载体，模块就会成为知识孤岛，无法构架起不同产业链之间的联系。因此，发展产业链网经济需要一个平台领导者提供联系界面和规则，以协调不同功能价值模块的产业价值创新协同过程。[1] 这个平台领导者通常需要具备创造一个多产业"共赢"格局的能力，才能整合不同产业发展要素，实现产业"共生"。

五是产业融合与市场繁荣是产业链网经济的结果表现。在线性产业链模式下，每个节点企业只能与同一产业链的上下游企业交易，在特定的区域空间中，交易频率必然受制于前后环节的节点企业聚集数量，从而影响市场繁荣程度。网状产业链突破了传统产业链限制，可以跨越产业链实现交易活动，功能价值模块"即插即用"的可兼容、可重复特征，使企业产品可以与多条产业链节点企业进行交易，使区域经济发展通过交易频率增加，市场经济繁荣等表现出来。

六是缩小行业收益差距是产业链网经济的最终目标。在线性产业链模式下，产业之间的内在盈利能力有很大差别，一些产业中，许多竞争者都能赚取可观的收益，如医药、软饮料业和大数据产业等，而像钢铁业等，尽管很努力，也难以获得满意的收益，称之为产业潜力的差异，即由产业长期盈利能力及其影响因素所决定的产业吸引力。正因如此，

---

① 姚凯，刘明宇，芮明杰. 网络状产业链的价值创新协同与平台领导［J］. 中国工业经济，2009（12）：86-95.

在区域经济发展中，不同产业的劳动者同工不同酬（收益）的存在，使部分劳动者不能分享到区域经济发展的好处，造成社会的不和谐。产业链网经济模糊产业边界，消除不同产业之间的收益区隔，有可能使从事任何产业的劳动者都能获得良好收益，最终实现居民收入获取的机会均等化，促进经济有序，社会和谐，这也正是区域经济发展的最终目标。

三、产业链网：三江资源优势向产业优势转换的瓶颈突破

如前所述，三江县有着极为丰富的农业可再生自然资源，农业在三江县的产业结构中占据重要的位置。但是，由于这些资源产业化程度低，价值创造能力差，导致三江县域经济发展受阻。那么，三江县的农业资源价值创造能力低的原因是什么呢？我们从产业链的角度来分析这一问题。从概念上说，产业链是从最初的原材料一直到最终产品到达消费者手中所包含的各个环节构成的链条。产业链从实物形态看是产品链，从价值形态看是价值链，从技术层面看是技术链，从产业组织形式看是企业链。比如，三江县高基乡有很多竹子，这些竹子最终加工成竹片，运往广东做成小笼包蒸笼，就是一条产业链。对于区域经济发展来说，产业链有两个关键问题：一是产业链的长度，二是产业链的聚合度。前者取决于分工的程度，没有分工就没有产业链，如果竹子种植、砍伐、加工、蒸笼编制全部由一家企业完成，就不会存在产业链，没有分工也就不会有交易，因此，区域经济也就不会繁荣。后者取决于产业链上每个节点的企业数量，如果每个节点仅有一个企业，那么产业链就难以维持。比如，如果当地只有一家竹片加工企业，这家企业如果倒闭，竹子种植就没有销路，就难以形成收入来源。所以，对于一个区域来说，延长产业链和增加产业链节点的企业聚集度是繁荣区域经济的基本路径，也是资源优势转换成产业优势的基本路径。

问题在于，在分工经济条件下，区域产业的发展取决于产业链的成熟度。在现代分工经济条件下，由于分工的深化，没有任何企业可以不借助其他企业的分工合作向消费者提供完整的商品，企业之间的关系由传统的竞争关系变为竞争合作关系。对于区域经济发展来说，产业链的状况取决于两个关键内容：一是产业链的长度；二是区域企业在产业链

微笑曲线中的位置。在微笑曲线中，位于价值链左右两侧的价值活动具有较强的价值增值能力。所以，区域经济发展，要求延长产业链长度，或者占据产业链高端。

然而，我们在三江高基乡调查发现，该乡土地总面积 138 平方公里，耕地面积 9880 亩，森林面积 16.8 万亩，覆盖率为 86.7%，有"绿色高基"之美誉，毛竹种植与加工为当地农村支柱产业。但就毛竹种植的农户而言，毛竹销售到乡镇加工企业或者外地竹木收购商，每根售价15 元左右，一亩地种植竹子约为 120 根，生长周期两年，合计收入为1800 元，年均 900 元/亩，尚不如种植水稻的收入高。这些竹子被乡镇企业加工成竹片销往广东，所赚取的利润也十分有限。显然，由于三江特色生态农业发展的产业链较短且节点企业处于产业链微笑曲线的低端，影响了资源的价值创造能力，体现出农业弱质性。从内涵上看，县域经济发展包括三个方面内容，即经济总量增长、经济结构优化和社会福祉改善。这三个方面的内容均与农村工业化与城镇化进程相关，换言之，都有赖于县域产业的提升。因为从产业的角度上说，农业产业的天然弱质性，除了表现为农业产业受自然因素影响较大外，还表现在农业产业链短而细，集约化程度低，规模效益差等方面。因此，单纯依靠农业产业，不仅难以提高经济总量，经济结构也会出现低度化，农村居民的收入增长受制，难以实现社会福利改善目标。

那么，如何克服农业产业弱质性和经济发展与三江县产业结构优化要求之间的矛盾呢？从理论上讲，农业产业的弱质性在农业产业内部是无法解决的，因此必须突破产业边界，让农业资源走出单一短小的农产品加工产业链，通过在更大的价值系统中进行整合，发挥农业资源更大的价值创造能力。我们认为，基于模块化形成的产业链网经济，为县域产业提升提供了一种新的发展模式。如前所述，在产业链的演进过程中，各个节点企业的聚集会形成一个子产业，从而摆脱产业链上下游环节的限制，成为独立的价值模块。这种独立的价值模块一旦形成，就可以实现在更大的价值系统中进行随意组合，从而具有可重复、可兼容特征，实现价值增值。价值模块成为重构产业链的"基因"，当某一组价值模块按照某一界面规则构成"基因组"时，产业链就不再是线性的，而是呈现出网络状。在网状产业链中，这些具有兼容性和可重复利用性的价值模块本身的产业属性开始模糊化，成为具有多元产业属性的组件，推进不同产业链的网状交织与融合，导致产业链节点增加，链条延长，最终实现产品增值，市场繁荣，这就是产业链网经济。比如，竹子种植如果单纯为了竹制品加工，竹山就仅仅成为竹子加工产业链中的一个节点；如果将竹山作为一个独立的价值模块，它可以成为竹制品加工业的节点；如果将竹山发展成竹下养鸡基地，就成为农业养殖业产业链的一个节点；如果将竹山打造成一个旅游景点，又可以成为旅游产业链的一个节点；如果将竹山发展成写生创意的场所，又可以成为创意产业链的一个节点。这样，竹山作为一个独立的价值模块，可以在多条产业链当中"即插即用"，与不同产业中其他价值模块组合，变成具有兼容性、可重复性的价值模块，实现重复性的价值增值。

这样，在模块化生产方式下，三江县的毛竹种植可以改变传统生产方式中仅仅作为竹制品加工原材料的单一用途，将竹林按照旅游业标准建设成旅游产业链上的具有独立功能的价值模块。同样一片竹林，不仅可以为竹制品加工提供原材料，还可以成为游客旅游的目的地和竹下养殖业的养殖基地。竹制品可以成为旅游纪念品，满足游客"购"的需求，林下养殖可以满足游客"吃"的需求，竹林可以满足游客"游"的需求。这样，通过旅游业这一联系界面，竹林这一具有独立价值功能的模块成为种植业、养殖业、制造业、旅游业等多条产业链的节点，与众多产业链中的其他价值模块相组合，成为可以重复利用的价值模块，打破了单一产业链的限制，实现多产业的融合，完成多次价值创造，这就是旅游业在模块化生产方式下的范围经济。[①] 可见，网状产业链打破了产业边界的限制，让资源可以在更大的价值系统中重新组合，这一点对以农业为主的县域产业发展来说有着十分重要的意义。因为，在传统的线性产业链下，各种资源孤立在各自所属的产业链条当中，资源之间的联系被掐断，无法形成聚合效应，而农业分工程度低和迂回程度低，导致产业链条细而短，农业资源价值创造能力低，这是制约三江县产业

---

① 白永秀，惠宁. 产业经济学基本问题研究［M］. 北京：中国经济出版社，2008.

发展的瓶颈。在网状产业链思维下，可以将农业资源打造成独立的价值模块，使之能够在不同的产业链条中重复使用，"即插即用"，大大增强其价值创造能力。从三江县产业发展的情况看，丰富的农业资源在线性产业链状态下受分工和生产迂回程度的限制，无法发挥其价值创造潜力。如果能够将这些资源打造成具有独立功能的价值模块，突破线性产业链的限制，实现在多条产业链上即插即用，就能够突破县域产业发展的瓶颈。因此，就三江的产业基础条件而言，发展"产业链网经济"是三江县农业产业弱质性的突破方向。

平台建设：三江"链网经济"发展的重点

目前，三江县产业发展存在结构低度化，农业产业链条短、产业化程度低，农业资源价值创造能力低等问题，瓶颈在于分工程度低和产业迂回程度低。突破这一瓶颈的可行路径是转换产业组织方式，实行模块化生产，通过发挥模块化生产方式中模块的兼容性、重复利用性的特征，实现产业融合交织，形成产业链网经济，从而达到提升产业、繁荣市场、改善民生的县域经济发展目标。在这个认识的基础上，平台建设是三江"链网经济"发展的工作重点。

一是引入产业模块化新思维，转变县域经济发展方式。产业模块化作为一种新型产业分工形态，为不同产业融合交织、良性互动提供了一种良好的机制。在模块化生产中，由于参与各方在关系上有互补性、对等性，为原本属于产业链低端的节点通过模块化嵌入新的产业链实现向高端转移提供了可能。比如，将三江县的竹子种植、茶叶种植打造成旅游景点模块，就完全改变了处于初始产业链低端的劣势，使价值创造能力大大提高。目前，三江县产业大多处于产业链低端，在线性产业链传统思维下，很难改变现状。通过引入模块化生产新思维，在没有新技术障碍的情况下就能够改变产业链位置，成为转变县域经济发展方式的重要路径。

二是积极参与联系界面建设，搭建县域产业融合平台。充当联系界面的产业要能够起到连接不同产业价值功能模块的作用，而担当不同产业交织融合的载体需要具备一定的条件，因此需要政府的支持。在软件上，一是需要政府培植本土市场力量，建立协作机制；二是需要政府放松市场管制，引导市场有序竞争；三是需要政府加强相应规章制度建设，保障规则有序运行。在硬件方面，主要是需要政府加强确保"平台规则"运行所必需的基础设施建设，比如该产业发展所需的公共设施投资、道路交通建设等。通过政府的参与，使县域各产业模块能够在共同的平台上找到统一的输出/输入接口，模块联系才能完成，产业链网经济才能真正实现。

三是实施创业创新激励政策，强化产业模块研究开发。产业链网的主体是企业，核心是模块，模块化生产的核心就在于不同模块之间的互补性，使得企业之间容易达成合作。相同模块之间的竞争性，使得企业必须关注自身产品的质量，这种产业内企业之间的竞争合作关系，改变了传统的企业间"原子式"的竞争关系。因此，一方面要鼓励更多的企业积极参与，成为模块设计师，设计出符合产业平台链接，并具有引领产业向价值链高端移动的价值功能模块，尤其是一些在产业发展中能够在技术创新和价值创造方面起到引领作用的关键价值模块的研发与设计。另一方面，要鼓励企业积极成为模块供应商，防止垄断带来产业效率损失。

参考文献

[1] 李晓华. 产业组织的垂直解体与网络化 [J]. 中国工业经济，2005（7）：28-35.

[2] 胡晓鹏. 产业共生：理论界定及其内在机理 [J]. 中国工业经济，2008（9）：118-128.

（执笔人：庄晋财，陈聪）

广西恭城红岩村

立体产业铺就大石山区农村致富路

恭城红岩村：一个穷乡僻壤的小山村

　　红岩村位于广西桂林恭城瑶族自治县南面，属莲花镇所辖，距县城15公里，是一个喀斯特地形小山村，村内共有103户农户，417人，占地1100亩。20世纪90年代前，该村以耕地种田谋生，经济非常落后，是典型的"吃粮靠返销、花钱靠贷款、生产靠救济"的贫困村。90年代以来，红岩村民开发荒山野岭，连片种植月柿，兼种椪柑、沙田柚、葡萄等，人均果园面积近2亩，年人均水果纯收入达8000元。2003年开始发展乡村旅游业，2015年我们前往调研时，已经接待中外游客150余万人。经过20多年以生态农业和乡村旅游为依托的产业发展与升级，红岩村先后荣获了"全国农业旅游示范点""全国生态文化村""中国特色景观旅游名镇名村""中国村庄名片""广西新农村示范建设十佳标兵村屯"等荣誉称号，实现经济、社会、生态协调可持续发展，成为广西乃至全国社会主义新农村建设的典范。但是，红岩村的美丽乡村图景不是一蹴而就的，它跟许许多多其他村庄一样，带着中国农村城市化进程的历史痕迹，也曾面临重重障碍。

　　一是村庄经济萧条，村民生活严重依赖打工收入和国家救济。1990年以前，恭城县曾被列为广西"老、少、边、山、穷"县之一，红岩村又是当地有名的贫困村。村里水田种稻谷、旱地栽玉米，农业结构单一，农业收入甚微，为了维持生计，许多年轻人不得不外出打工补贴生活。一句顺口溜"一队二队顶呱呱，三队四队烧泥巴（砖瓦），五队六队刨柿花（月柿），七队八队（即红岩村）靠国家"就是红岩村依赖国家救济的写照。

　　二是村庄公共品供给严重不足，生产生活条件恶劣。由于村庄经济萧条，无力建设村庄道路、水利设施等农村公共设施，村里道路泥泞，垃圾粪便充斥，生活污水横流，"晴天到处臭，雨天下脚难"的村庄面貌使红岩村成了无人愿去的村庄。农田水利设施的缺失，导致农业生产靠天吃饭，或者依赖化肥农药，生产成本高，收成不稳定。

三是村民争夺资源矛盾激化，乡村治理混乱无序。红岩村属于喀斯特石山地区，"不怕锅里没米，就怕灶下没柴"反映了农村能源紧缺的真实状况。不通电不通气的红岩村，村民为了做饭取暖只好上山砍柴，没柴砍就铲草皮、刨树根。附近山上的树砍光了就寻到远处，自己山上的树砍光了就偷砍别人家山上的，有关部门采取的强行封山、设卡禁伐等措施，不但没有解决问题，反而激化了干群关系。由此造成三个后果：一是森林的能源性消耗导致溪水断流、水土流失，生态环境恶化；二是生态环境恶化导致自然灾害频发，粮食连年减产，村庄经济萧条；三是资源争夺致使村民行为失范，人际关系紧张，社会冲突加剧。

打工经济：红岩村美丽乡村发展的现实障碍

党的十八大提出要"努力建设美丽中国，实现中华民族永续发展"，2013年的中央"一号文件"把"美丽乡村"建设作为美丽中国在农村的具体体现。但是，长期以来，我国的农村建设离美丽乡村要求相距甚远：在发达地区，一些村庄的经济发展伴随着严重的环境污染；在欠发达地区，伴随着城镇化的加速和农村青壮年劳动力进城务工，则出现农业凋敝村庄衰落现象（朱启臻等，2014）。美丽乡村建设最终要求实现农民生活质量提升，以及农村经济环境、社会环境和生态环境协调发展。然而，我国市场取向的改革，打破了农村传统的自给自足发展格局，强调个人权利的政策、制度和法律进村，形成个人主义和消费主义对农村的冲击，农村居民个体主义价值观得以形成与强化。消费主义裹挟下的农民，有限收入和无限消费欲望之间的差距越拉越大（贺雪峰，2009），使村庄集体经济与私人经济不断分化，不仅影响村庄经济系统的结构，也改变着村庄的自然生态系统，重塑着村庄的社会关系，使村庄发展面临经济、生态、社会的综合性系统危机，阻碍着美丽乡村建设进程。

我们知道，村庄作为中国最基层的区域行政单位和村民生产生活相对独立的地理空间，是联结人与自然的关键节点和透视乡村经济社会发展的重要窗口，所以，美丽乡村建设大多是以村庄为具体的实施操作对象。因此，美丽乡村目标的实现，有赖于村庄复合系统内部各子系统自身的良性发展及相互之间的协调互动。20 世纪 90 年代以前，红岩村的发展状况是我国农村发展的缩影，中国农村城市化进程中的村庄或多或少都曾经经历或正在经历这些困境。

一是城乡分离的城市化导致乡村经济系统衰退。村庄作为一个复合系统，其核心要素是人，包括村民个人及其群体与组织。他们之间存在着经济、政治、文化等复杂关系，其中经济关系占主导地位。然而，由于我国长期实施城乡分离的城镇化政策，导致乡村经济系统的生产、交换、分配、消费关系处于结构失衡状态：一是大量农村青壮年进城务工严重冲击农业生产。马克思指出，劳动者是生产过程中最积极最活跃的因素。但是，伴随着我国城市化的进程，农村大量青壮年劳动力进城务工。全国农民工监测调查报告显示，截至 2014 年，我国农民工数量已达 2.7 亿人，其中 40 岁以下的占 56.5%，平均年龄为 38.3 岁。农村青壮年的流失使农村劳动力的整体能力弱化，导致农田水利设施失修老化，农业科技推广困难，只能以简单粗放、效率低下的方式维持农业的简单再生产。二是农业生产的衰退导致村庄与外部环境物质能量交换失衡。村庄作为复合系统，它的可持续发展需要与外部系统进行持续均衡的物质能量交换。然而，村庄农业生产的简单粗放和效率低下，使其能够向外部系统输出的物质十分有限，交易频率相对较低，甚至许多原本在村庄生产的物质都需要从外部系统输入，强化了村庄经济活动的对外依赖性，也导致村庄资源大量闲置，阻碍了村庄经济繁荣。三是村庄与外部系统物质能量交换的失衡导致农村收入来源外部化。农村青壮年劳动力外流导致的老人农业，使农户总收入中农业收入占比日趋下降，外出务工获取的工资性收入成为农户收入的主要来源，农村收入来源外部化趋势，进一步削弱了农业生产的地位。四是农业生产地位的弱化及农民收入来源的外部化削弱了农村消费能力。这是因为，农业生产地位的弱化削弱了农村多元化经营的可能性，使农户对生产资料的需求仅仅局限在农药化肥上，生产消费结构单一。与此同时，农村在外获取非农收入者基本上是最具消费能力的青壮年劳动力，他们在外获取收入的过程也是将消费滞留于村庄系统外部的过程。因此，农户收入来源的外部化直接导致生活消费的外部化。对外部系统依赖性增强，使村庄逐步失去持续发展的基础，最终导致乡村的衰落（程必定，2013）。

二是经济系统的衰退导致乡村民生福祉受损，社会行为失范。人们在村庄地域范围内共同劳动和生活，构成有别于家庭的村庄社会系统，它的功能以提高民生福祉、推进村庄社会和谐为指向。"仓廪实而知礼节"，村庄民生福祉和社会和谐都需要坚实的经济条件为支撑。乡村经济系统的衰退，可能导致民生福祉受损与社会行为失范。从民生福祉的角度看，农村居民的消费需求包括私人消费和公共消费两部分，前者依赖于农民个人可支配收入水平，后者依赖于农村公共品的供给状况。改革开放以来，农村就业和收入的多元化不仅提高了农民的收入水平，也改善了他们的消费水平和结构。但是，村庄经济系统的衰退以及集体村治模式的改变，使村庄集体经济不断走向式微，无力顾及道路、环境、医疗卫生等村庄公共品的供给，严重影响了村民的社会福祉。从社会行为规范的角度看，由于农村青壮年劳动力大规模进城务工，一方面造成村庄精英流失，动摇了乡村社会基层组织的根基。市场经济冲击下传统价值信仰的消解，导致乡村出现"混混当家""乡痞治理"的现象（黄海，2014），使得农村出现争夺有限资源的行为，逐渐失去公平公正原则，甚至出现强势占有，社会规范约束力弱化。另一方面，随着村民大规模外出，封闭的村庄开始解体，边界逐渐模糊。外出村民的主要活动空间不在村庄，世代遵从的礼俗乡约和让人心生敬畏的"内心道德律"对村民的约束力在经济利益面前日渐式微，信仰出现功利化趋势（刘洋，2009），村民行为容易失范进而无序化，导致乡村治理陷入困境，破坏乡村社会和谐。

三是乡村经济衰退与村民行为失范威胁着村庄生态系统。村庄既是农村地区社会经济的基本构成单位，也是重要的自然生态系统。乡村生态系统能否良性发展，与村庄经济发展模式密切相关。村庄土地利用、产业结构、居民收入来源、消费习惯等因素对乡村物产提供、气候调节、水源涵养、土壤保护、废弃物处理、生物多样性等起着至关重要的作用（丁彬等，2015）。我国城乡分离的城市化政策导向，使乡村生态环境面临巨大挑战：一是大量农村青壮年劳动力外出务工，使村庄农业劳动者能力弱化，农业产业结构单一，农业收成过度依靠农药化肥，形成耕地污染，地力退化；二是村庄集体经济式微削弱了治理权威，诱发村民行为失范，"混混治理""乡痞治理"的出现使乱砍滥伐、攫取资源获利的行为时有发生，形成村庄生态系统破坏的隐患；三是农民进城务工带来城市文明，改变着村民的生活消费方式，增加了农村环境压力。比如，农户自产的传统零包装生活消费品正逐渐被工业制造的精致包装生活消费品取代，产生大量的生活垃圾；传统的农村旧居翻新、新房建造，带来大量建筑垃圾。数据显示，目前我国农村地区每年至少要产生2.8多亿吨生活垃圾、90多亿吨生活污水（刘明越和李云艳，2015），却没有与城市一样的垃圾处理公共设施，导致农村垃圾成灾，侵蚀着青山绿水。

综上所述，改革开放以来，以农村富余劳动力"乡村—城市"转移为核心的农村城市化制度设计，使农村经济过度依赖"打工经济"的外源性发展，直接影响到农村社会系统和生态系统的运行。农村青壮年劳动力的大规模外流导致农村产业衰退，集体经济式微，消费观念改变，道德约束乏力，村民行为失范。其结果是，乡村治理无序，生态恶化，陷入经济、社会、生态系统的冲突陷阱，与美丽乡村目标渐行渐远。可见，村庄作为一个复合系统，其治理需要从经济、社会、生态等方面进行综合考虑，才能维持可持续发展。

立体产业：红岩山村美丽可持续发展的关键

那么，美丽乡村建设如何克服重重障碍，实现经济、社会、生态可持续发展呢？其内在逻辑是什么？耗散结构理论认为，一个远离平衡态的开放系统，通过不断与外界交换物质和能量，经过涨落发生突变，可以由原来的混乱无序状态转变为一种在时空上或功能上有序的状态，即"耗散结构"状态（普里戈金，1986），达到耗散结构状态的系统处于一种稳定化的自组织结构，因而具有可持续性。红岩村的美丽乡村建设，给我们展现了一个村庄复合系统实现"耗散结构"状态的内在逻辑。2015年7月，课题组进入红岩村调研，通过农户访谈、干部交流和问卷调查等方式，对红岩村的美丽乡村建设形成了较为完整清晰的认识。

一、践行"经济—生态—社会"协同发展理念

1. 以特色产业为抓手，夯实村庄经济基础

20世纪90年代初，红岩村主要以水田种稻谷、旱地种玉米为主要收入来源，年人均收入不足400元。由于地处喀斯特山区，农民砍柴烧饭，刨地种粮，导致土地、山林等可利用资源日益减少，环境威胁日益加大。政府开始引导村民发展沼气。由此，引发红岩村的产业革命：第一步是发展养猪业，并由原来的散养变为集中圈养，目的是利用猪粪发酵产生沼气。由此带来三个明显的变化，即养猪增加了副业收入、沼气替代烧柴保护了青山植被，原本上山砍柴的劳动力解放出来用于田间劳作。据了解，一口8立方米的沼气池年产沼气380立方米，能满足3~5口人的家庭一年的生活燃料需要，每年可节约薪柴1.5吨，相当于一年可节省燃料和电费1000元左右。然而，沼气池里排出的沼渣、沼液用往何处？解放出来的劳动力投往哪里？由此，明确了红岩村产业发展的

第二步，即发挥村庄种植业传统优势，利用沼气池排出的沼渣、沼液作为生态肥种植月柿。红岩村村民垦荒种果的积极性空前高涨，月柿面积从 1990 年的不足 50 亩，猛增到 2014 年的近 700 亩，年人均产果 8000多公斤，年人均纯收入超过 10000 元，成了桂林恭城县的月柿生产示范基地。养猪种果改变了农户的收入状况，也提升了村民的消费水平，按照农村的传统习惯，首先考虑的就是改善住房条件。为了改变农村住房建设的无序状况，2001 年，红岩村在政府引导下开始推行"新村运动"。新村建设的重点是将农民居住条件改善、农民收入增加、富余劳动力本土化转移结合起来，于是确立了产业发展的第三步，即发展乡村旅游。2003 年，恭城县决定在红岩村平江河两岸重新规划新村，统一设计建设乡村民居。月柿种植使村民有了一定的经济基础，加上当地银行的贷款，第一期有 20 多户村民按照规划建造了乡村别墅。这些乡村别墅连同村里的秀美山川、民族风情、果树田园一起，构成了乡村旅游的丰富元素，支撑起红岩村的乡村旅游产业。红岩村建有 80 多栋独立别墅，拥有客房 300 多间，餐饮近 40 家，旅游黄金时期单月游客接待量超过 1 万人次。历经近 20 年的发展，红岩村始终以特色产业为抓手，构建起"三位一体"的农村生态产业体系，最终实现以乡村旅游业为核心的产业结构转型升级（如图 9-1 所示）。

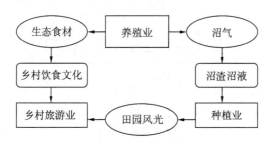

图 9-1　红岩村的"三位一体"生态产业体系

2. 以环境整治为重点，建设村庄美丽家园

地处喀斯特石山地区的红岩村农民，在创造以养殖业、种植业和旅游业"三位一体"的生态产业体系的基础上，瞄准发展经济目的的同时，不断强化自然资源和生态环境的保护。

一是推广使用清洁能源。红岩村通过沼气等清洁能源的推广使用，不仅改变了原来依靠烧柴生活时，青山被砍光，农屋烟熏火燎的景象，而且形成人、畜分离，厨、圈分离，圈、厕分离的居住环境新格局，彻底改变了"粪土乱堆、畜禽乱跑"的乡村面貌，实现农村家庭清洁文明的生产生活方式。

二是加强环境基础设施建设。在广西环保厅等政府部门的支持下，红岩村进行了农村环境连片整治，建起了垃圾中转站、集中式饮用水水源地保护设施等。2009 年，投资 105 万元的污水处理设施投入使用，使红岩成为广西第一个拥有污水处理站的自然村。

三是完善环境保护制度。一是开展"清洁家园、清洁水源、清洁田园"的"三清洁"运动，规定生活生产垃圾的处理标准；二是制定"保洁制度"，强化村民的环境保护目标、责任与监督意识；三是实行垃圾分类，明确生产生活垃圾的处理流程与方法。红岩村通过持续的环境基础设施建设和相关制度措施的完善，形成了独具特色的农村环境整治典型模式，即通过建立"三位一体"的生态产业体系改变村庄生产方式，辅之以环境保护的相关制度约束，改变村民的环境行为，同时完善村庄环境基础设施建设，最终实现村庄环境的改变（如图 9-2 所示）。

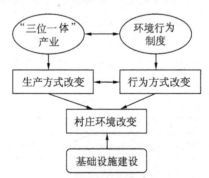

图 9-2　红岩村村庄环境改变的模式

3. 以文明互助为导向，营造村庄社会和谐

产业发展和环境整治改善了红岩村农民的生活状况和居住环境。在物质条件不断改善的基础上，红岩村采取一系列措施，以文明互助为导向，构建村庄文明和谐的人际关系。

一是制定村规民约，引导文明行为。红岩村村民代表大会通过的村规民约共有10条，内容涉及遵纪守法、团结互助、移风易俗、爱护公物、保护环境等，以此规范村民的道德行为，塑造村民文明健康的精神风貌。

二是健全基层党组织管理制度，建立党群干群互信关系。村党支部通过"四议两公开"，建立环境卫生"门前三包"等一系列管理制度，使管理透明；通过强化"三级联创"工作机制、组织群众素质培训、号召党员带头创业等措施，促使党群干群联动，奠定党群干群互信基础。

三是规范村民自治组织工作制度。在遵守村规民约的前提下，红岩村村民理事会制度规定理事会的具体职责，内容涵盖组织村民学习党的政策、路线、方针，以及上级政府的各项规章制度，指导村民了解和使用村庄各项环境保护措施的实施标准、处理方法和操作流程，筹集和管理村庄环境保护所需的各项费用及其支出等。村委会通过传播文明理念，建设农家书屋、村级公共服务中心、文艺队、龙狮队、篮球队，举办各种文体活动，丰富村民业余生活，营造友好相处、互帮互助的邻里关系。概括来说，红岩村通过建立村规民约规范村民行为，通过加强基层党组织建设建立党群干群互信，通过完善村民自治组织强化村民之间的互帮互助，从而形成以制度为先导，以组织为桥梁，以活动为载体，构建村民行为规范、党群干群互信、村民互帮互助的和谐村庄新模式（如图9-3所示）。

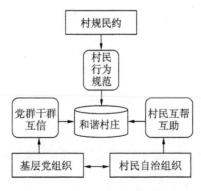

图9-3　红岩村社会和谐的形成模式

　　红岩村与中西部地区许多农村的发展路径的不同之处在于，它在城乡分离的城镇化进程中，没有依靠村民大规模外出获取外源性收入增长，而是立足于本地创业的就业创造效应（庄晋财和孙华平，2015），实现农村富余劳动力的本土化转移。红岩村在 20 世纪 80 年代中期开始为推广使用沼气而发展养猪业，90 年代大力发展月柿种植，2003 年开始进行新村建设，2005 年中央提出"社会主义新农村建设"后村里开始借势发展乡村旅游，村民人均年收入从当初的不足 400 元，到 2015 年依靠本地的月柿种植和乡村旅游，年收入突破 2 万元。村庄环境从原来的"晴天到处臭，雨天下脚难"到现在变成"和谐的生态环境、优美的自然风光、整洁的农家别墅"交相辉映的休闲之地，实现了从贫困村到富裕村的华丽转身，成为广西"生产发展、生活宽裕、乡风文明、村容整洁、管理民主"的社会主义新农村建设典型。

　　纵观红岩村的发展，我们得到一个重要的启示，即村庄是由"经济、生态、社会"子系统聚合而成的复合系统，在这个复合系统良性循环和螺旋式提升的过程中，经济繁荣是基础，环境改善是保障，社会和谐是归宿。只有村庄各子系统之间形成良性互动、协调统一，才能使美丽乡村的可持续发展得以实现（如图 9-4 所示）。红岩村所描绘的"村庄规划协调美、村容整洁环境美、村强民富生活美、村风文明风尚美、村稳民安和谐美"的"五美村庄"发展蓝图，以及发展过程中采取的种种措施，始终贯穿着这个逻辑。

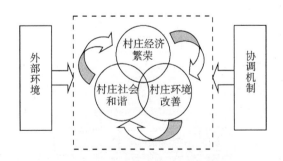

图 9-4　美丽乡村复合系统的可持续发展

二、耗散结构理论：红岩村美丽乡村建设的重要依据

1. 村庄系统从封闭到开放，走出平衡态

耗散结构理论提出"非平衡是有序之源"的观点，把系统维持所需要耗掉的能量称为"熵"，认为系统无序性增加熵就会增加，一个孤立系统与外界既没有物质交换，也没有能量传递，其演化方向只能朝着熵增方向进行，具有不可逆性，其结果必然是达到熵最大的平衡态。要想使系统朝着有序方向发展，系统开放是必要条件。在开放的条件下，系统的熵增量是由系统与外界的熵交换和系统内的熵产生两部分组成的，只要系统与外部的熵交换带来的负熵除了能够抵消掉系统内部的熵增外，还能使系统的总熵增量为负，就能使系统进入相对有序的状态。改革开放以前，城乡隔离、统购统销等制度安排，使村庄成为结构单一的产品经济封闭体系，人民公社体制割裂了村庄与外界的联系，村庄成为一个孤立的系统。村庄内部的经济、生态、社会子系统的关系混沌、杂乱而无序，陷入"低水平陷阱"的平衡态之中。始于1978年的市场取向改革，架起了村庄与外界联系的桥梁，村庄与外部环境有了物质能量交换，尤其是允许农村劳动力进城务工带来的收入增长，极大地改善了村庄居民的生活状况，使村庄系统由封闭走向开放，逐渐走出平衡态。

根据热力学理论，处于平衡态的系统不可能有发展活力，只有走出平衡态，系统处在力和流的非线性区，才可能演化成一个开放的有活力的系统。村庄中的个体即村民，存在特质、资源、信息和能力上的不平衡，每个村民都拥有自己的特定优势，并根据这种优势在村落中建立起自己的相应地位。如果能够从外界获取足够的物质、信息与能量，让村民的不同优势得到发挥，就能使村庄内产生非线性相互作用，激活系统离开平衡态。红岩村曾是一个贫穷落后的小山村，正是国家20世纪70年代实施的改革开放政策和80年代中期实施的扶贫攻坚措施，才使它有机会利用国家政策吸收来自外部的资金、技术支持，利用市场机制，发挥村民各自的不同优势，通过养殖、种植获取收益，最终形成"养殖+种植+旅游"三位一体的农村生态产业体系，走出"低水平贫困陷阱"混乱无序的平衡态。

2. "经济—生态" 协同整治，村庄远离平衡态

根据耗散结构理论，系统仅仅走出平衡态还不能确保其稳定有序，因为离开平衡态如果仅仅达到近平衡态，系统的涨落仍然是一种破坏其稳定有序的干扰，因此，系统必须是远离平衡态的。但是，系统的开放性仅仅是其实现远离平衡态的必要条件，而非充分条件。从系统演化的角度来说，如果熵值达到最大就意味着系统能量耗尽走向毁灭。然而，开放系统与外界进行物质、能量、信息交换所得到的既可能是正熵流，也可能是负熵流，这要根据系统与其外界的相互作用而定。正熵流会加速系统的无序化进程，需要通过从外界取得负熵流的办法来抵偿系统内部熵的产生，使系统的总熵变化为零甚至为负值，维持系统向有序化方向演化。中国城乡分离的城市化导致的村庄经济系统衰退凋敝现象，可以看作是村庄与外部的物质能量交换形成了正熵流。村庄发展要避免正熵增加导致的混乱状态，就必须依靠负熵的导入。只有在负熵增加大于正熵增加的情况下，村庄整体的熵才会小于零，当负熵的流入不断累积，非线性作用使涨落放大，才能使村庄系统远离平衡态从无序进入有序。

从现实来看，村庄系统能否从外界取得负熵流，一方面取决于村庄系统的开放性能否使其持续地从外部获得物质、技术、信息等要素，并与村庄内非均质性的个体相结合，形成村庄成员的不同优势，使村庄内部子系统产生非线性的相互作用；另一方面取决于村庄内部各子系统能否产生协同效应。村庄作为一个复合系统，它的演化必然是各子系统相互作用的结果，村庄的持续发展并不以一个完美的线性方式出现，而是各子系统之间相互作用和反馈的结果（郑准等，2012）。在现实中，村庄的经济发展始终处于基础性地位，因此从外界输入的物质能量首先也是经济要素，比如资金、技术、人力资本等，这些要素的输入与村庄的异质性成员相结合，推动村庄经济多元化发展。如果这种发展不以破坏环境为代价，则外界输入的物质要素通过村庄内部子系统的相互作用形成"经济—环境"协同效应，形成的负熵流会不断得到强化，从而使村庄经济进入非线性发展，由无序变为有序，远离平衡态。

地处喀斯特石山地区的红岩村农民，在创造以养殖业、种植业和旅

游业"三位一体"的农村生态产业体系的基础上，瞄准发展经济的同时，不断强化自然资源和生态环境的保护。上级政府通过政策扶持和资金、技术、人才的输入，使红岩村产生了许多经济能人，包括养猪专业户、果树种植专业户、运输专业户等，使原本处于平衡态的村庄开始从稳定走向不稳定，经济不断繁荣。在这一过程中，经济的发展不以破坏环境为代价，而是以环境保护为基础，"养殖+沼气+种植"的生态农业模式形成村庄的经济子系统与环境子系统的良好互动，使整个村庄进入非线性发展状态。但是，正如村民朱明成所说："当初建设村子的时候并没有想到能发展旅游，旅游开发是后来的事。"（景碧锋和唐日明，2013）随着村庄月柿种植面积扩大并在 2003 年召开了首届月柿节，以及沼气使用的推广、村庄拦水大坝和风雨桥的建成，村庄环境日益改善，为乡村旅游的发展奠定了基础。因此，2005 年 10 月国家提出"社会主义新农村建设"目标后，红岩村负熵流的累积达到阈值，迎来涨落，形成突变。从这时起，红岩村在原本以种植养殖为主的产业结构基础上，搞起了乡村休闲旅游。乡村旅游业发展不仅将红岩村的种植业、养殖业等产业通过与旅游业结合得到极大提升，催生了经济系统的活力，而且乡村旅游业发展所需的环境条件和社会文明规范，促进了环境子系统与社会子系统的提升，从而实现经济、环境、社会各子系统之间的良性互动，红岩村开始进入"村强民富、村容整洁、村稳民安"的耗散结构状态。这一模式使红岩村的农民人均纯收入从 20 世纪 90 年代前的不足 400 元，提高到 2013 年突破 13000 元，其中年接待游客 30 万人次，休闲农业营业收入 2983.2 万元，村集体收入 18.6 万元，人均非农收入达 7460 元。经济发展的同时，生产方式和行为方式的改变及基础设施的完善，使红岩村不再像过去那样依赖砍柴刨地铲草皮，生态环境得到良好保护，森林覆盖率达到 75% 以上，实现了经济与生态协调发展的稳定有序状态。

3. 人与社会及人与自然和谐相处，村庄形成耗散结构

耗散结构理论认为，阈值即临界值对系统性质的变化有着根本的意义，一个远离平衡态的包含多个子系统的开放系统，通过与外界进行物质能量交换，在耗散过程中产生负熵流，在外界条件变化达到一定阈值

时，经"涨落"的触发，量变可能引起质变，就可能从原来的无序状态转变为有序状态，即耗散结构状态。可见，远离平衡态的村庄开放系统从无序进入有序的耗散结构状态，需要村庄内部子系统间的相互作用产生的负熵流达到阈值，并遇上某关键事件形成村庄系统整体的涨落，进而产生突变才能最终实现。那么，村庄复合系统的负熵如何才能累积达到进入耗散结构状态所需的阈值呢？如前所述，生态环境与村庄经济协调互动，使村庄经济远离平衡态，实现稳定有序发展。但是，村庄不仅仅是经济发展的空间载体，更是人类生存的空间和文明延续的载体。村庄经济发展是人类生存和文明延续的基础，但不是目的。村庄作为农民进行一定的社会活动、具有某种互动关系和共同文化维系力的特定区域，是每一个居住在其中的个体与他人联系的现实空间。村庄的和谐有序体现在两个方面，即人与社会的关系和谐及人与自然的关系和谐。这两个和谐是相辅相成的，人与人的关系不和谐，会影响到人与自然的和谐关系，反过来说，人与自然的不和谐也可能引发人与人的矛盾冲突。

人与社会的和谐关系包括自己与他人、个体与组织、个人自身三个方面的和谐关系。红岩村通过"经济—生态"的协同整治，改善了生活状况和居住环境，在这基础上采取一系列措施，以文明互助为导向，构建人与人、个人与组织、个人自身和谐的人际关系。人与自然的和谐是指人类在自身发展的同时不能以牺牲环境为代价，从而实现人与自然的共存共荣。村庄作为村民的栖息地，人们在此休养生息，传承文明，不应仅仅注重对自然的索取，应与自然互利互惠，在保留原生态农耕文化的基础上，体现生态文化的特点，使村庄成为农民享受田园风光、体验乡村文化的场所（康云来，2010）。红岩村的发展充分展示了人与自然的和谐：一是建立"养殖+种植+旅游"三位一体的农村生态产业体系，实现人类生产活动与自然的和谐。比如，粪便入沼气池，沼气照明煮饭，沼液沼渣作肥料，减少使用化肥农药，推广农业清洁生产，农业废弃物无害化和资源化处理。二是养成亲自然的生活习惯，实现人类生活与自然的和谐。比如，污水统一处理排放，垃圾分类统一收集，实施家园、水源、田园清洁工程。三是追求"天人合一"的生活境界，实现人与自然共存共荣。比如，修建瑶寨风雨桥、滚水坝、登山道，举办月柿节，将红岩村打造成能够体验到风景如诗如画、环境自然和谐，听得到乡音、记得住乡愁的乡村文明传承之地。

综上所述，红岩村通过政府政策扶持和资金、技术、人才的输入，产生了养猪专业户、果树种植专业户、运输专业户等经济能人，使原本处于平衡态的村庄开始从稳定走向不稳定，经济不断繁荣。在这一过程中，经济的发展不是以破坏环境为代价，而是以环境保护为基础，形成"养殖+种植+旅游"的生态农村产业体系，让村庄的"经济—生态"协同互动，使整个村庄经济进入非线性发展状态。与此同时，通过种种措施改善村庄人际关系和人与自然的关系，使村庄复合系统在运行过程中累积的负熵流不断接近阈值，迎来涨落，形成突变。这个关键机遇终于在 2005 年到来，正如村民朱明成所说："当初建设村子的时候并没有想到能发展旅游，旅游开发是后来的事。"（景碧锋和唐日明，2013）随着村庄环境改善，红岩村发展乡村旅游的时机日益成熟，2005 年 10 月国家提出"社会主义新农村建设"目标，使红岩村负熵流的累积终于达到阈值，形成突变。乡村旅游业发展不仅将红岩村的种植业、养殖业等产业通过与旅游业结合得到极大提升，催生了经济系统的活力，而且以生态农业为基础的乡村旅游业进一步强化了农村生态环境保护，人们的环保意识不断增强，村庄里人与人、人与自然由过去的冲突不断走向亲近。红岩村开始进入经济、生态、社会协调发展的耗散结构。

纵观红岩村的发展，我们得到一个重要的启示，即村庄是由"经济、生态、社会"子系统聚合而成的复合系统，在这个复合系统良性循环和螺旋式提升的过程中，经济繁荣是基础，环境改善是保障，人与人、人与自然和谐相处是归宿。只有村庄各子系统之间形成良性互动、协调统一，才能使美丽乡村的可持续发展得以实现。红岩村所描绘的"村庄规划协调美、村容整洁环境美、村强民富生活美、村风文明风尚美、村稳民安和谐美"的"五美村庄"发展蓝图，以及发展过程中采取的种种措施，始终贯穿着这个逻辑。

协同共生：红岩村从平衡到耗散的自组织演进

透过广西恭城县红岩村的发展，我们得出如下结论：美丽乡村复合系统可持续发展的实现，需要合理利用村庄系统的开放性，从外界吸收资金、技术、人才、信息等物质能量。这些物质能量与村庄内非均质性成员相结合，形成村庄经济发展的动力，以村庄经济发展为基础，促进村庄经济子系统、环境子系统、社会子系统的良性互动，使村庄与外界物质能量交换形成负熵流，促成村庄发展进入非线性区域，充分挖掘外部环境提供的关键机遇形成的涨落，促使村庄进入耗散结构状态，从而实现村庄向更高级形式有序演化的可持续发展。简言之，就是利用村庄系统的开放性，增加村庄系统的复杂性，提高村庄系统的协同性，促进村庄进入耗散结构状态，实现人与自然、人与人、人与社会、人自身和谐共生的美丽乡村可持续发展（如图9-5所示）。

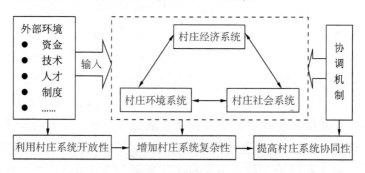

图 9-5 美丽乡村可持续发展的实现机理

目前，我国正在推进的新型城镇化是以人为核心、城乡一体化的城镇化，美丽乡村建设是新型城镇化的重要抓手。广西桂林红岩村的案例表明，村庄是一个由经济、环境、社会聚合而成的复合系统。保持村庄系统的开放性，把握住外部环境变化带来的重要机遇，通过从外部吸收物质、资源、信息要素，夯实村庄经济基础，同时结合村庄生态环境保护，提升农业功能，发挥经济、环境、社会子系统的协同效应，就有可能使村庄系统的演化进入耗散结构状态，从而实现美丽村庄的可持续发展。这些年来，国务院各部委颁发了《关于积极开发农业多种功能大力促进休闲农业发展的通知》《关于进一步促进农民专业合作社健康发展的建议》《关于加快发展农村电子商务的意见》等政策性文件，从产业功能提升、产业组织优化、销售渠道拓展等方面给予农村更多的支持。展望未来，这些政策的落实，将使村庄能够从外部环境获得更充足的物质能量，村庄发展应抓住机遇，将休闲农业、现代农业、美丽乡村、生态文明、文化创意产业建设融为一体，鼓励农民工返乡创业，发挥农民创业的示范效应（庄晋财，2011），以及以创业带动就业的内生作用（庄晋财等，2015），促使农村劳动力就地转移，推动村庄内部各子系统协同发展，实现美丽乡村的建设目标。

参考文献

[1] 朱启臻，赵晨鸣，龚春明. 留住美丽乡村：乡村存在的价值 [M]. 北京：北京大学出版社，2014.

[2] 贺雪峰. 中国村治模式实证研究丛书 [M]. 济南：山东人民出版社，2009.

[3] 程必定. 新型城镇化不要让乡村衰落 [N]. 惠州日报，2013-05-28.

[4] 黄海. 国家治理转型中的乡村社会"灰色化"变迁：基于乡村"混混"的解读视角 [J]. 中国乡村发现，2014（3）：150-153.

[5] 刘洋. 村庄发展的社会基础 [M]. 济南：山东人民出版社，2009.

[6] 丁彬，李学明，孙学晖，等. 经济发展模式对乡村生态系统服务价值保育和利用的影响——以鲁中山区三个村庄为例 [J]. 生态学报，2016，36（10）：3042-3052.

[7] 刘明越，李云艳. 农村垃圾污染的危害与治理 [J]. 生态经济，2015（1）：6-9.

[8] 普里戈金. 从存在到演化：自然科学中的时间及复杂性 [M]. 曾庆宏，等译. 上海：上海科学技术出版社，1986.

[9] 庄晋财，孙华平. 农民工创业的就业创造效应实证研究 [J]. 广西大学学

报（哲学社会科学版），2015（1）：55-63.

　　［10］郑准，余亚军，王国顺．战略性新兴产业内企业联盟网络的演化机理：基于耗散结构论的视角［J］．财经科学，2012（6）：54-61.

　　［11］康来云．和谐村庄是乡风文明建设的重要载体［N］．河南日报（农村版），2010-09-08.

　　［12］景碧锋，唐日明．十年回望：恭城新农村建设［N］．桂林日报，2013-12-30.

　　［13］庄晋财．自主创业视角的中国农民工转移就业研究［J］．农业经济问题，2011（8）：75-80.

（执笔人：庄晋财，王春燕）

广西百色华润小镇

国有企业支持老区农村谋发展

公共品缺失：百色老区的农村发展之困

百色市位于广西西部，北与贵州接壤，西与云南毗邻，东与南宁市相连，南与越南交界。2002 年，经国务院批准，撤销百色地区，成立地级百色市。全市现辖 12 个县（区），135 个乡（镇、街道），总面积3.63 万平方公里，总人口 398 万人，是广西面积最大的地级市，同时也是一个集革命老区、少数民族地区、边境地区、大石山区、贫困地区"五位一体"的特殊区域，在全国具有特殊性、典型性。

（1）作为革命老区，这里是邓小平、张云逸等老一辈无产阶级革命家领导百色起义的地方，5000 多名红军将士和无数革命群众用鲜血染红了这片土地。全市有 126 个老区乡镇，占全市乡镇的 93%；有1542 个老区村，占全市行政村的 87%。

（2）作为少数民族地区，这里居住着壮、汉、瑶、苗、彝、仡佬、回等民族群众，少数民族人口占总人口的 87%，其中壮族人口占总人口的 80%。各少数民族共同创造了灿烂多姿的文化，壮民族布洛陀文化、黑衣壮文化、壮族织锦文化、北路壮剧文化、壮族嘹歌文化等，被列入国务院非物质文化遗产名录。

（3）作为边境地区，百色与越南的边境线长 360.5 公里，从近代至1986 年，这里是抗法、抗美援越、对越自卫反击战的前线。百色各族人民为保卫边疆、建设边疆做出了巨大贡献，尤其是靖西、那坡两县边境地区群众长期承担着守边和发展的双重任务，付出了巨大牺牲。

（4）作为大石山区，百色山区占总面积的 95.4%，平地台地只占4.6%，且土地石漠化严重，全市有近 1300 万亩的石漠化土地，其中强度以上石漠化土地近 700 万亩。

（5）作为贫困地区，百色曾经是全国 18 个集中连片的贫困地区之一，全市 12 个县（区）中有 10 个是国家重点扶贫县，2 个是自治区重点扶贫县。经过多年扶贫攻坚，人民群众的生活水平和生产条件得到了较大改善，但由于发展基础、自然条件等影响，直到 2019 年，百色市仍有德保县、靖西县、凌云县、田林县 4 个深度贫困县，233 个贫困村，13.76 万贫困人口急于脱贫。

　　百色老区为我国革命、改革建设、国家安全做出了巨大贡献，然而，受制于地理位置、地形地貌、自然条件等因素，百色老区陷入公共基础设施匮乏、交通不便、信息闭塞的低水平发展陷阱，村民收入非常低，青壮年劳动力外流严重，一直是国家扶持的重点区域。2008 年，华润集团基于给予感恩回报、履行企业社会责任的价值观念，提出了利用华润的资源和能力，到贫困地区创建希望小镇的"乡村建设实验"，并选择在百色市右江区永乐镇西北乐片区建立第一个华润希望小镇。社区由那水、洞郁、塘雄、那平 4 个自然屯组成，共有 7 个村民小组，356 户，农业人口 1458 人，社区面积约 4.15 平方公里。经过几年的建设和发展，小镇不仅具备了较完善的公共基础设施和服务，还建立了供给、管理、维护公共品的公益基金和制度规范，实现了村庄公共品的有效供给。如今，百色华润希望小镇已经成为广西建设规模最大的社会主义新农村建设示范点，荣获"自治区清洁乡村·百佳村屯""全国文明村镇""美丽百色·最美乡村"等荣誉称号。2015 年 7 月，我们进入华润希望小镇村调研，通过村民访谈、干部交流和问卷调查等方式，对华润希望小镇参与式发展模式与贫困村庄公共品有效供给形成了较为完整清晰的认识。

华润援建：国有企业支持百色老区农村的责任与担当

一、华润集团：有责任有担当的国有企业

华润集团是一家在香港注资和运营的具有"红色"背景的多元化控股企业集团。其前身是 1938 年成立于香港的"联和行"，1948 年改组更名为华润公司，1983 年改组成立华润（集团）有限公司，到如今已经经营 82 年，是国资委直接监管的国有骨干企业之一。集团涉及业务众多，属于多元化企业集团，旗下上市公司包括华润啤酒、华润电力、华润燃气、华润水泥、华润置地、华润医药等。2008 年春，华润集团响应城乡统筹、消除城乡二元结构体系等政策号召，提出利用企业多元性综合资源优势，通过企业和员工的捐款，在贫困地区建设华润希望小镇的设想，迈出了国有企业出资援建乡村建设的坚实一步。迄今为止，华润集团在广西百色、河北西柏坡、北京密云、福建古田、海南万宁、湖南韶山、贵州遵义、安徽金寨建成八座希望小镇。国有企业支持乡村建设的责任与担当受到了国家与民众的好评。2017 年，华润集团在中国社会科学院《企业社会责任蓝皮书（2017）》中位列社会责任发展指数中国 300 强企业第一，在宁夏海原县的定点扶贫项目获评"精准扶贫奖"，集团荣获"香港绿色企业大奖"最高奖。此外，华润集团还获评"十大责任国企"，希望小镇成为"十大公益项目"之一，海原定点扶贫"华润模式"入选了企业扶贫五十佳案例，且排名第一，以上三项荣誉都被列入《中国企业社会责任年鉴（2017）》。

二、华润百色希望小镇：社会主义新农村建设的新实验

2008 年 11 月，华润百色希望小镇项目正式开工，建设内容包括居民环境改造、公共服务设施建设、产业扶持、组织重塑等，项目总投资6100 万元，其中，华润集团无偿捐资 5000 万元，百色市本级财政投入

600 万元，群众自筹 500 万元。在前期发展阶段，形成了以华润集团为核心，以村民为主体、政府引导、高校机构参与的运作模式。具体而言，华润集团通过华润慈善基金成立项目组运营整个项目，在组织、资金、实施、管理、人才、技术等环节都担当着领导角色，村民是乡村建设的参与主体，通过投工投料、合作建屋、互助建屋、以工折现，成为乡村建设的直接参与者与受益者。政府在政策、村民协调及项目组织等环节积极引导和支持。同济大学、中国人民大学等高校机构也为乡村建设提供智力、经验和技术方面的支持。① 华润集团践行社会主义新农村建设的思路如下：

1. 改善人居环境

一是完善公共设施。华润百色小镇选择以完善公共设施作为乡村建设实验的突破口，积极完善市政基础设施和公共服务设施。完善市政基础设施包括"改房、改厨、改厕、改水、改院、改圈"六改工程和"道路硬化、清洁饮水、照明、污水生态处理、清洁能源（沼气）普及、电力改造、太阳能利用、环境美化"八大工程；完善公共服务设施包括拓宽及硬化村屯道路，人畜饮水工程建设，安装太阳能照明灯，建生态湿地、沼气池的"一池三改"，实施电力、通信、光电网络改造等内容。此外，建成了综合服务中心、卫生院、小学、师生宿舍、托幼、警务室、农贸市场及小型农产品集散中心等公共服务设施。通过公共设施建设，不仅直接改善了村民的人居环境，还得到了村民的认同，群众自发地拆除影响新村建设的旧厨房、猪栏、牛舍等附房 702 间，新建厨房 259 间、卫生间 341 间、养殖棚 341 个，实施绿化面积约 1 万平方米（覃蔚峰，2010）。

二是继承传统文化。如前所述，百色市是少数民族聚集的地区，有着丰富的民族传统文化。项目在改建住房及新建公共设施时，结合少数民族的文化特色，从形式、材料和营造模式等多方面契合当地自然环境、山水格局及村民的传统居住习惯，通过提炼坡屋顶、底层空间、表

---

① 王伟强，丁国胜. 新乡村建设与规划师的职责：基于广西百色华润希望小镇乡村建设实验的思考［J］. 城市规划，2016（4）：27-32，40.

皮处理、木材、砖等建筑元素，形成了以合院式为主的居民建筑形式，以满足不同家庭的需要。这种方式不仅保留和继承了少数民族的特色文化，还能就地取材，节约有限的资金。

2. "造血式"经济帮扶

一是发展订单农业。首先，华润集团对百色老区的种植、养殖品种进行保护低价收购，以原来采购中间批发商的价格直接采购农民的产品，让农产品有销售渠道。其次，在保护价收购的基础上，鼓励农民种植高品质的农产品，发挥华润在市场销售终端的优势，实现农超对接，大大提升农产品的附加值。再次，对农民进行新品种培育的农技培训，培养新型职业农民。

二是创造就业机会。华润集团在前期改造村庄时创造出许多岗位，企业鼓励村民合作建屋、互助建屋，通过以工折现的方式让村民参与到村庄改建中。截至"百色希望小镇"建成，村民共计投工6万多人次。此外，华润小镇成立了农民合作社和华润希望农村，提供了相应的工作岗位。

三是拓宽增收渠道。华润小镇依托土地发展现代农业，土地流转模式增加了当地村民的财产性收入。目前，小镇已经将500亩土地纳入流转整理试点，每亩土地为28股，折合股金2800元，土地流转第一轮期限为5年，不论土地经营盈亏，合作社保证按入股股金数额（红利2800元/亩）兑现给入股农户，其余按照盈利分红（数据来源：华润希望小镇网站）。

3. 提高农民组织化程度

提高农民组织化程度有利于产业发展和乡村公共生活的组织，但现实情况是我国大部分乡村在实现农民合作方面困难重重，其根本原因在于缺乏促使村民合作的纽带。如费孝通描述的那般，中国农村是一个基于血缘、亲缘、地缘的熟人社会（蔡昉，2018），家族、宗族、同乡是"自己人""熟人"的主要范围，社会关系网络的互惠原则和信任机制有助于信息和资源的获取和共享，约束和规范仅在"自己人"和"熟人"范围内差序应用（寻舸等，2018），外人、陌生人难以被彼此的社会关系网络接纳。之所以如此，是因为农民创业的弱质性导致创业风险的承受能力较弱，来自社会网络的"信任"是降低创业风险的一个屏障。与此同时，乡土社会中亲密社群的团结性依赖于各成员间相互拖欠着未了的人情，来来往往，人情往往维持着人与人之间的互助合作，增强了社会网络中的信任感。而作为"外来者"的经济主体在面临外来资本与乡村社会不能顺畅对接时，也会想方设法融入当地的乡土社会，增加自身"乡土性"的色彩。基于此，华润集团成立农民专业合作社，这不仅是个生产组织，而且是促使农民合作的纽带。农民专业合作社通过鼓励村民进行土地流转、土地入股、合作经营，实现"小镇"村民关系的重塑，即变"人情社会"为以经济利益和股权关系为纽带、依靠正式制度规范的"契约社会"，最终实现传统乡村社会向现代社会的转型和再造。华润集团自己作为差序格局的一个要素嵌入社会网络的人情社会中（王伟强和丁国胜，2016），实现与乡村要素的共生融合。除此以外，在农民专业合作社制定的章程中，明确规定合作社的部分利润将被用于华润百色小镇的公共积累。这不仅为村委会的运行提供了可靠的经济来源，突破了原来村委会管理薄弱、村集体经济发展滞后的困局，而且村集体获得的多元化收入可用于村庄公众事业的发展。如今，百色希望小镇内建有养老院、村民休闲广场等基础设施，极大地提升了公共品的供给数量和质量水平。

面对贫困村庄公共基础设施匮乏、破损、缺失的状况，各类政府组织、非政府组织和企业都试图通过援助措施和发展项目，帮助贫困村庄改变现状。但是，实践发现，许多接受外源式发展干预的贫困村庄在资源投入和项目结束之后，村庄公共品供给又恢复到最初的状态，村庄也没有获得内在的发展动力（高凤春和朱启臻，2007）。而华润集团通过参与式发展干预，不仅帮助一些贫困村庄建设了当地农民所需要的公共设施系统，还实现了村庄公共品可持续供给。那么，参与式发展模式下贫困村庄公共品的有效供给是如何实现的？这是一个值得探讨的问题。

华润小镇：国有企业支援百色老区农村公共品供给的新模式

一、贫困村庄公共品供给的现实困境

农村公共品与农民生产生活密切相关，对于农村社会的发展具有至关重要的意义。随着我国新农村建设战略的推出，实现村庄公共品的有效供给成为乡村工作的重点之一，也成为乡村研究领域的热点问题。但与期望相悖的是，贫困村庄公共品供给在后税费时代陷入困境。

一是农民缺乏参与项目制供给决策的途径。农业税费改革之后，我国农村公共品主要通过"自上而下"的以公共财政转移支付为主的项目制进行供给。在项目制供给中，设立哪些公共品供给项目、资金额度多大等问题都是由上级政府部门负责决策，并将决策自上而下地向下级政府的对口部门进行分配。地方政府在制定农村公共品供给决策时，只重视来自政治方面的输入，如中央政策、上级文件等，忽视管理过程中农民的参与（刘安华，2009）。农民缺乏向上反映自身需求的有效渠道，农民的意愿表达难以与上级政府对接，更难以影响上级政府的公共品供给决策（徐双敏和陈尉，2014）。

二是农村公共品供需结构失衡。农村公共品供需失衡主要体现在三个方面。首先，农村公共品供给总量仍然不能满足农民需求。虽然近些年我国不断加大对"三农"的公共财政投入，但是农村公共品供给总量仍然相对不足，无法完全满足农民日益增长的需要（王春燕和庄晋财，2018）。一方面，农村公共基础设施落后。农田水利等基础设施方面，广大中西部的农村地区不仅缺乏灌溉设施，机械化程度也较低（徐双敏和陈尉，2014）。全国还有近一半的耕地靠天吃饭，农业生产抵御较大旱涝灾害的能力相对较低。生活设施方面，农村许多地方饮用水水质仍然较差，许多村庄缺乏生活垃圾及污水处理系统（罗万纯，2014）。另一方面，农村医疗、教育、文化等公共服务的供给水平与城市相比仍有较大差距。以《中国统计年鉴》中每千人口拥有的卫生技术人员数为例，2010 年城市的统计数据是农村的 2.51 倍，2014 年该统计数据的城乡比扩大为 2.57。在教育方面，农村义务教育无论在师资还是教学设施方面都无法与城市相比。农村义务教育基础薄弱，校舍建设不足，教师队伍人才流失严重，整体质量下降（王彦平，2015）。在农村文化事业方面，大部分地区的文化服务流于形式，缺乏健康向上的文化产品。根据曲延春（2014）对山东、山西、贵州、四川、重庆、河北、云南 7 个省（直辖市、自治区）的调研，超过一半的被调查对象表示所在的村庄没有文化娱乐场所，且大部分被调查者表示村庄很少安排文化娱乐活动。其次，农村公共品供给偏离需求。徐双敏和陈尉（2014）调研发现，农村基层政府对上级有考核要求的农村电网改造、防洪设施、农村道路等公共品的供给积极性高；对于一些农民需要，但具有长期效应和隐形政绩的公共品，如农村金融服务、农村科技信息服务、农村环境整治等公共产品和服务的供给不积极。李峰（2016）在研究中指出，在项目制供给模式下，一些农村基层政府热衷于打造"样板工程""花瓶项目"等诸如此类偏离农民实际需求的公共设施，为此消耗大量的项目资金，而农民却未能从中得到应有的收益。再次，农村公共品供给质量较差。虽然公共财政投入的增加使农村公共基础设施的数量明显增加，但是部分公共品质量较低，根本无法满足农民生产生活的需要。以道路交通设施为例，根据全国人大常委会 2016 年在全国 31 个省开展的道路交通安全执法检查的情况来看，截至 2015 年年底，我国农村公路里程达到 398 万公里，但是其中危险路段超过 160 万公里，超过农村公路总里程的 40%，其中约 100 万公里公路需要大中修。

三是农村公共品供给缺乏可持续性。农村不仅需要公共品的供给，在使用过程中还需要对公共品进行管理、维护及后续的补充，否则公共品就容易陷入"公地悲剧"，被过度使用，难以长期发挥效用。然而，国家财政所提供的农村公共品专项资金是以公共品的生产或建设项目为依据进行拨付的，至于公共品供给之后的利用、维护及后续补充等问题则往往被忽略。罗兴佐（2013）调研发现，在"小农水改革"的项目中，把项目资金用完后就意味着项目已经结束，结果一些村庄的堰塘尚未维修完毕就投入使用，导致小农水改革工程使用寿命大大缩短。目前，农村中小型公共基础设施项目以及村庄公共品的管理和维护需要通过"一事一议"的方式筹资筹劳（2010）。"一事一议"制度首次将村内公共物品的需求决策权完全交给全体农户，力求村庄公共物品的配置过程公开、透明，接受全体农户的共同监督（徐双敏和陈尉，2014）。然而随着大量农村青壮年劳动力持续流入城市务工，许多贫困村庄面临着农民参与度不高而导致解决村庄公共事务的"一事一议"陷入"事难议、议难决、决难行"的三难困境（李秀义和刘伟平，2016）。为了解决这个问题，2008 年国家开始推行"一事一议财政奖补改革"，使"一事一议"集体困境得到一定的缓解。胡静（2013）的研究显示，"一事一议"奖补政策出台之后，仍然无法在公共品供给、管理和维护方面开展合作的村庄主要是那些人口规模小、村财实力弱、外出务工人数比例高的贫困村庄。

根据循环积累因果理论，在动态社会过程中，社会经济各个因素之间存在着循环积累的因果关系，即某一社会经济因素的变化会引发另一个社会经济因素的变化，而后者的变化又反过来加强前者的变化。由于贫困村庄公共品供需结构失衡，且村集体缺乏对公共品进行管理和维护的能力，因此，贫困村庄的公共基础设施匮乏、破损或老旧失效问题严重影响了当地农民的生产和生活，导致他们的劳动生产率难以提高，也难以便利地与外界进行物质和能量的交换。由此进一步加剧了村庄的贫困程度，村庄呈现凋敝的趋势，形成一种恶性循环。可见，公共品供给与村庄发展之间存在着循环积累的因果关系。贫困村庄仅仅凭借自身的发展和积累，很难在短时间内解决公共品供给的困境，因此，贫困村庄的发展需要来自外部的援助和干预。

二、参与式发展与贫困村庄公共品有效供给的内在逻辑

1. 参与式发展理论的背景及其内涵

二战后在全球范围内大规模开展的国际发展援助项目，以"唯技术论"作为发展思想的核心，将经济增长作为发展的唯一目标（毛绵逶

等，2010)。在这种理念下，援助项目由外部组织主导，在发展过程中，往往忽视被援助社区具体的环境复杂性和异质性以及社区成员对于发展的诉求，忽视被援助社区内人的发展，导致社区缺乏可持续发展的能力。20世纪70年代，诸多学者对于发展援助项目效果不佳的原因进行分析，比较一致的看法认为，贫困人口被置于广泛的社会参与与直接发展活动之外是导致难以脱贫的根本原因（Dreze J and Sen A，1989)。在这种情况下，参与式发展作为对二战后失败的国际发展援助项目的反思和批判开始出现，体现了"协调发展论"的理念，延续了对"唯技术论"和"唯增长论"的批判（毛绵逯等，2010)。作为一种微观发展理论，参与式发展理论强调在尊重差异、平等协商的基础上，借助"外来者"的援助和干预，通过贫困社区成员积极、主动地广泛参与来实现社区可持续、有效益、成果共享的发展（李小云，1999)。参与式发展中的"参与"包含以下基本特征：一是社区成员能够参与发展干预的全过程，外部组织不再具有独立控制发展过程和配置发展资源的权力，必须将一部分权力转移给社区成员，即"赋权"；二是社区成员通过积极参与项目过程，达到个体和群体能力建设的目的，并最终具有自主发展的能力，即"赋能"。

（1）参与式发展的核心是"赋权"。参与式理论认为，任何一个外部组织都没有社区成员更加了解社区的情况和他们自己的需求，更加熟悉他们自己的发展限制、发展潜力和发展机会（张晨等，2010)。同时，每个人都有自己的知识，都受制于环境并影响着环境，都关心自己的利益，都有发表意见的愿望，只要有机会他们就愿意参与讨论与自身利益有关的发展活动（李小云，1999)。因此，参与式发展理论认为，发展的过程应该由贫困社区的群众民主参与，通过群众的决策性参与和专家的辅助作用，分析社区所面临的问题，并寻找发展的途径。而"参与"反映的就是贫困社区群众被赋权的过程（Chambers R，1993)。赋权是指个体能够根据自己的意愿来支配自己的行为，并解决自己面临的问题（Conger and Kanungo，1988)。"赋权"的核心是对参与和确立发展援助项目全过程的权力再分配。赋权体现在赋予贫困社区群众知情权、参与权、决策权、监督权和受益权等，更重要的是强调通过参与式发展过程建立一套规范的、可操作的、可持续的制度或者规则，如参与式规划、参与式决策等，从而保证社区成员能够拥有其本应拥有的权力和平等发展的机会（卢敏等，2008）。"赋权"意味着贫困社区的成员不仅是项目的接受者，而且是整个项目的全过程参与者，能够介入项目的规划阶段、决策阶段、实施阶段及检测和评估诸多环节，并且是项目最终利益的分享者。研究表明，向贫困社区的群众"赋权"不仅能够更好地了解他们对发展的诉求，还能够促使他们在参与发展项目时产生高度的承诺和责任（Nelson and Wright，2000）。

（2）参与式发展的重点是"赋能"。在参与式发展的概念框架下，"发展"的内涵已大大超出以"经济增长"为中心的发展，强调认识发展的真正主体，要实现贫困社区的可持续发展，归根结底依赖社区成员的能力建设。在参与式发展模式下，村民积极参与发展项目本身就是一个不断学习、不断改进、不断接受自我教育和自我培训的"赋能"过程（张晨等，2010）。在这个过程中，村民可以挖掘自身的潜能，达到个体和群体能力的建设。这种能力包括一切能够改善当地群众生活质量、决定自身发展道路的资源和力量，例如技术知识、发展观念、理解能力、反思能力、创新精神、组织和管理能力、信任关系、互助精神和社会网络等（方劲，2013）。"赋能"对于发展的意义在于，提升社区成员的自信心和主动性，使其意识到自身作为主体的价值，能够亲自实践和探索适合自我发展的路径，从而实现内源性发展。

2. 参与式发展对贫困村庄公共品有效供给的影响

村庄公共品的有效供给需要做到两个方面：一是公共品的供需结构要平衡，即公共品的供给要能够满足村民生产、生活和村庄发展等各方面的需要；二是村庄公共品的供给要有可持续性，供给之后还能够进行后续的补充、管理和维护。外部组织对贫困村庄进行援助干预时，通过参与式发展模式，有利于实现贫困村庄公共品的有效供给。

（1）通过赋权有利于实现村庄公共品供需结构平衡。村庄公共品供需结构平衡是指村庄公共品供给的品种和数量能够基本上满足村民对生产和生活的各种需要。研究表明，村庄公共品供需结构平衡能够推动经济发展、改善生态环境和促进社会关系和谐（王春燕和庄晋财，

2018）。因此，当外部组织实施发展援助时，往往是从改善贫困地区公共品供给着手。然而，每个贫困村庄都有其独特的环境和资源条件，每个村民的家庭情况和自身需求也不同，面对多样性的公共品需求，要使村庄公共品供需结构平衡，既要了解每个村民对公共品的需求信息，还要在供给决策过程中充分考虑村民的需求信息，最大限度地满足不同村民的诉求。如前所述，在参与式发展模式下，外部组织（包括政府、企业或者其他社会组织）虽然是发展项目的主要资源投入者，但发展项目并不完全由外部组织主导和决策，村民被赋予参与发展项目全过程的权力，通过行使权力，村民能够影响项目的决策过程和实施过程。在外部资源输入村庄的过程中，村民可以通过行使表达权和决策权影响项目资源的配置。

一是表达权使村民有途径、有机会反映或者显示自己对公共品的需求。村民知道如果不显示自己的需求偏好，将面临损失。因为偏好显示不再是"闹着玩"的，而是能够实实在在发挥作用的，其需求偏好的显示直接影响其所享受的公共品的数量、质量和效用（陈朋和陈荣荣，2009）。

二是决策权使村民能够根据自身对公共品的需求，积极介入供给决策的协商过程并影响供给决策的制定。当村民之间的公共品需求存在差异时，村庄内会形成具有不同公共品需求的利益集团。在公共品供给决策制定的过程中，村民与外部组织之间，村民与村民之间可以通过沟通和协商达成一致的供给决策，或者制定一个规则，规定公共品供给必须满足的条件和程序。当这个规则获得一致同意，那么执行规则而形成的供给决策在逻辑上就是一致同意的结果（布坎南，2000）。村民有了表达权和决策权，就能够引导外部组织的援助资源投入村民所需要的公共品领域，从而促进村庄公共品供需结构平衡。研究证明，参与式发展在改善援助对象生活设施和条件的过程中，既把其当作援助和干预的对象，又赋予其表达诉求和参与决策的权利，能够在很大程度上改善援助的效果（彭兵和郭献进，2014）。

（2）通过赋能有利于实现村庄公共品可持续供给。村庄公共品的可持续供给意味着公共品的供给不是一次性的，在供给之后，村庄还要能够持续地对公共品进行后续的管理、维护和补充。村庄公共品的可持续供给是一个长期的过程，不可能永远依靠外部的力量支持。根据自组织理论，只有当村庄从他组织变为自组织，使村庄内部具备自主供给的能力和动力时，才能解决公共品可持续供给的问题。参与式发展理论指出，培养农村社区内的自我发展动力，其中最根本的是社区内部的人力资源培养（卢敏等，2008）。在参与式发展模式下，村民参与项目的过程本身是一个"赋能"的过程（张晨等，2010），这个过程能够带来以下两方面的好处：一方面，村民有机会与外部组织专家进行大量沟通，从而接触到一些新的知识、信息和观念，这能够增长他们的技术知识，树立发展观念。同时，村民自身的乡土知识和经验与外部组织专家所具备的知识、经验和信息充分地互动，能够激发村民的聪明才智和潜力，从而提升村民的可行能力。可行能力是指个体有可能实现的各种功能活动的组合（阿玛蒂亚·森，2002）。另一方面，实践研究表明，参与发展项目能够让村民产生推动村庄发展的动力和集体责任感（Nelson N and Wright S，2000）。以上两方面的提升，能够促使村庄从依赖外部干预的他组织逐步转变为具有内部发展能力和发展动力的自组织系统，能够自行组织、自行演化，包括自主供给和管理村庄公共品，从而使村庄公共品供给具备可持续性。

综上所述，参与式发展模式下，村民被"赋权"，因此在外部组织向村庄供给公共品时，村民愿意并且能够将自身的需求和建议传达给外部组织，促使公共品供给决策能够充分考虑当地群众和村庄发展的需要，从而有利于村庄公共品供需结构平衡。同时，村民在参与发展项目的过程中获得"赋能"，其个体可行能力和集体责任感得到提升，使村庄演变成为自组织系统，从而有利于村庄公共品的可持续供给。以上两个方面相结合，能够促使村庄公共品实现有效供给。

三、华润小镇：参与式发展下百色老区村庄公共品的有效供给

1. 华润希望小镇的参与式发展模式

华润希望小镇的建设理念源于19世纪末20世纪初，一批留学回国的中国知识分子所主导的乡村建设实验，包括梁漱溟的"邹平实验"和晏阳初的"定县实验"等，这些乡村建设实验中大量地运用了参与

式发展的理念和方法。华润集团借鉴乡村建设实验的做法，从集团旗下的各个利润中心遴选出有志于从事农村建设的优秀青年，组成华润项目组，长期驻守村庄，推动发展项目。在参与式发展理念下，村民不是被动接受发展项目的援助，而是与项目组一起，规划和建设小镇、探索并发展小镇集体产业，最后实践并建立小镇管理制度。在这个过程中，项目组通过向村民赋权和赋能，使他们参与小镇建设、发展和管理的能力逐步提高。与此同时，项目组作为外部组织，其对小镇的发展干预程度则逐步降低，最终使村民成为小镇发展的主体，小镇成为具备内在发展动力的自组织系统。

2. 赋权与小镇公共设施系统的建设

在希望小镇建设之前，百色永乐镇西北乐片区的四个自然屯的乡村设施老旧破败，村庄道路硬化率几乎为零，一到下雨，路面泥泞不堪。村内几乎没有合乎卫生标准的供水系统，也没有污水污物排放系统和垃圾收集系统；村内医疗卫生条件差、能力弱，学校的教室和教学设备都非常破旧。因此，发展援助项目从小镇公共设施系统的规划和建设着手采用了参与式发展的理念，而发展理念的实施必须要有相应的操作方法作为保障（仝志辉，2005）。在发展项目初期，项目组采取了调研访谈、座谈协商和家园共建等方式逐步向村民赋权，开展小镇公共设施系统的规划和建设。

首先，赋予村民表达权，了解村民对公共品的需求。华润项目组为了了解村民对村庄公共基础设施的规划意见，驻守村庄进行调研和访谈，每个村民都可以面对面地向项目组表达自己的想法和需求。由于自身和家庭情况的差异，村民对公共品的需求呈现多样性，既有对教育条件、卫生条件等方面的需求，也有对道路设施、水电设施等方面的要求，还有对污水处理、环境保护等方面的需求。

其次，邀请村民代表参与小镇规划决策。为了尽可能满足村民多样化的公共品需求，由村民推举村民代表，村民代表被赋予决策权，代表全体村民与项目组和建筑专家一起探讨小镇的规划。通过多次座谈和协商，最终确定小镇的公共设施系统包括经济系统、社会系统和生态系统三个部分。经济系统是为小镇经济发展服务的公共设施，主要包括综合服务楼和水电路网改造；社会系统是为村民生活和休闲服务的公共设施，主要包括敬老院、小学、幼儿园、卫生室、休闲广场和文化站；生态系统是为改善小镇环境服务的公共设施，包括环境美化工程、太阳能工程和污水处理系统。

最后，赋予村民参与小镇建设的权力。在规划的基础上，为了让村民都能参与到小镇的建设中来，项目组以"家园共建"的模式，动员村民通过自筹资金、合作建屋、互助建屋、以工折现等方式参与小镇建设。在整个建设过程中，当地群众共计投工61328人次。村民的参与一方面使每户村民的房屋和院落设施与小镇公共设施相匹配，另一方面也提高了村民的参与感、成就感和对小镇的归属感。小镇公共设施系统建成之后，基本上满足了村民生产和生活的需要，并改善了当地的生态环境，也为小镇发展奠定了物质基础。

3. 赋能与小镇公共品可持续供给的实现

在参与式发展理念下，发展干预的侧重点并不完全在实物投资，而在贫困社区内源性能力的建设上。内源性能力的建设需要一个长期干预的过程。首先，应当建立信任关系，提高当地民众对项目的认同感和参与度（钱宁，2004）。其次，要提升当地民众的可行能力。再次，要构建社区发展的组织基础，培育和组建社区资源整合的新载体。最后，要建立相应的制度，保障发展项目的成果和可持续性。在小镇的公共设施系统建设完成之后，项目组通过统购统销、产业帮扶、成立希望农庄及制度建设四个环节，逐步向村民"赋能"，最终使小镇具备可持续供给公共品的能力。

（1）统购统销，建立信任。在希望小镇项目开展之前，村民的收入主要依赖种植本地传统作物或者外出打工获得。由于自身能力的限制，大部分村民的收入都只能维持在一个很低的水平。发展干预之初，项目组对小镇原有种植、养殖的农产品进行保护价收购。这一措施一次性提高了村民收入，激发了村民对项目的信任度和生产积极性，许多外出打工的村民也返回小镇发展。

（2）产业帮扶，提高村民可行能力。小镇原来种植养殖的农产品缺乏特色，市场上供应多而需求有限。为了提高竞争力，村民在项目组的帮助下引入一些农产品新品种，并组建了润农农民专业合作社。在合作社的发展过程中，项目组与小镇基层组织一起从村民当中逐步选拔并培养了一些农村经济带头人，由他们牵头对其他农民进行新品种养殖和病虫害防治技术的培训，并组建各类实体经济。

（3）聚集资源，成立希望农庄。为了扩大种养殖业的规模，实现品种改良的规模效应，村民通过土地流转的形式将分散的农田集中起来组建了希望农庄，由合作社进行统一规划和管理。希望农庄以项目组为中介，与华润万家等连锁超市达成购销协议，小镇的蔬菜、水果、禽畜等农产品获得稳定的销售渠道，小镇产业发展得以持续。

（4）设立基金和制度，保障村庄公共品可持续供给。小镇的集体经济得到发展，村民人均年收入大幅度提高。在这种情况下，2009年，小镇通过村民代表大会制定了合作社利润分配制度，该制度规定，从合作社的集体收入中拿出固定比例的利润设立村庄公益基金，用来支付供给、管理和维护小镇的公共设施和公共服务的费用。之后，小镇又通过村民代表大会的方式，制定了小镇的《社区公约》，并成立了物业管理站，对小镇公共设施的管理和维护、社区环境、治安、绿化等公共事务的管理进行了详细的规定。由此，小镇具备了公共品的可持续供给能力。

产业先行：国有企业支援百色老区农村公共品供给的持续保障

通过分析华润希望小镇的建设和发展的案例，得出如下结论：外部组织在贫困村庄开展发展援助项目时，通过参与式发展模式，向村民赋权，能够引导外部组织的资源供给村民所需的公共品；向村民赋能，能够使村庄转变为具备公共品可持续供给能力的自组织系统，从而缓解贫困村庄公共品供给困境，实现村庄公共品的有效供给。

尽管当前学术界对于"参与式""赋权""赋能"等为表征的发展干预模式也表现出诸多疑虑，认为这种模式在现实中面临的困境是很难实现理想的充分参与和赋权状态（朱晓阳，谭颖，2010）。不过，困境并不能完全掩盖事物本身存在的价值和现实意义。华润集团在百色希望小镇之后，又选择其他贫困地区建成了六个希望小镇，目前还有两个小镇正在建设之中，说明这种发展干预模式具备可行性，其经验是可以积累和推广的。党的十九大提出的乡村振兴战略，对扶贫提出了明确的要求，即要精准对标，将扶贫与农村公共设施建设、公共服务改善与"三农"发展紧密结合。在这种战略导向下，借助外部组织的资源和能力，通过参与式发展模式解决贫困村庄公共品有效供给问题，不仅值得广大发展工作者进行探索，也应该成为政府扶贫政策鼓励、引导和支持的模式。

参考文献

［1］覃蔚峰．华润百色希望小镇：社会主义新农村建设的新实验［J］．当代广西，2010，（1）：34.

［2］蔡昉．农业劳动力转移潜力耗尽了吗？［J］．中国农村经济，2018（9）：2-13.

［3］寻舸，朱玉晗，尹洁．乡村振兴战略下农村创新创业的现状与对策研究［J］．农村经济与科技，2018，29（17）：276-278.

［4］王伟强，丁国胜．新乡村建设与规划师的职责：基于广西百色华润希望小镇乡村建设实验的思考［J］．城市规划，2016（4）：27-32，40.

［5］高春凤，朱启臻．中国农村反贫困实践的自组织理论分析［J］．理论导刊，2007（12）：24-25.

［6］刘华安．农村公共产品供给：现实困境与机制创新［J］．国家行政学院学报，2009（3）：56-59.

［7］徐双敏，陈尉．取消农业税费后农村公共产品供给问题探析［J］．西北农林科技大学学报（社会科学版），2014（5）：129-137.

［8］王春燕，庄晋财．农民创业、村庄公共品供给与村庄凋敝治理［J］．华南农业大学学报（社会科学版），2018（2）：128-140.

［9］罗万纯．中国农村生活环境公共服务供给效果及其影响因素：基于农户视

角［J］. 中国农村经济，2014（11）：65-72.

　　［10］王彦平. 我国农村公共产品供给存在的问题、成因及解决对策［J］. 理论探讨，2015（6）：162-165.

　　［11］曲延春. 四维框架下的"多元协作供给"：农村公共产品供给模式创新研究［J］. 理论探讨，2014（4）：164-167.

　　［12］李锋. 农村公共产品项目制供给的"内卷化"及其矫正［J］. 农村经济，2016（6）：8-12.

　　［13］罗兴佐. 水利、农业的命脉——农田水利与乡村治理［M］. 上海：学林出版社，2012.

　　［14］郑风田，董筱丹，温铁军. 农村基础设施投资体制改革的"双重两难"［J］. 贵州社会科学，2010（7）：4-14.

　　［15］李秀义，刘伟平. 新一事一议时期村庄特征与村级公共物品供给：基于福建的实证分析［J］. 农业经济问题，2016（8）：51-62.

　　［16］胡静林. 加快一事一议财政奖补政策转型升级　推动美丽乡村建设［J］. 中国财政，2013（13）：8-11.

　　［17］毛绵逯，李小云，齐顾波. 参与式发展：科学还是神化？［J］. 南京工业大学学报（社会科学版），2010（2）：68-73.

　　［18］李小云. 谁是农村发展的主体？［M］. 北京：中国农业出版社，1999.

　　［19］DREZE J，SEN A. Hunger and public action［M］. New York：Oxford University Press，1989.

　　［20］张晨，李天祥，曹芹. "参与式发展"研究综述［J］. 农村经济与科技，2010，21（5）：23-25.

　　［21］CHAMBERS R. Challenging the professions：Frontiers for rural development［M］. London：ITDG Publishing，1993.

　　［22］CONGER J A，KANUNGO R N. The empowerment process：Integrating theory and practice，the academy of management review［J］. American Journal of Community Psychology，1988（3）：234-278.

　　［23］卢敏，成华威，李小云. 参与式农村发展：理论·方法·实践［M］. 北京：中国农业出版社，2008.

　　［24］NELSON N，WRIGHT S. Power and Participatory Development：theory and Practice［M］. London：Intermediate Technology Publications，2000.

　　［25］方劲. 乡村发展干预中的内源性能力建设：项西南贫困村庄的行动研究［J］. 中国农村观察，2013（4）：31-41，95.

[26] 陈朋，陈荣荣．协商民主与农村公共产品供给的决策机制：浙江省泽国镇协商民主实践的案例启示 [J]．南京农业大学学报（社会科学版），2009（1）：7-13．

[27] 布坎南，塔洛克．同意的计算：立宪民主的逻辑基础 [M]．陈光金，译．北京：中国社会科学出版社，2000．

[28] 彭兵，郭献进．从"输血"到"造血"：参与式发展的应用及局限 [J]．浙江学刊，2014（5）：197-202．

[29] 阿玛蒂亚·森．以自由看待发展 [M]．任赜，于真，译．北京：中国人民大学出版社，2002．

[30] 仝志辉．农村民间组织与中国农村发展：来自个案的经验 [M]．北京：社会科学文献出版社，2005．

[31] 钱宁．文化建设与西部民族地区的内源发展 [J]．云南大学学报（社会科学版），2004，3（1）：38-46．

[32] 朱晓阳，谭颖．对中国"发展"和"发展干预"研究的反思 [J]．社会学研究，2010（4）：175-198．

（执笔人：成华，庄晋财）

后　记

摆在读者面前的这本书，是我和我的"三农庄园"团队，在党的十八大之后探索农村奔小康道路所做的乡村调研观察。这里选择的 10 个乡村案例，分布在西部地区的广西、贵州，中部地区的江西、安徽和东部地区的江苏、浙江，这与我的生活工作经历有关。我出生于江西省吉水县，直到 1992 年考上四川大学的硕士研究生才离开家乡，在江西生活了 25 年。1995 年硕士毕业之后去广西工作了 14 年，于 2009 年来到江苏。细算起来，我在祖国的东、中、西部的生活工作时间都在 10 年以上。我把农村经济社会发展作为自己的研究方向，需要经常带团队去农村调研，自然会在这些自己比较熟悉的地方选择调研地点，对于出生在中国乡土社会的我来说，这是一件十分自然的事情。

从读硕士开始，我就将自己的研究聚焦在农村，关注的领域主要是农村经济，当然包括贫困问题。硕士毕业的头几年，我有机会在广西参与有关农村贫困问题的课题研究，去过当地大石山区的很多农村做调研，不仅学习了乡村调研方法，而且对西南大石山区的农村贫困状况有了比较深入的了解，并逐渐形成了一个观点：农村地区的农民要摆脱贫困，就必须发展农村产业。我在 2004 年与 2006 年分别申报了国家社会科学基金项目和国家自然科学基金项目，通过国家课题的支持不断深化自己对这个问题的认识，也为后续的农村小康问题的研究奠定了基础。

从广西来到江苏工作，对我来说是环境的极大变化。东西部地区农村发展的巨大差距，让我萌生了通过深入了解东西部农村发展的差异，来探索农村小康不同实现路径的想法。2011 年，我申请的国家自然科学基金项目"基于双重网络嵌入的中国农民工创业成长机制及路径研究"获得立项，该项目打算从农民创业的视角来探索农村小康的实现。

这个项目的起始时间是 2012 年，恰逢党的十八大召开。为了完成这个课题，2013 年至 2016 年，我带着学生多次赴不同区域的农村进行调研，尤其去广西的次数最多，期间还受聘担任广西省柳州市人民政府顾问、广西特聘专家。本书中关于柳州市三江侗族自治县通过乡村产业融合谋发展、桂林市恭城瑶族自治县红岩村通过农村立体产业发展实现脱贫致富、百色市右江区永乐乡华润希望小镇通过国有企业帮扶解决村庄公共品持续性供给难题等案例，就来自这段时间的调研观察。在这个项目即将结题的时候，2014 年我又申报了国家自然科学基金项目"农民创业、村庄公共品供给与村庄凋敝治理：机理与实证"，获得立项。这两个项目的研究工作有一年的交叉时间，调研任务更加繁重。为了获得更多区域农村脱贫致富奔小康的可比路径，2017 年至 2018 年我带着学生去浙江义乌的何斯路村，看那里的乡贤能人带领村民走向致富路；去安徽巢湖的三瓜公社，看那里的工商资本下乡治理村庄凋敝；去江苏沭阳，看那里的农民通过电商让花卉成为乡村大产业；去江苏句容的丁庄镇，看那里的合作联社带领农民发展特色产业。这些来自不同地区的农村调研观察，让我们受益良多。这个项目在 2018 年顺利结题，但我们的乡村研究没有停下来。党的十九大报告提出乡村振兴战略后，我们意识到在 2020 年全面完成脱贫攻坚任务后，将进入全面实施乡村振兴战略，建设社会主义现代化国家，迈向第二个百年奋斗目标的新阶段。于是，2019 年我接着申报了国家社会科学基金项目"城乡要素共生视角的乡村产业融合机制与路径研究"。项目获得立项后的一年时间里，我带着学生到贵州遵义，调研那里如何通过红色乡村旅游、白酒产业集群式发展带富一方百姓，也应我家乡的邀请，回到江西吉水调研那里的井冈蜜柚产业在带动农民增收致富过程中存在的困难与问题。通过这些调研工作，我们团队写下了大量调研报告和调研心得。

正是经历了以上的乡村调研，才成就了本书选择的 10 个奔走在小康路上的乡村发展田园式调查报告。由于前前后后的时间跨度将近 10 年，所以，呈现在大家面前的这 10 个乡村发展故事，会有一定的时空差异。请读者诸君在阅读本书时尽量将之放在这近十年的时间轴里去理解，这样也可以看到党的十八大之后近 10 年时间的中国乡村变化。

　　本书得以出版，首先要感谢我们"三农庄园"团队的年轻学生和老师，他们这些年跟着我深入各地农村调研，的确经历了很多，也收获了很多，是他们的勤奋与努力，以及不忘致力"三农"研究的初心，才留下了这些关于乡村发展的观察心得。其次要感谢江苏大学出版社的汪再非总监和常钰编辑。这本书的出版，最初是应汪再非总监之约。他希望在 2021 年这个具有历史特殊意义的年份，能够把我们团队这么多年来对各区域农村脱贫致富奔小康的不同观察整理出来，所以才有眼前大家读到的这本书。常钰编辑为本书的出版付出了大量的工作，甚至细致到标点符号的使用，令人敬佩！最后要感谢为我们团队的乡村调研提供各种便利的朋友们，每一次去农村调研，都得益于这些热心朋友的大力支持，如果没有他们的付出，我们的调研工作将难以为继。

　　"行百里者半九十"，我们的乡村研究才刚刚起步，本书所及也是挂一漏万，尤其对北方地区的农村我们还很陌生。我们"三农庄园"团队将以此为新的起点，继续沿着乡村振兴的方向，不断探索！

庄晋财

2021 年 8 月于江苏大学耒耜大楼